Der Verwaltungsbeirat im WEG

Michael Wolicki

Der Verwaltungsbeirat im WEG

Die wichtigsten Fragen und Antworten

3. Auflage

Haufe Group
Freiburg · München · Stuttgart

Bibliografische Information der Deutschen Nationalbibliothek

Die Deutsche Nationalbibliothek verzeichnet diese Publikation in der Deutschen Nationalbibliografie; detaillierte bibliografische Daten sind im Internet über http://dnb.dnb.de abrufbar.

Print: ISBN 978-3-648-09915-5 Bestell-Nr. 06678-0002
ePub: ISBN 978-3-648-09916-2 Bestell-Nr. 06678-0100
ePDF: ISBN 978-3-648-09917-9 Bestell-Nr. 06678-0150

Michael Wolicki
Der Verwaltungsbeirat im WEG
3. Auflage 2018

© 2018 Haufe-Lexware GmbH & Co. KG, Freiburg
www.haufe.de
info@haufe.de
Produktmanagement: Jasmin Jallad

Lektorat: Cornelia Rüping, München
Satz: Reemers Publishing Services GmbH, Krefeld
Umschlag: RED GmbH, Krailling

Inhaltsverzeichnis

Vorwort zur 3. Auflage

Im europäischen Vergleich ist Deutschland weit abgeschlagen, wenn es um die Frage geht, wie viele Menschen in Wohnungen leben, die in ihrem Eigentum stehen. Die sogenannte Wohneigentumsquote, die nicht zu verwechseln ist mit der Zahl der vorhandenen Eigentumswohnungen, bezeichnet das Verhältnis der von Eigentümern selbst bewohnten Wohnungen zu der Gesamtzahl aller Wohnungen. Laut Statistik-Portal (www.statistik-portal.de) lebten im Jahr 2016 zum Beispiel in Rumänien 96 % der Bevölkerung in Wohnraum, der in ihrem Eigentum stand, während es in Deutschland gerade einmal 51,7 % waren. Deutschland rangierte damit vor der Schweiz mit einer Wohneigentumsquote von 42,5 % auf dem vorletzten Platz von 27 ausgewählten europäischen Ländern.

Nach den Erkenntnissen des Zensus 2011 (www.zensus2011.de) gab es in Deutschland mehr als 9,3 Millionen Eigentumswohnungen. Da die Erfahrung der letzten Jahrzehnte gezeigt hat, dass diese Form der Eigentumsbildung und Wohnnutzung sprunghaft steigt, dürften es heute weit mehr als zehn Millionen Eigentumswohnungen sein. Schätzungen gehen davon aus, dass sich diese Einheiten auf mehr als eine Million Wohnungseigentümergemeinschaften verteilen. Hätte nur ein Drittel dieser Eigentümergemeinschaften einen Verwaltungsbeirat gewählt, der im Regelfall aus drei Mitgliedern bestehen muss, gäbe es rund eine Million Verwaltungsbeiräte, die Adressaten dieses Fachbuchs sein könnten.

Dieses Buch ist als praktische Arbeitshilfe für Verwaltungsbeiräte gedacht. Es wendet sich insbesondere an den juristisch nicht vorgebildeten Wohnungseigentümer, der das Amt des Verwaltungsbeirats zwar ehrenamtlich ausübt, dennoch darum bemüht ist, sich fachkundig zu machen. Es beschäftigt sich mit Fragen zu folgenden Themen:
- allgemeine Fragen zum Verwaltungsbeirat,
- die Zusammensetzung des Verwaltungsbeirats,
- persönliche Voraussetzungen für die Wahl zum Verwaltungsbeirat,
- die Wahl des Verwaltungsbeirats,
- Aufgaben und Befugnisse des Verwaltungsbeirats,
- Durchführung der Beiratstätigkeit,
- Vergütung und Aufwendungsersatz des Verwaltungsbeirats,
- die Beendigung der Verwaltungsbeiratstätigkeit,
- die Haftung des Verwaltungsbeirats,
- der Verwaltungsbeirat und Gerichtsverfahren,
- Verwaltungsbeirat und Ersatzzustellungsbevollmächtigung,
- Verwaltungsbeiratsordnung.

Hinweise auf einschlägige Gerichtsentscheidungen dienen dazu, die vom Autor vertretenen Auffassungen zu belegen und es damit dem Leser zu ermöglichen, im Streitfall auf einschlägige Rechtsprechung zurückgreifen und verweisen zu können.

Der Autor hat sich bemüht, alle ihm sowohl aus seiner zwischenzeitlich 37-jährigen anwaltlichen Beratungs- und Prozesspraxis als auch aus seiner jahrzehntelangen Tätigkeit als Verwaltungsbeirat in einer Wohnungseigentumsanlage mit mehr als 200 Einheiten bekannt gewordenen Fragen aufzugreifen und möglichst praxistauglich zu beantworten. Dennoch wird der geneigte Leser gebeten, sich an den Verlag oder den Autor direkt zu wenden, wenn neue Fragen auftauchen oder Unklarheiten bei der Beantwortung der bisherigen Fragestellungen auftreten sollten.

Frankfurt am Main, im Februar 2018

Michael Wolicki
Rechtsanwalt, Fachanwalt für Miet- und Wohnungseigentumsrecht

Einleitung

Gesetzliche Vorschriften, die den Verwaltungsbeirat betreffen, gibt es nur wenige. Die gesetzliche Grundlage für die Tätigkeit von Verwaltungsbeiräten findet sich in §29 Wohnungseigentumsgesetz (WEG).

§29 WEG Verwaltungsbeirat

(1) Die Wohnungseigentümer können durch Stimmenmehrheit die Bestellung eines Verwaltungsbeirats beschließen. Der Verwaltungsbeirat besteht aus einem Wohnungseigentümer als Vorsitzenden und zwei weiteren Wohnungseigentümern als Beisitzern.
(2) Der Verwaltungsbeirat unterstützt den Verwalter bei der Durchführung seiner Aufgaben.
(3) Der Wirtschaftsplan, die Abrechnung über den Wirtschaftsplan, Rechnungslegungen und Kostenanschläge sollen, bevor über sie die Wohnungseigentümerversammlung beschließt, vom Verwaltungsbeirat geprüft und mit dessen Stellungnahme versehen werden.
(4) Der Verwaltungsbeirat wird von dem Vorsitzenden nach Bedarf einberufen.

Darüber hinaus wird der Verwaltungsbeirat im Wohnungseigentumsgesetz nur noch dreimal erwähnt, nämlich einmal in §20 WEG »Gliederung der Verwaltung« und zweimal in §24 WEG, der die Durchführung von Wohnungseigentümerversammlungen regelt.

§20 Abs. 1 WEG

(1) Die Verwaltung des gemeinschaftlichen Eigentums obliegt den Wohnungseigentümern nach Maßgabe der §§21 bis 25 und dem Verwalter nach Maßgabe der §§26 bis 28, im Fall der Bestellung eines Verwaltungsbeirats auch diesem nach Maßgabe des §29.

Weiter heißt es in §24 Abs. 3 WEG:

§24 Abs. 3 WEG

(3) Fehlt ein Verwalter oder weigert er sich pflichtwidrig, die Versammlung der Wohnungseigentümer einzuberufen, so kann die Versammlung auch, falls ein Verwaltungsbeirat bestellt ist, von dessen Vorsitzenden oder seinem Vertreter einberufen werden.

Ein weiteres Mal ist der Verwaltungsbeirat in §24 Abs. 6 WEG erwähnt.

! **§ 24 Abs. 6 WEG**

(6) Über die in der Versammlung gefassten Beschlüsse ist eine Niederschrift aufzunehmen. Die Niederschrift ist von dem Vorsitzenden und einem Wohnungseigentümer und, falls ein Verwaltungsbeirat bestellt ist, auch von dessen Vorsitzenden oder seinem Vertreter zu unterschreiben. Jeder Wohnungseigentümer ist berechtigt, die Niederschriften einzusehen.

Angesichts derart geringer gesetzlicher Vorgaben war und ist es Aufgabe von Literatur und Rechtsprechung, die Rechtsverhältnisse im Zusammenhang mit der Tätigkeit des Verwaltungsbeirats im Bereich des Wohnungseigentumsrechts auszugestalten. Es ist daher zahlreiche Rechtsprechung und umfangreiche Literatur zu beachten, wenn sich Verwaltungsbeiräte bei ihrer Tätigkeit auf sicherem rechtlichem Boden bewegen wollen. Hinweise auf Literatur und Rechtsprechung bei Beantwortung der Fragen sollen hier Hilfestellung leisten.

! **Wichtig**

Bei der Beantwortung der folgenden Frage wird unterstellt, dass sich im konkreten Fall in der Teilungserklärung einer Eigentümergemeinschaft keine einschlägigen Sonderregelungen befinden. Die hier formulierten Antworten orientieren sich also an der Gesetzeslage unter Berücksichtigung von Literaturmeinungen und Rechtsprechung.

Da es jedoch zulässig ist, die für Verwaltungsbeiräte geltende Rechtslage im Rahmen von Teilungserklärungen sehr weitgehend zu verändern, insbesondere deren Aufgabenstellung und Befugnisse umfangreich zu erweitern, ist es grundsätzlich geboten, bei Fragestellungen im Zusammenhang mit dem Verwaltungsbeirat erst einmal die eigene Teilungserklärung auf vom Gesetz abweichende Sonderregelungen zu überprüfen.

A. Allgemeine Fragen zum Verwaltungsbeirat

1. Was versteht man unter einem Verwaltungsbeirat?

Unter dem Verwaltungsbeirat im wohnungseigentumsrechtlichen Sinne versteht man ein fakultatives Verwaltungsorgan der Eigentümergemeinschaft. Dies ergibt sich aus § 20 Abs. 1 WEG, der bei der Darstellung der Gliederung der Verwaltung den Verwaltungsbeirat gesondert erwähnt. Versteht man unter einem Organ einen mit eigenem Namen bedachten Teil der Organisation einer Personenmehrheit, dem durch Organisationsnormen eine bestimmte Funktion zugewiesen ist, so enthält § 20 Abs. 1 WEG die Aufzählung der in einer Wohnungseigentümergemeinschaft möglichen Organe, nämlich die Gesamtheit aller Miteigentümer, den Verwalter sowie den Verwaltungsbeirat.

2. Was ist unter »Organstellung des Verwaltungsbeirats« zu verstehen?

Diese Bezeichnung macht deutlich, dass der Verwaltungsbeirat zu den in § 20 Abs. 1 WEG genannten drei Selbstverwaltungsorganen einer Eigentümergemeinschaft gehört. So obliegt die Verwaltung des gemeinschaftlichen Eigentums der Wohnungseigentümergemeinschaft als dem obersten Entscheidungsgremium, das die Geschicke einer Eigentümergemeinschaft durch Beschlussfassung über die erforderlichen Verwaltungsmaßnahmen lenkt. Dem Verwalter als weiterem Verwaltungsorgan obliegt die Durchführung der Verwaltung, indem er die von der Eigentümergemeinschaft gefassten Beschlüsse ausführt. Dem Verwaltungsbeirat schließlich ist die Aufgabe eines Kontrollorgans übertragen, das den Verwalter bei seiner Tätigkeit unterstützen, aber auch kontrollieren soll. Dabei sind dem Verwaltungsbeirat in seiner Gesamtheit und nicht etwa seinen einzelnen Mitgliedern Aufgaben und Befugnisse zugewiesen, die im Gesamtinteresse aller Wohnungseigentümer wahrzunehmen sind. Der Verwaltungsbeirat ist auch Vertrauensorgan der Wohnungseigentümer, das in der Praxis den Meinungsbildungs- und Entscheidungsprozess bei der Beschlussfassung von Eigentümergemeinschaften nicht unerheblich beeinflussen kann.

3. Besitzt der Verwaltungsbeirat als Organ eine Rechtsfähigkeit?

Nein, der Verwaltungsbeirat ist nicht rechtsfähig. Aus diesem Grund betreffen alle Rechten und Pflichten bei Rechtsverhältnissen welcher Art auch immer die einzelnen Verwaltungsbeiräte persönlich und nicht den Verwaltungsbeirat als Gremium.

4. Kommt dem Verwaltungsbeirat die Funktion eines Aufsichtsrats zu?

Nein, die Funktion eines Aufsichtsrats kommt dem Verwaltungsbeirat nicht zu (AG Düsseldorf, Urteil vom 3.9.2014, 291 a C 247/14, ZWE 2015, 464, 465, rechte Spalte unten). Auch wenn dem Verwaltungsbeirat durch das Gesetz eine Kontrollfunktion bezüglich einzelner Verwaltungstätigkeiten übertragen worden ist (zum Beispiel Beleg- und Rechnungsprüfung), kann der Verwaltungsbeirat dennoch nicht als Aufsichtsorgan angesehen oder bezeichnet werden (so jedoch OLG Zweibrücken, Beschluss vom 22.9.1983, 3 W 76/83, OLGZ 1983, 438, 439).

5. Welches Rechtsverhältnis besteht zwischen dem Verwaltungsbeirat und der Eigentümergemeinschaft?

Durch die Wahl zum Verwaltungsbeirat wird den betreffenden Miteigentümern von der Eigentümergemeinschaft konkludent der Auftrag erteilt, die dem Verwaltungsbeirat in §29 Abs. 2 und Abs. 3 WEG zugewiesenen Aufgaben zu erfüllen. Die zwischen Verwaltungsbeirat und Wohnungseigentümergemeinschaft bestehende Rechtsbeziehung ist daher als Auftragsverhältnis im Sinne von §662 ff. Bürgerliches Gesetzbuch (BGB) anzusehen, jedenfalls dann, wenn die Tätigkeit des Verwaltungsbeirats ehrenamtlich erfolgt, das heißt ohne Vergütung (OLG Düsseldorf, Beschluss vom 24.9.1997, 3 x 22197, WE 1998, 265, 266, linke Spalte zu Ziff. 1). Erhält der Verwaltungsbeirat jedoch eine Bezahlung für die Tätigkeit selbst und nicht nur eine Aufwandsentschädigung für bare Auslagen, Kosten usw., dann besteht zwischen der Eigentümergemeinschaft und dem Verwaltungsbeirat ein Dienstvertragsverhältnis im Sinne von §611 BGB oder ein Geschäftsbesorgungsvertrag nach §675 BGB.

6. Muss es in einer Eigentümergemeinschaft einen Verwaltungsbeirat geben?

Nein, schon die in §20 WEG enthaltene Formulierung, dass die Verwaltung des gemeinschaftlichen Eigentums »im Falle der Bestellung eines Verwaltungsbeirates« auch diesem nach Maßgabe des §29 WEG obliegt, macht deutlich, dass ein Verwaltungsbeirat nicht zwingend vorhanden sein muss. In aller Deutlichkeit ergibt sich dies aus §29 Abs. 1 Satz 1 WEG, wonach ein Verwaltungsbeirat bestellt werden kann. Es obliegt also der freien Entscheidung einer jeden Eigentümergemeinschaft, ob sie einen Verwaltungsbeirat wählen will oder nicht. Sie kann durch einfachen Mehrheitsbeschluss einen Verwaltungsbeirat wählen oder abberufen, ohne einen neuen zu bestellen.

7. Besteht ein Anspruch auf die Wahl eines Verwaltungsbeirats?

Nach dem Gesetz besteht ein solcher Anspruch nicht. Ob Wohnungseigentümer einen Verwaltungsbeirat wählen, steht in ihrem Ermessen, da es sich bei § 29 Abs. 1 Satz 1 WEG um eine »Kann-Vorschrift« handelt (BGH, Urteil vom 5.2.2010, V ZR 126/09, NJW 2010, 3168 Rz. 8 zum Ermessen). Dieses Ermessen kann sich im Einzelfall jedoch auf null reduzieren, wenn zum Beispiel erkennbar wird, dass eine Beleg- und Kontenprüfung geboten ist, um mögliche Unregelmäßigkeiten der Buchhaltung zu überprüfen.

8. Muss nach der Auflösung oder Abberufung eines Verwaltungsbeirats ein neuer Beirat gewählt werden?

Nein, auch wenn in einer Eigentümergemeinschaft ein Verwaltungsbeirat ggf. über Jahre existiert hat, kann die Gemeinschaft jederzeit davon absehen, einen neuen Verwaltungsbeirat zu bestellen. Die Entscheidung, auf die Wahl eines Beirats zukünftig zu verzichten, indem schlicht keine neue Beiratswahl durchgeführt wird, steht einer Eigentümergemeinschaft auch dann frei, wenn es bisher einen Verwaltungsbeirat gegeben hat. Eine frühere ein- oder mehrmalige Beiratswahl präjudiziert eine Gemeinschaft nicht, deswegen auch zukünftig Verwaltungsbeiräte bestellen zu müssen. Ein Mehrheitsbeschluss, dass zukünftig kein Verwaltungsbeirat mehr gewählt werden soll, wäre allerdings mangels Beschlusskompetenz nichtig.

9. Kann die Bestellung eines Verwaltungsbeirats ausgeschlossen werden?

Ja, die Bestellung eines Verwaltungsbeirats kann allerdings nur durch Vereinbarung ausgeschlossen werden. Ein Mehrheitsbeschluss mit entsprechendem Inhalt wäre nicht nur anfechtbar, sondern sogar nichtig, weil er die in § 29 Abs. 1 WEG grundsätzlich vorgesehene Möglichkeit einer Beiratswahl mit Dauerwirkung abändern würde. Eigentümergemeinschaften fehlt jedoch regelmäßig die Beschlusskompetenz, gesetzliche Bestimmungen durch Mehrheitsbeschluss abzuändern (vgl. zur Beschlusskompetenz BGH, Beschluss vom 20.9.2000, V ZB 58/99, WuM 2000, 620). Was unter einer »Vereinbarung« zu verstehen ist, ergibt sich aus § 10 Abs. 2 WEG. Danach handelt es sich bei einer Vereinbarung um einen schuldrechtlichen Vertrag zwischen allen Eigentümern. Da grundsätzlich ein Vertragsabschluss nur möglich ist, wenn alle Vertragspartner einvernehmlich daran mitwirken, kommt eine Vereinbarung im Sinne von § 10 Abs. 2 WEG nur zustande, wenn ausnahmslos alle im Grundbuch eingetragenen Miteigentümer zustimmen.

Eine entsprechende Vereinbarung kann bereits Gegenstand der Teilungserklärung sein. Soll sie zu einem späteren Zeitpunkt geschlossen werden, bedarf ihr Zustandekommen eines allstimmigen Beschlusses, eine Voraussetzung, die insbesondere in Großgemeinschaften in der Regel nicht zu erreichen sein wird.

10. Kann die Wahl eines Beirats verlangt werden, obwohl sie in der Teilungserklärung ausgeschlossen worden ist?

Nein, ist ein Ausschluss bereits in der Teilungserklärung vorgesehen, kann von einzelnen Miteigentümern eine Beiratswahl ohne vorherige Änderung der Teilungserklärung nicht verlangt werden.

Ob eine solche Änderung der Teilungserklärung verlangt und ggf. gerichtlich durchgesetzt werden kann, hängt vom Einzelfall ab und hätte allenfalls dann Erfolgsaussichten, wenn in einer Gemeinschaft ohne die kontrollierende, aber auch unterstützende Tätigkeit eines Verwaltungsbeirats das Ziel einer geordneten und am Gebot einer ordnungsgemäßen Verwaltung zu orientierenden Hausverwaltung gefährdet wäre. Denkbar wäre dies zum Beispiel in einer Großanlage mit mehreren hundert Einheiten, die als sozialer Brennpunkt einer Unverwaltbarkeit entgegentreibt und jeden Wohnungseigentumsverwalter ohne Unterstützung aus der Mitte der Eigentümer überfordern würde.

11. Kann ein Kassen- oder Belegprüfer gewählt werden, wenn in der Teilungserklärung die Wahl eines Verwaltungsbeirats ausgeschlossen ist?

Ja, ein Kassen- oder Belegprüfer hat nur die ihm konkret zugewiesenen Prüfungsaufgaben zu erfüllen. Er ist kein »Pseudobeirat«, da für ihn die gesetzlich vorgesehenen Rechte und Pflichten eines Verwaltungsbeirats nicht gelten.

12. Kann neben dem Verwaltungsbeirat ein Kassen- oder Rechnungsprüfer gewählt werden?

Die Auffassung, dass zusätzlich zu einem Verwaltungsbeirat andere Kontrollorgane, zum Beispiel ein Kassen- oder Rechnungsprüfer, geschaffen werden können, ist abzulehnen.

Soweit dies in Literatur und Rechtsprechung grundsätzlich für möglich gehalten wird (BayObLG, Beschluss vom 21.10.1993, 2Z BR 103/93, WuM 1994, 45 =
NJW-RR 1994, 338), erscheint dies jedenfalls dann bedenklich, wenn ein Kas-
sen- oder Belegprüfer zusätzlich zu einem bestehenden Verwaltungsbeirat
gewählt werden soll.

Durch Mehrheitsbeschluss können dem Verwaltungsbeirat weder weitere
Aufgaben übertragen noch ihm zustehende Aufgaben entzogen werden, da
eine Änderung der einem Verwaltungsbeirat gemäß §29 Abs. 2, 3 WEG übertragenen Aufgaben nur durch eine Vereinbarung erfolgen kann (OLG Düsseldorf, Beschluss vom 30.7.1997, 3 Wo 61/92, WE 1998, 37 (38)). Würde durch die
Wahl eines Kassen- oder Rechnungsprüfers der entsprechende Aufgabenbereich des Verwaltungsbeirats eingeschränkt oder ihm gar die Befugnis zur
Kassen- oder Belegprüfung entzogen, wäre ein solcher Mehrheitsbeschluss
mangels Beschlusskompetenz der Wohnungseigentümer sogar nichtig (OLG
Köln, Beschluss vom 20.9.2002, 16 Wo 135/02 NZM 2002, 1002).

Unabhängig davon ist es gemäß §29 Abs. 3 WEG Aufgabe des Verwaltungsbeirats, den Wirtschaftsplan bzw. die Abrechnung über den Wirtschaftsplan,
die Rechnungslegung und Kostenanschläge zu überprüfen, bevor sie von der
Wohnungseigentümerversammlung beschlossen werden. Würde neben dem
Verwaltungsbeirat ein weiteres Kontrollorgan, zum Beispiel ein Kassen- oder
Rechnungsprüfer, bestellt werden, so bestünde die Gefahr eines Kompetenz-
konflikts, da Streit über die Aufgabenverteilung entstehen könnte. Eine Eigentümergemeinschaft sollte sich daher entscheiden, wie sie die Überwachung
und Prüfung ihres Finanzwesens organisieren will. Wird von der Bestellung
eines Verwaltungsbeirats abgesehen und stattdessen ein Kassen- oder/und
Rechnungsprüfer gewählt, so ist dagegen nichts einzuwenden.

Ist die Wahl eines Verwaltungsbeirats ausgeschlossen oder kommt sie nicht
zustande, steht es einer Eigentümergemeinschaft allerdings frei, anstelle des
Verwaltungsbeirats durch Mehrheitsbeschluss einzelne oder mehrere Wohnungseigentümer mit der Überprüfung von Wirtschaftsplan und Jahresabrechnung zu beauftragen, ohne dass es sich dabei um einen Verwaltungsbeirat im Sinne des Gesetzes handeln würde (BayObLG, Beschluss vom 21.10.1993,
2 Z BR 103/93, WuM 1994, 45).

13. Können zusätzlich zu einem Verwaltungsbeirat Sonderausschüsse gewählt werden?

Ja, gegen die Wahl von Ausschüssen, die als Arbeitsgruppen zum Beispiel die
Aufgabe haben, Einzelprobleme vorzubehandeln, um eine Grundlage für spä-

ter von der Eigentümergemeinschaft zu treffende Beschlüsse zu schaffen, bestehen keine Bedenken (OLG Frankfurt am Main, Beschluss vom 27.10.1987, 20 W 448, 86, OLGZ 1988, 188), solange dadurch nicht in die Befugnisse der Wohnungseigentümer oder des Verwalters eingegriffen wird (BGH, Urteil vom 5.2.2010, V ZR 126/09, NJW 2010, 3168, Ziff. 8 auf Seite 3169). Die Aufgabe solcher Ausschüsse muss allerdings auf die Klärung von Detailfragen oder die Entwicklung von Handlungskonzepten beschränkt bleiben. Unzulässig wäre es jedoch, Ausschüssen Entscheidungskompetenzen zu übertragen, die einem Beschluss der Eigentümer vorbehalten sind (LG Hamburg, Urteil vom 15.2.2012, 318 S 119/11, ZMR 2012, 474, 475 zur Einsetzung eines Gartenausschusses). Auch die Bildung eines Bauausschusses wird für zulässig gehalten, der beratend tätig werden kann, dabei aber die den Wohnungseigentümern und dem Verwalter zugewiesene Kompetenzen nicht beschneiden darf (Anmerkung von Hogenschurz zu BGH, Beschluss vom 5.2.2010, V ZR 126/09 MietRB 2010, 138, 139).

14. Stehen Sonderausschüsse in Konkurrenz zum Verwaltungsbeirat?

Nein, da Sonderausschüsse mit der Bearbeitung von Einzelaufgaben beauftragt werden, handelt es sich diesbezüglich um selbstständige Gremien, die nicht in Konkurrenz zu einem gewählten Verwaltungsbeirat stehen. Sie haben in aller Regel mit dem Verwaltungsbeirat und seinen Aufgaben nichts zu tun, ihnen stehen die einem Verwaltungsbeirat zugewiesenen gesetzlichen Befugnisse nicht zu. Auf Sonderausschüsse sind daher die gesetzlichen Vorschriften über den Verwaltungsbeirat auch nicht entsprechend anwendbar.

15. Muss bei der Wahl von Ausschüssen eine bestimmte Personenzahl beachtet werden?

Nein, Ausschüsse können aus beliebig vielen Personen zusammengestellt werden, wobei auch für die Aufgabenstellung nützliche berufliche Spezialisierungen oder sonstige Eignungen berücksichtigt werden können.

16. Können in Sonderausschüssen auch Nichteigentümer mitwirken?

Ja, da es bei der Arbeit von Ausschüssen nur um die Vorbereitung von Sachentscheidungen geht, die in aller Regel besondere Fach- oder Sachkompetenz erfordern, können die Mitglieder von Ausschüssen auch Rat bei Sonderfachleuten, wie zum Beispiel bei Architekten einholen.

17. Dürfen Sonderausschüsse durch ihre Tätigkeit Kosten verursachen?

Eine Kostenerstattung können Ausschussmitglieder nur für solche Auslagen verlangen, die für ihre Arbeit unverzichtbar sind, so zum Beispiel Schreibauslagen, Anfertigungen von Plänen oder Fotografien. Honorare für Sonderfachleute dürfen nur dann verursacht werden, wenn dem Ausschuss hierfür eine ausdrückliche Ermächtigung durch die Eigentümergemeinschaft erteilt wurde.

18. Bezieht sich die Kontroll- und Überwachungstätigkeit des Verwaltungsbeirats auch auf Sondereigentum?

Nein, die in § 29 Abs. 2 und Abs. 3 WEG definierten Aufgaben des Verwaltungsbeirats beziehen sich nur auf die Verwaltung des Gemeinschaftseigentums und auf das Verhältnis der Wohnungseigentümer untereinander. Daran ändert auch nichts, dass in der Praxis bisweilen Mitglieder des Verwaltungsbeirats von Miteigentümern angesprochen und eingeschaltet werden, wenn in ihrem Sondereigentum Probleme auftreten. Jedem Verwaltungsbeirat steht es dabei frei, dem Sondereigentümer bei der Problemlösung behilflich zu sein. Dies allerdings geschieht nicht in der Funktion des Verwaltungsbeirats, sondern in der des hilfreichen Miteigentümers.

Sollte sich jedoch herausstellen, dass die Ursache für Störungen und Mängel im Sondereigentum auf den Bereich des gemeinschaftlichen Eigentums zurückzuführen sind oder aus dem Gemeinschaftsverhältnis der Wohnungseigentümer untereinander herrühren, dann kann der Beirat Beschwerden, Wünsche und Anregungen einzelner Wohnungseigentümer entgegennehmen und an den Verwalter weiterleiten bzw. umgekehrt Informationen des Verwalters an die Wohnungseigentümer weitergeben, dessen Aufgabe es dann ist, Maßnahmen vorzuschlagen, um die Störungen im Sondereigentum zu beseitigen.

19. Kann in der Teilungserklärung eine Zuständigkeit des Verwaltungsbeirats für Sondereigentum vereinbart werden?

Nein, insoweit handelt es sich um eine der wenigen Regelungen, die noch nicht einmal in einer Teilungserklärung vereinbart werden können. Eine solche Bestimmung wäre nichtig, da sie in die ausschließliche Verwaltungszuständigkeit eines Sondereigentümers und damit in den Kernbereich des Wohnungseigentumsrechts eingreifen würde. Sondereigentum wird vom jeweiligen Eigentümer ausschließlich alleine verwaltet (BayObLG, Beschluss vom 2.3.1979, 2 Z 17/78, Rpfleger 1979, 216). Der Verwaltungsbeirat ist für Belange des Sondereigentums absolut unzuständig.

! **Ausnahme**

Erfordert die identische Zweckbestimmung von Sondereigentumseinheiten zwingend eine gemeinsame Verwaltung (zum Beispiel bei Hotelanlagen, Studentenwohnheimen, Alten- und Pflegeeinrichtungen) und sind deshalb alle Einheiten gemeinschaftlich an einen Betreiber vermietet, so kann dem Verwaltungsbeirat durch Vereinbarung die Aufgabe übertragen werden, die Interessen der einzelnen Miteigentümer dem Betreiber gegenüber hinsichtlich der Bewirtschaftung, Instandhaltung und zweckbestimmten Verwendung ihres Sondereigentums wahrzunehmen (Schmidt, ZWE 2001, 137, 144 zu Ziff. 11).

20. Was versteht man unter einem Vertrauensmann?

Der Begriff des »Vertrauensmannes« ist im Gesetz nicht vorgesehen. Man findet ihn vereinzelt insbesondere in älteren Teilungserklärungen. Einen Vertrauensmann könnte man auch als »Ein-Mann-Beirat« bezeichnen. Mangels einer offiziellen Definition dieses Begriffs kann eine entsprechende Bestimmung in der Teilungserklärung nur dahingehend verstanden werden, dass die Bestimmung des § 29 Abs. 1 Satz 2 WEG, wonach der Verwaltungsbeirat aus drei Wohnungseigentümern besteht, zugunsten eines »Ein-Mann-Beirats« abbedungen wurde.

21. Kann ein Vertrauensmann zusätzlich zu einem Verwaltungsbeirat gewählt werden?

Nein, wenn in der Gemeinschaftsordnung die Wahl eines Verwaltungsbeirats dadurch auf einen »Ein-Mann-Beirat« reduziert wurde, indem ein »Vertrauensmann« zu wählen ist, dann kann es neben dem Vertrauensmann nicht noch einen zusätzlichen dreiköpfigen Verwaltungsbeirat geben. Dies würde zu einem Kompetenzkonflikt führen, da die dem Verwaltungsbeirat gemäß § 29 Abs. 2 und 3 WEG gesetzlich zugewiesenen Aufgaben nicht nebeneinander von unterschiedlichen Amtsträgern mit möglicherweise einander entgegenstehenden Ergebnissen ausgeführt werden können.

22. Können für Untergemeinschaften eigene Verwaltungsbeiräte gewählt werden?

Nein, auch bei einer Mehrhausanlage, für die in der Teilungserklärung Untergemeinschaften gebildet wurden, kann es nur einen Verwaltungsbeirat geben. Verwaltungsbeiräte vertreten die Interessen aller Wohnungseigentümer gleichermaßen und sind keine Gruppenvertreter.

Ausnahme   **!**

In der Gemeinschaftsordnung kann vereinbart werden, dass bei einer Mehrhausanlage, die in Untergemeinschaften aufgeteilt ist, aus jeder Untergemeinschaft ein Verwaltungsbeirat zu bestimmen ist. Dies wird allerdings dann problematisch, wenn es mehr als drei Untergemeinschaften gibt, in der Gemeinschaftsordnung jedoch die Regelung vergessen wurde, dass auch mehr als drei Beiratsmitglieder gewählt werden können.

Tipp   **!**

In solchen Fällen kann nur empfohlen werden, für jede Untergemeinschaft ein Beiratsmitglied zu wählen, das Zustandekommen des Beschlusses zu verkünden (Zitterbeschluss) und abzuwarten, ob der Beschluss angefochten wird. Erwächst der Beschluss in Bestandskraft, sind alle Beiratsmitglieder wirksam bestellt.

In der Gemeinschaftsordnung kann auch vereinbart werden, dass für jede Untergemeinschaft ein eigener Verwaltungsbeirat gewählt werden darf. Insbesondere bei sehr großen Mehrhausanlagen, bei denen ein erheblicher Verwaltungsaufwand besteht, kann dies sinnvoll sein (Merle, Die Mehrhausanlage – Bauträgervertrag und Gemeinschaftsordnung, ZWE 2005, 164, 172).

Da es aber bei Mehrhausanlagen regelmäßig Angelegenheiten gibt, die sich nicht nur auf die Belange einer Untergemeinschaft beschränken, dürfen Regelungen nicht vergessen werden, die die Zuständigkeit der einzelnen Verwaltungsbeiräte der Untergemeinschaften für die gesamte Wohnungseigentümergemeinschaft betreffen, zum Beispiel die Gesamtwirtschaftspläne, die Gesamtjahreswirtschaftsabrechnungen, die Kostenanschläge für Außenanlagen oder sonstige Gemeinschaftseinrichtungen usw. (Merle, Die Mehrhausanlage a.a.O.).

B. Die Zusammensetzung des Verwaltungsbeirats

23. Wer kann zum Verwaltungsbeirat gewählt werden?

§ 29 Abs. 1 Satz 2 WEG bestimmt, dass der Verwaltungsbeirat aus Wohnungseigentümern bestehen soll.

24. Können auch Eigentümer von Gewerbeeinheiten oder Garagen zum Verwaltungsbeirat gewählt werden?

Ja! Auch wenn § 29 Abs. 1 Satz 2 WEG von Wohnungseigentümern spricht, bestimmt § 1 Abs. 6 WEG, dass die Vorschriften für das Wohnungseigentum für Teileigentum entsprechend gelten. Damit kann jedes Mitglied einer Wohnungseigentümergemeinschaft unabhängig von der Zweckbestimmung seines Eigentums zum Verwaltungsbeirat gewählt werden.

25. Aus wie vielen Personen besteht ein Verwaltungsbeirat?

Nach dem Gesetz (§ 29 Abs. 1 Satz 2 WEG) soll ein Verwaltungsbeirat aus drei Miteigentümern bestehen, nämlich aus einem Wohnungseigentümer als Vorsitzenden und zwei weiteren Wohnungseigentümern als Beisitzer.

26. Können auch mehr oder weniger als drei Miteigentümer zu Verwaltungsbeiräten gewählt werden?

Ein Beschluss, mit dem mehr oder weniger als drei Miteigentümer in den Verwaltungsbeirat berufen wären, ist zwar nicht nichtig, aber auf Anfechtung für ungültig zu erklären (BGH, Urteil vom 5.2.2010, V ZR 126/09, WuM 2010, 253 = ZMR 2010, 545 = ZWE 2010, 215, 216).

Nach Auffassung des BGH ist die Wahl von mehr oder weniger als drei Mitgliedern nur dann möglich, wenn die Gemeinschaftsordnung eine von § 29 Abs. 1 Satz 2 WEG abweichende Besetzung des Verwaltungsbeirats vorsieht oder aber in einer Gemeinschaftsordnung die Regelung enthalten ist, dass die Festlegung der Zahl der Beiratsmitglieder der Wohnungseigentümergemeinschaft im Einzelfall zur Entscheidung durch Mehrheitsbeschluss zugewiesen ist (BGH, Urteil vom 5.2.2010, a.a.O.). Ungeachtet dessen gilt unverändert die pragmatische Überlegung, dass ein kleinerer oder größerer Beirat, als vom Gesetz vorgesehen, besser ist als gar kein Beirat.

Wird von einer Eigentümergemeinschaft also beispielsweise ein Verwaltungsbeirat gewählt, der mangels ausreichender Kandidaten nur aus einem oder zwei Mitgliedern besteht, muss sie sich bewusst sein, dass ein solcher Beschluss nach Anfechtung für unwirksam erklärt werden würde.

In der Praxis wird in zahllosen Fällen von Eigentümergemeinschaften ein Abweichen von der gesetzlich vorgesehenen Zahl der Beiratsmitglieder entweder nach oben oder nach unten gewünscht bzw. kommt die Bestellung eines Verwaltungsbeirats überhaupt nur dann zustande, wenn auch weniger als drei Wohnungseigentümer gewählt werden können. Daher sollten gerade kleinere Eigentümergemeinschaften, die regelmäßig Probleme damit haben, eine ausreichende Zahl von Kandidaten für die Übernahme des Verwaltungsbeiratsamtes zu finden, der Entscheidung des BGH vom 5.2.2010 Rechnung tragen und ihre Teilungserklärung dahingehend ändern, dass der Verwaltungsbeirat auch aus weniger als drei Mitgliedern bestehen kann. Da die Änderung der Teilungserklärung nur allstimmig erfolgen kann, dürfte diese Empfehlung aber nur bei kleinen Gemeinschaften zu verwirklichen sein.

Lässt sich keine Allstimmigkeit erreichen, was bei großen Gemeinschaften die Regel sein dürfte, und soll dennoch von der in §29 Abs. 1 Satz 2 WEG vorgesehenen Besetzung des Verwaltungsbeirats mit drei Wohnungseigentümern abgewichen werden, muss bewusst das Risiko eingegangen werden, einen anfechtbaren Beschluss zu fassen. Solche Beschlüsse nennt man »Zitterbeschlüsse«, weil sie in Kenntnis ihrer Anfechtbarkeit gefasst werden. In diesem Fall muss der Ablauf der einmonatigen Anfechtungsfrist abgewartet werden, bis feststeht, ob der Beschluss in Bestandskraft erwachsen konnte oder aber angefochten wurde.

Ist sich eine Eigentümergemeinschaft einig, einen Verwaltungsbeirat mit mehr oder weniger als drei Mitgliedern zu wählen, sodass eine Anfechtung nicht zu befürchten ist, dann sollte eine Eigentümergemeinschaft so viele Kandidaten wählen, wie sie es für sachdienlich hält. Wird ein solcher fehlerhafter Beschluss nach Ablauf der einmonatigen Anfechtungsfrist bestandskräftig, gelten alle Kandidaten als wirksam gewählt und können ihr Amt uneingeschränkt ausüben. Da jeder Verwalter wissen muss, dass ein Verwaltungsbeirat nach dem Gesetz nur aus drei Mitgliedern bestehen darf, empfiehlt es sich für den Fall, dass sich eine Eigentümergemeinschaft entschließt, mehr oder weniger Beiräte zu wählen, vor der Beschlussfassung darauf hinzuweisen, dass ein solcher Beschluss anfechtbar wäre. Nur so kann ein Verwalter dem Risiko entgehen, im Fall einer Beschlussanfechtung gemäß §49 Abs. 2 WEG mit den Kosten des Rechtsstreits belastet zu werden.

27. Kann in der Teilungserklärung vereinbart werden, dass auch mehr oder weniger Beiratsmitglieder gewählt werden dürfen?

Ja, wenn die Gemeinschaftsordnung eine von §29 Abs. 1 Satz 2 WEG abweichende Besetzung des Verwaltungsbeirats vorsieht oder aber in einer Gemeinschaftsordnung die Regelung enthalten ist, dass die Festlegung der Zahl der Beiratsmitglieder der Wohnungseigentümergemeinschaft im Einzelfall zur Entscheidung durch Mehrheitsbeschluss zugewiesen ist, können mehr oder weniger Beiratsmitglieder gewählt werden (BGH, Urteil vom 5.2.2010, V ZR 126/09, WuM 2010, 253 = ZMR 2010, 545 = ZWE 2010, 215, 216).

28. Welche Folgen hat es, wenn mehr als drei Kandidaten gewählt wurden?

Erst einmal hat dies keine Folgen. Da eine Eigentümergemeinschaft über die grundsätzliche Beschlusskompetenz zur Wahl von Verwaltungsbeiräten verfügt, ist ein solcher Beschluss zwar fehlerhaft, aber nicht nichtig. Die Fehlerhaftigkeit kann jedoch von jedem Eigentümer zum Gegenstand einer Anfechtungsklage gemacht werden. Geschieht dies nicht und erwächst der Beschluss in Bestandskraft (Zitterbeschluss), können alle, auch die überzähligen Beiratsmitglieder, ihr Amt ausüben.

29. Kann eine Eigentümergemeinschaft mit Mehrheitsbeschluss festlegen, dass bei zukünftigen Beiratswahlen von der in §29 Abs. 1 Satz 2 WEG vorgegebenen Mitgliederzahl abgewichen werden darf?

Nein, ein solcher Mehrheitsbeschluss wäre nichtig, da er eine für die Gemeinschaft in die Zukunft wirkende Dauerregelung beinhalten würde (OLG Düsseldorf, Beschluss vom 31.8.1990, 3 Wx 257/90, NJW-RR 1991, 594 = ZMR 1991, 32). Für Mehrheitsbeschlüsse, die das Gesetz (oder auch die Teilungserklärung) mit Dauerwirkung abändern, fehlt einer Eigentümergemeinschaft regelmäßig die Beschlusskompetenz (BGH, Beschluss vom 20.9.2000, V ZB 58/99, WuM 2000, 620). Dies gilt nur dann nicht, wenn bereits die Gemeinschaftsordnung vorsieht, dass die Eigentümergemeinschaft durch Mehrheitsbeschluss festlegen kann, dass es möglich ist, von der gesetzlichen Regelung abzuweichen (BGH, Urteil vom 5.2.2010, V ZR 126/09, WuM 2010, 253).

30. Kann auch der Verwalter Mitglied des Verwaltungsbeirats sein?

Nein, dies ist nicht möglich. Die Aufgabe des Verwaltungsbeirats besteht unter anderem darin, bestimmte Tätigkeiten des Verwalters zu kontrollieren. Daher darf der Kontrollierte nicht personenidentisch mit dem zu Kontrollierenden sein (OLG Frankfurt am Main, Beschluss vom 27.10.1987, 20 W 448, 86, OLGZ 1988, 188, 189), da ansonsten eine unauflösbare Interessenkollision bestehen würde. Ein Beschluss, mit dem der amtierende Verwalter zum Verwaltungsbeirat gewählt würde, wäre deshalb nichtig (OLG Zweibrücken, Beschluss vom 22.9.1983, 3 W 76/83, OLGZ 1983, 438, 439).

31. Können auch Nichteigentümer zum Verwaltungsbeirat gewählt werden?

Nach dem Gesetz ist dies nicht möglich, sodass ein Nichteigentümer nicht durch Mehrheitsbeschluss zum Verwaltungsbeirat gewählt werden kann (LG Karlsruhe, Beschluss vom 13.3.2009, 11 S 22/09, ZWE 2009, 168).

Eine Wahl von Nichteigentümern kommt nur dann infrage, wenn in der Gemeinschaftsordnung vorgesehen ist, dass auch Außenstehende zum Verwaltungsbeirat gewählt werden dürfen. Dabei kann der Personenkreis beschränkt werden, zum Beispiel auf Ehegatten, Lebensgefährten oder sonstige Familienmitglieder.

Es ist auch möglich, in der Teilungserklärung die Wahl eines jeden beliebigen außenstehenden Dritten zuzulassen. Für Großgemeinschaften, die oft auf besonderes Fachwissen der Verwaltungsbeiräte angewiesen sind, eröffnet sich damit die Möglichkeit, Rechtsanwälte, Steuerberater, Architekten, Sachverständige oder sonstige Sonderfachleute in den Verwaltungsbeirat zu wählen.

32. Welche Folgen hat es, wenn unzulässigerweise ein Nichteigentümer gewählt wird?

Fehlt es in der Gemeinschaftsordnung an einer Bestimmung, die die Wahl eines außenstehenden Dritten zum Verwaltungsbeirat zulässt, ist eine dennoch vorgenommene Bestellung durch einen Mehrheitsbeschluss nur fehlerhaft. Dieser Mangel führt nicht zur Nichtigkeit, der gesetzeswidrige Beschluss ist lediglich anfechtbar (Wenzel, ZWE 2001, 226, 236). Erwächst ein solcher »Zitterbeschluss« mangels Anfechtung in Bestandskraft, so ist der außenstehende Dritte wirksam gewählt und kann sein Verwaltungsbeiratsmandat unbeeinträchtigt wahrnehmen.

33. Können nur natürliche oder auch juristische Personen zum Verwaltungsbeirat gewählt werden?

Es können nur natürliche Personen zum Verwaltungsbeirat gewählt werden. Juristische Personen sind grundsätzlich nicht zum Verwaltungsbeirat wählbar, eine solche Wahl wäre nichtig (Armbrüster, ZWE 2001, 355, 356). Die Fähigkeit, das Amt eines Verwaltungsbeirats bekleiden zu können, entspringt der Eigentümerstellung. Nur derjenige, der als Eigentümer im Grundbuch eingetragen ist, kann gewählt werden. Bei juristischen Personen, zum Beispiel einer GmbH, ist die juristische Person selbst, hier also die GmbH, als Eigentümerin im Grundbuch eingetragen. Sie ist jedoch als juristisches Gebilde in Form einer Kapitalgesellschaft gar nicht in der Lage, eine höchstpersönliche Tätigkeit auszuüben, wie das Beiratsamt sie darstellt.

Der Gegenmeinung, wonach auch juristische Personen Mitglieder des Verwaltungsbeirats sein können (Häublein, ZMR 2003, 233, 238) überzeugt nicht. Das Amt des Verwaltungsbeirats muss vom Bestellten höchstpersönlich ausgeübt werden (Armbrüster, ZWE 2001, 355, 359). Dies ist schon begrifflich bei einer juristischen Person nicht möglich, da sich die Fähigkeit zu höchstpersönlichem Handeln vom Begriff her auf die natürliche Person beschränkt. Eine juristische Person hat zwar eine eigene Rechts- und Parteifähigkeit, sie verfügt aber nicht über eine eigene Persönlichkeit. Dementsprechend könnte die Beiratstätigkeit auch nur von der natürlichen Person ausgeübt werden, die die juristische Person vertritt. Das Amt des Verwaltungsbeirats kann aber nicht auf eine andere Person oder auf einen Vertreter übertragen werden. Genau dies wäre aber bei der Bestellung einer juristischen Person zum Verwaltungsbeirat der Fall, da eine juristische Person die Verwaltungsbeiratstätigkeit von ihrem Vertreter ausüben lassen müsste. Hinzu kommt, dass die Vertretungsverhältnisse bei einer juristischen Person jederzeit ohne Mitwirken der Eigentümergemeinschaft geändert werden können, sodass die Zusammensetzung des Beirats in Ansehung der tätig werdenden Personen einem ständigen Wechsel unterworfen sein könnte.

Auch das Argument, ein Vertrauensverhältnis, das üblicherweise für die Wahl eines Miteigentümers zum Verwaltungsbeirat (mit) entscheidend ist, würde bei einer juristischen Person zu deren Geschäftsführer ausgebildet (Kümmel, NZM 2003, 303), überzeugt nicht. Gerade bei großen Gesellschaften hat die Geschäftsführung mit einer Eigentümergemeinschaft, deren Mitgliedern und dem Leben vor Ort in der Regel nichts zu tun. In vielen Fällen haben Eigentümergemeinschaften zu einer juristischen Person als Miteigentümerin nur über den für sie zuständigen Sachbearbeiter Kontakt und wissen noch nicht einmal, wer der Geschäftsführer ist, geschweige denn, dass sie ihn persönlich kennen würden und mit ihm ein besonderes Vertrauensverhältnis verbinden würde. Vertrauen kann nur einer natürlichen Person entgegengebracht werden, niemals aber beispielsweise einer GmbH oder einer sonstigen Kapitalgesellschaft. Als vermittelndes Bindeglied zwischen Verwalter und Eigentümer kann nur der Mensch selbst infrage kommen, niemals eine juristische Konstruktion.

Die Tätigkeit des Verwaltungsbeirats dient der Selbstverwaltung, daher steht das höchstpersönliche Engagement des Wohnungseigentümers im Vordergrund, was bei einer juristischen Person grundsätzlich nicht gegeben wäre.

34. Können Organe juristischer Personen zu Mitgliedern des Verwaltungsbeirats gewählt werden?

Nein, auch hier gilt, dass als Eigentümer die juristische Person, zum Beispiel eine GmbH, im Grundbuch eingetragen ist, nicht deren Geschäftsführer. Solange der Geschäftsführer nicht selbst Mitglied der Eigentümergemeinschaft ist, kann er auch nicht zum Beirat gewählt werden.

Die Mitgliedschaft im Verwaltungsbeirat unabhängig von der Eigentümerstellung im Grundbuch an die Vertretungsberechtigung für eine juristische Person knüpfen zu wollen, kann im Einzelfall zu einer nur noch schwer überschaubaren Fluktuation in der Zusammensetzung des Verwaltungsbeirats führen. So werden gerade für größere Gesellschaften oft zwei oder sogar noch mehr Geschäftsführer bestellt. Welcher Geschäftsführer sollte dann das Amt des Verwaltungsbeirats bekleiden? Da eine Eigentümergemeinschaft auf die Kontinuität in der Geschäftsführung einer Miteigentümergesellschaft keinerlei Einfluss ausüben kann, wären ständige und unberechenbare Wechsel in der Beiratszusammensetzung möglich. Genauso schnell, wie eine Gesellschafterversammlung einen neuen Geschäftsführer bestellen kann, kann sie ihn auch wieder abberufen und durch einen anderen ersetzen. Hier kann weder das besondere Vertrauensmoment zum Vertretungsorgan der juristischen Person ausgebildet werden, noch würden ständig wechselnde Vertretungsorgane über das für eine Verwaltungsbeiratstätigkeit unverzichtbare Wissen um die besonderen Belange und Interna einer Eigentümergemeinschaft verfügen.

Es dürfte überdies an der emotionalen Bindung und der Bereitschaft zum ehrenamtlichen Einsatz fehlen, die bei Verwaltungsbeiratsmitgliedern im Regelfall nur vorhanden sind, weil die Tätigkeit in dem Wissen übernommen wird, dass sie im höchstpersönlichen Interesse erfolgt.

35. Können Mitglieder einer Personengesellschaft zum Beirat gewählt werden?

Ja, persönlich haftende Gesellschafter von Personengesellschaften können Mitglieder des Verwaltungsbeirats sein, auch wenn die Gesellschaft Inhaberin des Wohnungs- oder Teileigentumsrechts und die Gesellschaft mit ihrer Firma und ihrem Sitz in das Grundbuch eingetragen ist. Der ausschlaggebende Grund für die Fähigkeit, Mitglied des Beirats sein zu können, besteht darin, dass bei Personengesellschaften alle Gesellschafter Eigentümer des Sondereigentumsrechts sind, mithin die Eigentümerstellung, anders als bei den gesetzlichen Vertretern juristischer Personen, personenbezogen ist.

36. Können Mitglieder eines nicht rechtsfähigen Vereins zu Beiratsmitgliedern gewählt werden?

Da ein nicht rechtsfähiger Verein nicht alleine unter seinem Namen in das Grundbuch eingetragen werden kann, sondern eine namentliche Eintragung der einzelnen Vereinsmitglieder erforderlich ist (BGH, Beschluss vom 21.1.2016, V ZB 19/15, NZM 2016, 908, 909), halten die für eine Beiratsmitgliedschaft erforderliche Eigentümerstellung die einzelnen Vereinsmitglieder gesamthänderisch inne. Da kein Alleineigentum erforderlich ist, um das Amt eines Verwaltungsbeirats bekleiden zu können, steht der Wahl von im Grundbuch eingetragenen Vereinsmitgliedern nichts im Wege.

37. Können Treuhänder Mitglieder eines Verwaltungsbeirats sein?

Ja, wenn der Treuhänder im Grundbuch als Eigentümer eingetragen ist. Wem gegenüber der Treuhänder im Innenverhältnis, das heißt aus dem Treuhandverhältnis verpflichtet ist, hat keine Bedeutung, weil diese schuldrechtliche Beziehung die formale Eigentümerstellung des Treuhänders nicht berührt, sondern es ausschließlich auf die formale Eigentümerstellung ankommt.

38. Kann ein Nießbrauchberechtigter oder ein Dauerwohnberechtigter zum Verwaltungsbeirat gewählt werden?

Nein, einem Nießbrauchberechtigten steht nur das Recht zu, das Sondereigentum zu nutzen. Auch wenn diese Nutzung unter Ausschluss des Eigentümers selbst stattfindet, rückt der Nießbrauchberechtigte nicht in die Eigentümerstellung ein; er ist nicht Mitglied der Eigentümergemeinschaft und daher außenstehender Dritter. Soll ein Nießbrauchberechtigter zum Beirat gewählt werden, kann dies daher nur aufgrund einer Vereinbarung geschehen, die die Wahl von Nichteigentümern zulässt.

Ein Dauerwohnberechtigter ist ebenso wie der Nießbraucher kein Eigentümer. Ihm steht daher nur ein Nutzungsrecht zu, auch wenn dieses Nutzungsrecht – wie beim Nießbrauchberechtigten – im Grundbuch eingetragen und damit dinglich gesichert ist.

39. Können Testamentsvollstrecker, Insolvenz-, Zwangs- oder Vergleichsverwalter zum Verwaltungsbeirat gewählt werden?

Nein, allen vorgenannten Amtsinhabern fehlt die Eigentümerstellung, an die das Gesetz die Mitgliedschaft im Verwaltungsbeirat nicht ohne Grund geknüpft hat. Nur die Eigentümerstellung vermittelt die besondere Verbundenheit mit den Angelegenheiten der Gemeinschaft (Armbrüster, ZWE 2001, 355, 356).

C. Persönliche Voraussetzungen für die Wahl zum Verwaltungsbeirat

40. Benötigt man für die Verwaltungsbeiratstätigkeit irgendwelche Vorkenntnisse?

Nein, für die Tätigkeit eines Verwaltungsbeirats bedarf es grundsätzlich keiner besonderen Qualifikationen. Dessen ungeachtet ist nicht zu verkennen, dass einschlägige Fachkenntnisse, zum Beispiel buchhalterischer, juristischer oder technischer Art, von Vorteil sind.

41. Wann liegt ein wichtiger Grund gegen die Bestellung eines Wohnungseigentümers zum Verwaltungsbeirat vor?

Wenn von vornherein ausgeschlossen ist, dass zwischen dem Verwalter und dem zu wählenden Miteigentümer einerseits oder dem zu wählenden Miteigentümer und der Eigentümergemeinschaft andererseits das für eine sinnvolle Zusammenarbeit notwendige Vertrauensverhältnis entstehen kann oder die Zusammenarbeit mit dem zu bestellenden Wohnungseigentümer als unzumutbar erscheint, würde die Wahl des betreffenden Miteigentümers gegen das Gebot ordnungsgemäßer Verwaltung verstoßen (OLG Frankfurt am Main, Beschluss vom 12.4.2001, 20 W 234/00, NZM 2001, 627).

In diesem Fall würde ein Beschluss über die Bestellung eines Verwaltungsbeirats auf Anfechtung für ungültig zu erklären sein. Er würde den Grundsätzen ordnungsgemäßer Verwaltung entgegenstehen, da schwerwiegende Umstände bekannt sind, die gegen die Person des Gewählten sprechen (KG, Beschluss vom 28.1.2004, 24 W 3/02, ZMR 2004, 458 (459)).

42. Kann ein Miteigentümer zum Verwaltungsbeirat gewählt werden, der vorbestraft ist?

Grundsätzlich ja. Die Wahl eines Miteigentümers widerspricht nur dann den Grundsätzen ordnungsgemäßer Verwaltung, wenn schwerwiegende Umstände bekannt sind, die gegen die Eignung des zu wählenden Miteigentümers sprechen (BayObLG, Beschluss vom 30.3.1990, Breg. 2 Z 22/90, WuM 1990, 322). Dies ist allerdings nicht bei jeglicher Art von Vorstrafen der Fall. So kann ein Miteigentümer, der wegen eines Verkehrsdelikts verurteilt wurde, selbstverständlich für das Amt eines Verwaltungsbeirats geeignet sein. Dahingegen könnte eine Verurteilung zum Beispiel wegen eines Vermögensdelikts Zweifel begründen, dass der betreffende Miteigentümer für die vorgesehene Vertrauensstellung als Verwaltungsbeirat geeignet ist.

Eine Vorstrafe ist also nur dann für eine Wahl zum Verwaltungsbeirat hinderlich, wenn die Art und Weise des strafbaren Verhaltens, zum Beispiel Veruntreuung, Bestechlichkeit, Betrug oder die Inanspruchnahme sonstiger unredlicher Vermögensvorteile (OLG Frankfurt am Main, Urteil vom 11.3.1976, 16 U 255/75, NJW 1976, 1410), Zweifel an der Eignung eines Miteigentümers begründen können, sich um die Vermögensinteressen der Eigentümergemeinschaft zu kümmern oder die Vertrauensstellung auszufüllen, die üblicherweise mit der Wahl zum Verwaltungsbeirat verbunden ist.

43. Darf vor der Wahl auf Bedenken hingewiesen werden, die gegen die Bestellung eines Beiratsmitglieds sprechen?

Ja, jeder Wohnungseigentümer ist berechtigt, auf Umstände hinzuweisen, die nach seiner Meinung gegen die Eignung oder die Bestellung eines Kandidaten sprechen. Eine solche Erörterung hat jeder Kandidat, der sich zur Beiratswahl zur Verfügung stellt, hinzunehmen, so lange die gegen ihn vorgetragene Kritik sachlich bleibt und die Grenzen der freien Meinungsäußerung nicht überschreitet.

Grundsätzlich darf ein Wohnungseigentümer auch auf Vorstrafen eines Kandidaten hinweisen, die für das Beiratsamt von Bedeutung sein können, so zum Beispiel bei Vermögensdelikten (OLG Frankfurt am Main, Urteil vom 11.3.1976, 16 U 255/75, NJW 1976, 1410 (1411)). Die Grenzen der freien und berechtigten Meinungsäußerung werden jedoch überschritten, wenn ein Miteigentümer auf negative Umstände hinweist, die entweder dem Privatverhältnis zwischen ihm und dem Kandidaten entspringen oder in der Privatsphäre des kandidierenden Miteigentümers zu finden sind. So etwas wäre zum Beispiel die Äußerung eines Miteigentümers, ein Kandidat sei als Verwaltungsbeirat nicht geeignet, weil er eine Beziehung zur Ehefrau eines Miteigentümers aufgenommen habe. Genauso deplatziert und zu unterlassen wäre der Hinweis darauf, beim Kandidaten handele es sich um einen regelmäßigen Spielbankbesucher, bei dem man befürchten müsse, dass er alle Gelder, über die er verfügen könne, zur Spielbank tragen werde. Selbstverständlich findet jede Meinungsäußerung dort ihre Grenze, wo sie sich auf bloße Vermutungen oder Gerüchte beschränkt oder jeden sachlichen Zusammenhang mit der Beiratstätigkeit vermissen lässt.

In jedem Falle ist das Recht, die Miteigentümer über ein strafrechtliches Verhalten eines Beiratskandidaten aufzuklären, auf den Personenkreis der Miteigentümer bzw. die Eigentümerversammlung beschränkt, weil nur insoweit eine Notwendigkeit für die Wahrnehmung der Vermögensrechte der Miteigentümer bzw. des Eigentümerverbands besteht (OLG Frankfurt am Main, Urteil vom 11.3.1976, 16 U 255/75, NJW 1976, 1410 (1411)).

44. Muss ein Kandidat persönliche Fragen zu seiner Person beantworten, die vor der Wahl in der Eigentümerversammlung an ihn gestellt werden?

Nein, eine Verpflichtung zur Beantwortung persönlicher Fragen gibt es nicht. Soweit Fragen jedoch eine sachliche Berechtigung haben, nicht diskriminierend und nicht beleidigend sind, ist ein Miteigentümer gut beraten, als vertrauensbildende Maßnahme auf entsprechende Fragen seiner Miteigentümer einzugehen. Vor einer Verwaltungsbeiratswahl stellen sich jedenfalls solche Miteigentümer, die bisher noch nicht für das Amt des Verwaltungsbeirats kandidiert haben, üblicherweise persönlich vor, damit sich die Wohnungseigentümer eine Meinung über ihre Eignung bilden können. Dabei ist es zulässig, wenn der Kandidat nach seinen Familienverhältnissen, seinem Alter, seinem Beruf und seinen etwaigen Vorstrafen im Zusammenhang mit Vermögensdelikten befragt wird. Auch die Bitte um Auskunft über die berufliche Belastung und den beruflichen Einsatzort ist sachlich gerechtfertigt, denn diese Angaben lassen Rückschlüsse darüber zu, ob der Miteigentümer überhaupt zeitlich in der Lage ist, den Aufgaben eines Verwaltungsbeirats gerecht zu werden. Selbstverständlich kann kein Kandidat gezwungen werden, auf jede Frage zu antworten. Verweigert ein Kandidat jedoch Auskünfte, die für die Beurteilung seiner Eignung zum Beiratsamt maßgeblich sind, und ergeben sich unter Berücksichtigung aller sonstigen Umstände Zweifel an der Eignung des Kandidaten, kann dies im Einzelfall die Anfechtbarkeit seiner Bestellung zum Verwaltungsbeirat begründen.

45. Kann ein Miteigentümer zum Verwaltungsbeirat gewählt werden, der die eidesstattliche Versicherung abgegeben hat?

Ja, denn die persönlichen Vermögensverhältnisse eines Miteigentümers spielen für die Frage seiner Eignung, das Amt eines Verwaltungsbeirats sachkundig und in verantwortungsvoller Weise ausüben zu können, keine Rolle. Denn das in einer Vermögensoffenbarung liegende Eingeständnis einer (früheren) Zahlungsunfähigkeit bedeutet nicht gleichzeitig, dass dieser Miteigentümer zwangsläufig seinen Verpflichtungen als Mitglied der Eigentümergemeinschaft nicht nachkommen würde. So kann sich der Wohnungseigentümer finanziell wieder erholt haben. Die Wohngeldverpflichtungen können aber auch von Familienangehörigen oder Dritten erfüllt werden, sodass die persönliche Zahlungsunfähigkeit eines Miteigentümers ohne jede Auswirkung auf das Gemeinschaftsverhältnis bleiben kann.

46. Kann ein Wohnungseigentümer zum Verwaltungsbeirat gewählt werden, der mit erheblichen Wohngeldern in Rückstand ist?

Ein solcher Miteigentümer dürfte in der Regel nicht für das Amt des Verwaltungsbeirats geeignet sein. Denn wer bereits die eigenen ihm gegenüber der Eigentümergemeinschaft obliegenden Zahlungsverpflichtungen verletzt, erscheint wenig glaubwürdig, wenn er gleichzeitig den Verwalter bei der Durchführung seiner Aufgaben unterstützen und bei der Verwaltung der Gemeinschaftsfinanzen kontrollierend begleiten soll. Dies beinhaltet auch, den Verwalter zur Einleitung von Beitreibungsmaßnahmen anzuhalten, was ein säumiger Miteigentümer, wenn überhaupt, wohl nur zögerlich tun würde. Denn damit müsste er ja die Einleitung eines gegen sich selbst gerichteten Beitreibungsverfahrens initiieren, was die mögliche Interessenkollision zwischen der Aufgabenstellung eines Verwaltungsbeirats und der persönlichen Situation eines Hausgeldschuldners offenkundig werden lässt. Das macht einen säumigen Eigentümer für das Beiratsamt untauglich.

47. Ist ein Wohnungseigentümer für die Wahl eines Beirats geeignet, in dessen Person die Voraussetzungen für die Entziehung des Wohnungseigentums gemäß §§ 18, 19 WEG verwirklicht sind?

Ein solcher Wohnungseigentümer ist nicht für das Amt eines Verwaltungsbeirats geeignet (a.A. LG Baden-Baden, Urteil vom 12.2.2009, 3 T 87/07, ZMR 2009, 473). Wenn das Verhalten eines Miteigentümers für die Eigentümergemeinschaft derart unzumutbar geworden ist, dass sogar die Voraussetzungen für den stärksten möglichen wohnungseigentumsrechtlichen Eingriff vorliegen, nämlich die Entziehung des Wohnungseigentums gemäß § 18 WEG, dann ist es den Wohnungseigentümern unter keinem Aspekt mehr zumutbar, dass ein solcher Miteigentümer in die Vertrauensstellung eines Verwaltungsbeirats gewählt werden soll (Abramenko, Anmerkung zu LG Baden-Baden, ZMR 2009, 474).

48. Kann ein Miteigentümer gewählt werden, der ein Gerichtsverfahren gegen die Eigentümergemeinschaft oder einen Miteigentümer führt?

Führt ein Miteigentümer gegen die Eigentümergemeinschaft oder gegen einen oder mehrere Miteigentümer einen Prozess, hindert dies nicht daran, den Miteigentümer zum Verwaltungsbeirat zu wählen. Die Wahrnehmung einer eigenen Rechtsposition durch gerichtliche Hilfe ist kein Indiz dafür, dass dieser Miteigentümer die einem Verwaltungsbeirat obliegenden Aufgaben nicht ordnungsgemäß erfüllen würde.

49. Kann ein Miteigentümer gewählt werden, der mit der Eigentümergemeinschaft zerstritten ist?

Zwistigkeiten oder gar häufiger Streit eines Miteigentümers mit der Eigentümergemeinschaft oder einzelnen Miteigentümern steht dessen Eignung zur Wahl als Verwaltungsbeirat grundsätzlich nicht entgegen (KG, Beschluss vom 28.1.2004, 24 W 3/02, ZMR 2004, 458 (459); OLG Köln, Beschluss vom 30.8.1999, 16 Wx 123/99, NZM 1999, 1155 = ZMR 2000, 564). In diesem Fall dürfte es allerdings fraglich sein, ob der betreffende Miteigentümer die für ihn erforderliche Stimmenmehrheit erhält.

50. Ist ein Miteigentümer für das Amt des Verwaltungsbeirats geeignet, wenn er eigene Interessen oder die Interessen einer Mehrheitseigentümergruppe verfolgt?

Auch ein solcher Eigentümer kann grundsätzlich zum Verwaltungsbeirat gewählt werden (KG, Beschluss vom 28.1.2004, 24 W 3/02, ZMR 2004, 458). Für Verwaltungsbeiräte besteht keine Verpflichtung zur Objektivität oder Neutralität bezüglich der übrigen Mitglieder der Eigentümergemeinschaft. Solange ein Verwaltungsbeirat die ihm obliegenden Pflichten ordnungsgemäß ausführt, kann es keine Rolle spielen, aufgrund welcher Interessenlage dies geschieht.

51. Kann ein Miteigentümer, der als Rechtsanwalt die Gemeinschaft oder einzelne Eigentümer in Gerichtsverfahren vertritt, zum Verwaltungsbeirat gewählt werden?

Ein Wohnungseigentümer, der als Rechtsanwalt die Gemeinschaft in Beschlussanfechtungsverfahren oder einzelne Wohnungseigentümer in Verfahren gegen einen anderen Wohnungseigentümer vertreten hat oder vertritt, kann ebenfalls zum Verwaltungsbeirat gewählt werden (OLG Frankfurt am Main, Beschluss vom 12.4.2001, 20 W 234/00, NZM 2001, 627).

52. Entspricht es ordnungsgemäßer Verwaltung, einen bereits als Verwaltungsbeirat tätig gewesenen Miteigentümer erneut zu wählen, obwohl ihm fehlerhafte Beiratstätigkeit vorgeworfen werden kann?

Auch wenn ein Miteigentümer im Rahmen früherer Beiratstätigkeit Fehler gemacht hat, reicht dies grundsätzlich nicht aus, seine weitere Eignung als

Verwaltungsbeirat zu verneinen. Das gilt selbst dann, wenn das fehlerhafte Verhalten später zu einer gerichtlichen Beanstandung von Wohnungseigentümerbeschlüssen geführt hat (OLG Köln, Beschluss vom 12.5.2006, 16 Wx 93/06, OLG-Report Köln 2006, 590).

53. Kann ein Miteigentümer zum Verwaltungsbeirat gewählt werden, der der deutschen Sprache nicht mächtig ist?

Ja, selbstverständlich kann jedes Mitglied der Eigentümergemeinschaft zum Verwaltungsbeirat gewählt werden, solange es als Miteigentümer im Grundbuch eingetragen ist. Die Wahl eines der deutschen Sprache unkundigen Miteigentümers dürfte jedoch dann dem Gebot ordnungsgemäßer Verwaltung widersprechen, wenn dieser Miteigentümer aufgrund der Sprachbarriere gar nicht zur Ausübung seines Amtes in der Lage wäre, er deshalb an Meinungsbildungsprozessen des Verwaltungsbeirats nicht mitwirken und sich weder gegenüber den übrigen Mitgliedern des Verwaltungsbeirats noch dem Verwalter oder seinen Miteigentümern gegenüber verständlich artikulieren könnte.

Die Eignung eines nicht deutschsprachigen Beiratsmitglieds kann sich aber aus der besonderen Eigentümerstruktur einer Wohnungseigentümeranlage ergeben. In Anlagen, in denen eine große oder gar überwiegende Zahl der Miteigentümer einem anderen Sprachraum angehört, kann es sogar hilfreich sein, wenn ein Mitglied des Verwaltungsbeirats die Sprache der Eigentümermehrheit oder zumindest eines großen Teils der Miteigentümer spricht, ohne gleichzeitig auch der deutschen Sprache mächtig zu sein.

Die sich aus Sprachproblemen ergebenden Schwierigkeiten bei der Verständigung der Beiratsmitglieder bzw. der Miteigentümer untereinander oder bei der Zusammenarbeit mit dem Verwalter müssen in solchen Fällen auf andere Weise gelöst werden. Nur in besonderen Ausnahmefällen kann es dem Gebot ordnungsgemäßer Verwaltung entsprechen, auf Gemeinschaftskosten einen Dolmetscher einzuschalten. Ein Anspruch, von der Eigentümergemeinschaft für die laufende Beiratstätigkeit einen Dolmetscher gestellt zu bekommen, besteht nicht. In der Person, die hierauf angewiesen wäre, bestünde ein Eignungshindernis. Die Wahl eines solchen Miteigentümers wäre anfechtbar, genauso wie der Beschluss über die auf Dauer angelegte begleitende Tätigkeit eines Dolmetschers.

D. Die Wahl des Verwaltungsbeirats

54. Wird ein Beirat »gewählt« oder »bestellt«?

Nach §29 Abs. 1 Satz 1 WEG können Wohnungseigentümer durch Stimmenmehrheit die »Bestellung« eines Verwaltungsbeirats beschließen. Da eine Bestellung nur erfolgen kann, wenn aus dem Kreis der Miteigentümer eine entsprechende Auswahl erfolgt, findet die Bestellung, also die Berufung in das Amt eines Verwaltungsbeirats, durch eine Wahl statt. Bestellung und Wahl sind also keine Gegensätze, sondern stehen nebeneinander, wenn auch in einem Nachrangigkeitsverhältnis. Zuerst erfolgt die Wahl in Form eines Mehrheitsbeschlusses, der das Instrument zur Berufung eines Miteigentümers in die organschaftliche Stellung eines Verwaltungsbeirats darstellt. Nach erfolgter Wahl ist mit deren Annahme die Bestellung verbunden, die die Organstellung begründet (Armbrüster, ZWE 2001, 355, 359). Ein Miteigentümer wird also zum Verwaltungsbeirat gewählt und bestellt.

55. Was muss ein Beschluss über die Wahl eines Verwaltungsbeirates beinhalten?

Außer dem Vor- und Nachnamen der zu wählenden Person muss der Beschluss nichts weiter enthalten. Anders als beim Beschluss über eine Verwalterneuwahl, der Beginn und ggf. auch das Ende der Bestellungsdauer sowie die Verwaltervergütung je Einheit und Monat enthalten muss (BGH, Urteil vom 27.2.2015, V ZR 114/14, NJW 2015, 1378), gibt es keine sogenannten Eckdaten, die bei der Verwaltungsbeiratswahl in die Beschlussformulierung mitaufgenommen werden müssten. So gibt es für die Beiratsbestellung weder eine Mindest- noch eine Höchstdauer, Fragen einer Aufwandsentschädigung oder Vergütung sind an anderer Stelle eigenständig zu regeln und können zudem laufenden Änderungen unterliegen.

56. Kann jedes Mitglied der Eigentümergemeinschaft zum Verwaltungsbeirat gewählt werden?

Grundsätzlich ja. Ein Miteigentümer kann allerdings dann nicht gewählt werden, wenn ein unlösbarer Interessenkonflikt dem entgegenstünde. Dies wäre zum Beispiel der Fall, wenn ein Miteigentümer zugleich das Verwalteramt ausübt. Der Verwalter kann niemals gleichzeitig Mitglied des Verwaltungsbeirats sein. Da ein Verwaltungsbeirat unter anderem die Aufgabe hat, die Tätigkeit des Verwalters kritisch und kontrollierend zu begleiten, der Kontrollierende jedoch nicht mit der Person des Kontrollierten identisch sein kann, würde eine unauflösliche Interessenkollision bestehen. Daher schließen sich die Funktionen gegenseitig aus. Ein Beschluss, mit dem der amtierende Verwalter zum Verwaltungsbeirat gewählt wird, ist daher nichtig (OLG Zweibrücken, Beschluss vom 22.9.1983, 3 W 76/83, OLGZ 1983, 438, 439).

57. Ab welchem Zeitpunkt ist es für eine Eigentümergemeinschaft möglich, einen Verwaltungsbeirat zu wählen?

Ohne die Existenz einer Wohnungseigentümergemeinschaft kann es natürlich auch keinen Verwaltungsbeirat geben, sodass vor dem Entstehen einer solchen auch kein Verwaltungsbeirat gewählt werden kann. Eine Wohnungseigentümergemeinschaft entsteht dann, wenn außer dem Eigentümer, der die Eigentumswohnungsanlage errichtet oder einen Altbau in Wohnungseigentum aufgeteilt hat, ein erster Erwerber eines Sondereigentums im Grundbuch als Eigentümer eingetragen wird. Es müssen also mindestens zwei verschiedene Eigentümer vorhanden sein, damit von einer Wohnungseigentümergemeinschaft gesprochen werden kann.

58. Ab welchem Zeitpunkt kann man zum Verwaltungsbeirat gewählt werden?

Da der Verwaltungsbeirat gemäß § 29 Abs. 1 Satz 2 WEG aus Wohnungseigentümern besteht, kann nach dem Gesetz nur derjenige zum Verwaltungsbeirat gewählt werden, der Mitglied der Eigentümergemeinschaft ist. Mitglied einer Eigentümergemeinschaft wird man ab dem Tage, an dem man als Eigentümer im Grundbuch eingetragen wird. Ausnahmen gelten für die werdende Eigentümergemeinschaft (siehe Frage 60).

59. Welche Rechtsfolgen hat es, wenn ein Erwerber gewählt wird, der zwar bereits den Kaufvertrag abgeschlossen hat und Besitzer der Wohnung ist, jedoch noch nicht als Eigentümer im Grundbuch steht?

Da es sich bei einem solchen Erwerber nicht um einen Wohnungseigentümer handelt, ist er außenstehender Dritter. Seine Wahl ist daher anfechtbar. Wird der Bestellungsbeschluss jedoch bestandskräftig, kann auch der Erwerber, der noch nicht Eigentümer ist, seine Verwaltungsbeiratstätigkeit ausüben.

! **Ausnahme**

Eine Ausnahme gilt dann, wenn es sich um einen echten werdenden Eigentümer handelt, der bereits zum Beirat gewählt werden kann, auch wenn er noch nicht im Grundbuch als Eigentümer eingetragen ist (vgl. dazu Frage 57).

60. Kann ein Verwaltungsbeirat ausnahmsweise auch schon vor Entstehen einer Eigentümergemeinschaft gewählt werden?

Dies ist nur in einem einzigen Ausnahmefall möglich, nämlich beim Ersterwerb vom Bauträger oder teilenden Alleineigentümer, bei dem nach dem ersten Verkauf eine sogenannte echte werdende Wohnungseigentümergemeinschaft (auch faktische Wohnungseigentümergemeinschaft genannt) entsteht.

Von einer echten werdenden Wohnungseigentümergemeinschaft wird dann gesprochen, wenn der erste Käufer eines Sondereigentums den notariellen Kaufvertrag abgeschlossen hat, die Auflassungsvormerkung im Grundbuch eingetragen wurde und ihm der Besitz an seinem Sondereigentum übertragen wurde (OLG Hamm, Beschluss vom 19.10.1999, 15 W 217/99, DNotZ 2000, 215; OLG Zweibrücken, Beschluss vom 8.12.1998, 3 W 217/98, WE 1999, 117; a.A., jedoch nicht überzeugend OLG Saarland, Beschluss vom 27.2.1998, 5 W 252/97, DNotZ 1999, 217).

Die so entstandene werdende Wohnungseigentümergemeinschaft vergrößert sich um jeden weiteren Erwerber, der die gleichen Voraussetzungen erfüllt, bis zu dem Zeitpunkt, zu dem die erste Eigentumsumschreibung auf einen Käufer stattfindet. Nach der ersten Eigentumsumschreibung, durch die der Vollzug der Eigentümergemeinschaft eintritt, kann kein neuer Erwerber mehr in die Stellung eines werdenden Eigentümers gelangen. Diejenigen Erwerber, die vor dem Vollzug der Eigentümergemeinschaft diese Position bereits einmal erworben haben, verlieren sie aber nicht mehr. Bisweilen kann es Jahre bis zur ersten Eigentumsumschreibung auf einen Erwerber dauern, zum Beispiel wenn mit dem Bauträger wegen Mängeln am Gemeinschafts- oder Sondereigentum Streit besteht und der Erwerber deshalb einen Teil des Kaufpreises zurückbehält, die Eigentumsumschreibung aber von der vollständigen Errichtung des Kaufpreises abhängt. In dem Fall, dass für die werdende Eigentümergemeinschaft dennoch bereits ein Verwalter tätig ist und reguläre Verwaltungstätigkeit stattfindet, kann auch im Stadium einer solchen werdenden Eigentümergemeinschaft ein Verwaltungsbeirat gewählt werden.

61. Für welche Zeitdauer wird ein Verwaltungsbeirat gewählt?

Das Gesetz enthält im Gegensatz zur Verwalterbestellung, die gemäß § 26 Abs. 1 Satz 2 WEG auf eine Höchstzeit von fünf Jahren beschränkt ist, keine Regelung zur Dauer der Amtszeit. Wird nicht bereits mit der Wahl die Amtsdauer festgelegt, gilt die Bestellung erst einmal auf unbestimmte Zeit (OLG München, Beschluss vom 31.7.2007, 34 Wo 069/07, ZMR 2007, 996 (998)), eine

Bestellungshöchstdauer gibt es nicht (OLG Köln, Beschluss vom 24.11.1999, 16 Wo 158/99, NZM 2000, 193).

Wird die Amtsperiode des Verwaltungsbeirats routinemäßig auf ein Jahr beschränkt, sodass jährlich eine Neuwahl erforderlich ist, besteht für Eigentümergemeinschaften regelmäßig die Möglichkeit, sich für einen neuen Verwaltungsbeirat zu entscheiden. Dies vermeidet Reibungsverluste zwischen den Eigentümern, die dadurch entstehen könnten, dass unterstellt wird, Grund für die Neuwahl sei die Unzufriedenheit mit der Tätigkeit der bisherigen Mitglieder des Verwaltungsbeirats.

62. Wie findet die Verwaltungsbeiratswahl statt?

Die Wahl des Verwaltungsbeirats findet regelmäßig im Rahmen einer Eigentümerversammlung statt und erfolgt grundsätzlich durch einfachen Mehrheitsbeschluss. Dies bedeutet, dass nur die Kandidaten gewählt sind, die in einer beschlussfähigen Eigentümerversammlung mehr Ja- als Nein-Stimmen erhalten haben.

63. Kann eine Verwaltungsbeiratswahl auch ohne Eigentümerversammlung erfolgen?

Ja, nämlich im schriftlichen Verfahren in Form eines sogenannten Umlaufbeschlusses gemäß §23 Abs. 3 WEG. Ein solcher Umlaufbeschluss erscheint allerdings nur in kleineren Gemeinschaften praktikabel. Der Nachteil dieses schriftlichen Wahlverfahrens ist nämlich, dass der Umlaufbeschluss »allstimmig« erfolgen muss – das heißt, alle im Grundbuch eingetragenen Miteigentümer müssen zustimmen –, wohingegen im Rahmen von Eigentümerversammlungen ein Mehrheitsbeschluss ausreicht.

64. Ist ein als Kandidat aufgestellter Miteigentümer bei der Beiratswahl vom Stimmrecht ausgeschlossen?

Nein, jeder Miteigentümer ist bei jeder Abstimmung über die Wahl eines Verwaltungsbeiratsmitglieds stimmberechtigt. Der in §25 Abs. 5 WEG vorgesehene Stimmrechtsausschluss greift nicht; danach würde nur ein Stimmverbot bestehen, wenn sich eine Beschlussfassung auf die Vornahme eines auf die Verwaltung des gemeinschaftlichen Eigentums bezüglichen Rechtsgeschäfts mit einem Miteigentümer oder die Einleitung oder Erledigung eines Rechtsstreits der anderen Wohnungseigentümer gegen diesen bezieht. Beide Alternativen treffen auf die Wahl eines Verwaltungsbeiratsmitglieds nicht zu.

65.   Kann sich ein Kandidat auch selbst wählen?

Ja, ein Miteigentümer, der für die Beiratswahl kandidiert, kann seine Stimme nicht nur für andere Kandidaten abgeben, sondern auch für sich selbst.

66.   Wie wird bei der Beiratswahl abgestimmt?

Wenn in der Teilungserklärung nichts anderes vereinbart ist, gilt § 25 Abs. 2 Satz 1 WEG, wonach jedem Wohnungseigentümer eine Stimme zusteht (Kopfprinzip).

67.   Wann ist ein Kandidat mehrheitlich gewählt worden?

In Eigentümerversammlungen gilt das Mehrheits- und nicht das Verhältniswahlrecht. Dies bedeutet, dass ein Beschluss dann mehrheitlich gefasst wird, wenn mehr Ja-Stimmen als Nein-Stimmen vorliegen. Stimmenthaltungen zählen nicht. Wurden genauso viele Ja-Stimmen wie Nein-Stimmen abgegeben, besteht eine Pattsituation, ein Beschluss ist mehrheitlich nicht zustande gekommen.

Beispiel 1   !

In einer mit 50 anwesenden Eigentümern beschlussfähigen Eigentümerversammlung werden bei der Verwaltungsbeiratswahl für einen Kandidaten 25 Ja-Stimmen und 15 Nein-Stimmen angegeben, zehn Eigentümer enthalten sich der Stimme. Mit 25 Ja-Stimmen gegen 15 Nein-Stimmen ist der Kandidat mehrheitlich gewählt, die Enthaltungen zählen nicht.

Beispiel 2   !

In derselben Eigentümerversammlung erhält der zweite Kandidat drei Ja-Stimmen, ein Miteigentümer stimmt mit Nein, 46 Miteigentümer enthalten sich der Stimme. Auch der zweite Kandidat ist mehrheitlich gewählt, da er mehr Ja- als Nein-Stimmen auf sich vereinigen konnte, die Enthaltungen zählen nicht.

Beispiel 3   !

In derselben Eigentümerversammlung stimmen 25 Eigentümer für den dritten Kandidaten mit Ja, die andere Hälfte der Anwesenden, also ebenfalls 25 Miteigentümer, stimmen mit Nein. Bei 25 Ja- und 25 Nein-Stimmen liegt eine Pattsituation vor, Kandidat Nummer drei konnte damit nicht die Mehrheit der Ja-Stimmen für sich gewinnen, er ist nicht gewählt.

68. Muss die Verwaltungsbeiratswahl geheim sein?

Nein, das Gesetz sieht hierzu keine Regelung vor. Die versammelten Wohnungseigentümer können daher selbst bestimmen, ob sie geheim oder offen abstimmen wollen.

69. Wer entscheidet, in welcher Form abgestimmt wird?

Die bei einer Eigentümerversammlung erschienenen Miteigentümer. Zwar wird der Versammlungsleiter – dies ist üblicherweise der Verwalter – im Regelfall ein Abstimmungsverfahren vorschlagen. Doch es steht jedem erschienenen Miteigentümer frei, einen Antrag zur Geschäftsordnung zu stellen, mit dem er ein bestimmtes Wahlverfahren vorschlägt. Ein solcher Organisationsbeschluss kann jederzeit zur Abstimmung gestellt werden, auch wenn er in der Einladung zur Eigentümerversammlung nicht als Tagesordnungspunkt angekündigt wurde. Die Eigentümerversammlung hat dann per Mehrheitsbeschluss zu entscheiden, wie abgestimmt werden soll.

70. Wie ist zu verfahren, wenn in einer Gemeinschaft Streit über die Frage besteht, ob geheim gewählt werden soll oder nicht?

Auch in diesem Fall muss ein Beschluss zur Geschäftsordnung herbeigeführt werden. Das Abstimmungsverfahren, das von den in der Eigentümerversammlung anwesenden und vertretenen Eigentümern mehrheitlich beschlossen wird, ist anzuwenden. Die in einer Eigentümerversammlung erschienenen Miteigentümer entscheiden also mehrheitlich über die bei der Verwaltungsbeiratswahl einzuhaltenden Formalien.

71. Kann ein Beschluss zur Geschäftsordnung, der die Art und Weise des Wahlverfahrens regelt, angefochten werden?

Nein, Beschlüsse zur Geschäftsordnung können grundsätzlich nicht angefochten werden, weil sie mit Beendigung der Eigentümerversammlung, in der sie gefasst wurden, gegenstandslos werden (BayObLG, Beschluss vom 16.11.1995, 2 Z BR 108/95, WuM 1996, 116, 117). Für eine Anfechtung fehlt daher regelmäßig das Rechtsschutzbedürfnis.

72. Muss die in einer Eigentümerversammlung stattfindende Verwaltungsbeiratswahl schriftlich erfolgen?

Nein, auch dazu sieht das Gesetz keine Regelungen vor. Bei einer schriftlichen Wahl, die nicht gleichzeitig geheim ist, können namentlich gekennzeichnete Stimmzettel verwendet werden. Den Eigentümern steht es daher auch insoweit frei, die Art und Weise des Abstimmungsverfahrens durch einen Beschluss zur Geschäftsordnung mehrheitlich zu bestimmen.

73. Darf der Verwalter bei der Beiratswahl mitstimmen?

Der Verwalter hat nur dann ein eigenes Stimmrecht, wenn er gleichzeitig Wohnungseigentümer ist (Armbrüster, ZWE 2001, 355, 359). Haben Eigentümer dem Verwalter für die Eigentümerversammlung Stimmrechtsvollmacht erteilt, kann der Verwalter ebenfalls an der Beiratswahl teilnehmen. Ist die Stimmrechtsvollmacht mit einer Weisung verbunden, muss der Verwalter diese bei der Abstimmung beachten; ansonsten kann er frei über sein Abstimmungsverhalten entscheiden.

74. Entfallen auf einen Miteigentümer, der Eigentümer mehrerer Einheiten ist, auch mehrere Stimmrechte?

Nein, §25 Abs. 2 Satz 1 WEG weist ausdrücklich jedem »Wohnungseigentümer« eine Stimme zu und nicht jedem »Wohnungseigentum«. Dies bedeutet, dass jeder Wohnungseigentümer nur eine Stimme abgeben kann, unabhängig davon, wie viele Einheiten in seinem Eigentum stehen (sogenanntes Kopfprinzip).

75. Kann auch ein anderes Stimmrechtsprinzip vereinbart werden?

Ja, in der Teilungserklärung können sowohl das Objektprinzip als auch das Wertprinzip vereinbart werden. Beim Objektprinzip entfällt auf jede Sondereigentumseinheit eine Stimme, das Wertprinzip verleiht für jeden Miteigentumsanteil eine Stimme.

76. Wie sind bei der Verwaltungsbeiratswahl Vollmachtstimmen zu behandeln?

Wenn der Vollmachtgeber mit der Erteilung seiner Vollmacht keine besondere Weisung verbunden hat, können die Vollmachtstimmen nach freiem Gutdünken eingesetzt werden, insbesondere auch für die eigene Wahl.

77. Muss jeder Kandidat einzeln gewählt werden oder ist auch eine gemeinsame Wahl aller drei Beiratsmitglieder im Rahmen einer sogenannten Blockwahl zulässig?

Auch dazu sieht das Gesetz keine Regelung vor; in der Rechtsprechung wird keine klare Linie vertreten. Unter Blockwahl wird hier die Wahl von mehreren Verwaltungsbeiratsmitgliedern in einem Wahlgang verstanden, bei dem für alle zur Wahl gestellten Kandidaten nur einheitlich mit Ja oder Nein gestimmt oder sich der Stimme enthalten werden kann. Keine Blockwahl stellt es nach hiesiger Auffassung dar, wenn zwar ein gemeinsamer Wahlgang stattfindet, in diesem aber für jeden Kandidaten eigenständig abgestimmt werden kann. Bei der Blockwahl wird der Verwaltungsbeirat also im Rahmen einer einheitlichen Beschlussfassung als Gremium gewählt.

Eine Blockwahl für zulässig gehalten hat das LG Schweinfurt (Beschluss vom 28.7.1997, 44 T 79/97, WuM 1997, 641), während sich das LG Düsseldorf gegen eine solche ausgesprochen hat (Beschluss vom 6.5.2004, 19 T 42/04, NZM 2004, 468; ebenso AG Nürnberg, Beschluss vom 28.11.2003, 1 UR II 186/03 WEG, ZMR 2005, 236).

78. Wann darf nicht in Form einer Blockwahl abgestimmt werden?

Eine Blockwahl ist nur dann zulässig, wenn damit alle bei einer Eigentümerversammlung anwesenden Miteigentümer einverstanden sind. Das Berliner Kammergericht und das HansOLG Hamburg haben eine Blockwahl unter der Voraussetzung für zulässig gehalten, dass kein Wohnungseigentümer der gewählten Vorgehensweise widerspricht (KG, Beschluss vom 29.3.2004, 24 W 194/02, NZM 2005, 107; HansOLG Hamburg, Beschluss vom 28.1.2005, 2 Wo 44/04, ZMR 2005, 395).

Die Zulässigkeit einer Blockwahl erscheint jedoch in höchstem Maße bedenklich, da sich Miteigentümer gezwungen sehen könnten, ggf. auch einem Kandidaten ihre Stimme zu geben, den sie nicht für geeignet halten, nur um die Beiratswahl insgesamt nicht zu gefährden. Umgekehrt scheitert möglicherweise eine Beiratswahl, wenn die Mehrzahl lieber überhaupt keinen Verwaltungsbeirat wählt, als dass ein ihr unliebsamer Kandidat Mitglied dieses Gremiums würde. Die Mitglieder einer Wohnungseigentümergemeinschaft durch eine Blockwahl des Verwaltungsbeirats einem derartigen Konflikt auszusetzen, erscheint mit den in einer Wohnungseigentümergemeinschaft geltenden demokratischen Prinzipien nicht vereinbar. Das gilt auch dann, wenn die Einzelwahl der Beiratsmitglieder, ggf. sogar in geheimer schriftlicher Abstimmung, mit einem deutlich höheren Organisations- und Verwaltungsaufwand verbunden ist und die Eigentümerversammlung entsprechend länger dauert.

Dass bei Widerspruch eines Miteigentümers eine Blockwahl nicht durchgeführt werden darf, hilft nicht in allen Fällen weiter. Denn nicht alle Miteigentümer haben das Selbstbewusstsein, sich gegen eine die Blockwahl befürwortende Mehrheit in einer Eigentümerversammlung zu stellen und einer Blockwahl offen zu widersprechen.

79. Kann auch nach Miteigentumsanteilen abgestimmt werden?

Die Stimmrechte können nur nach Miteigentumsanteilen vergeben werden, wenn in der Gemeinschaftsordnung das sogenannte Wertprinzip vereinbart ist. In diesem Fall hat jeder Miteigentümer so viele Stimmen, wie er Miteigentumsanteile auf sich vereinigt. Ohne die Vereinbarung des Wertprinzips in der Teilungserklärung ist eine Abstimmung nach Miteigentumsanteilen bei der Verwaltungsbeiratswahl unzulässig. Wird dennoch das Wertprinzip angewendet, ist ein Beschluss nicht nichtig, sondern nur anfechtbar.

80. Wie ist zu verfahren, wenn sich mehrere an einem Sondereigentum berechtigte Miteigentümer nicht auf eine gemeinsame Stimmabgabe einigen können und unterschiedlich abstimmen?

Sind im Grundbuch mehrere natürliche Personen für ein Sondereigentum als Eigentümer eingetragen, zum Beispiel die Mitglieder einer Erbengemeinschaft, einer BGB-Gesellschaft oder Eheleute, müssen sie sich auf eine einheitliche Stimmabgabe einigen. Gelingt dies nicht und gibt ein Berechtigter seine Stimme ab, wobei erkennbar wird, etwa durch ablehnenden Zwischenruf oder ausdrückliche Erklärung gegenüber dem Versammlungsleiter, dass der andere Berechtigte mit der Stimmabgabe nicht einverstanden ist, oder wird gar mit sich widersprechenden Voten abgestimmt, fehlt es an einer einheitlichen Ausübung des Stimmrechts im Sinne von §25 Abs. 2 Satz 2 WEG. Die sich widersprechenden Abstimmungen sind ungültig und werden nicht gezählt.

81. Wie viele Stimmen entfallen auf Eheleute?

Wenn Eheleute gemeinsam Eigentümer einer Sondereigentumseinheit sind, können sie das Stimmrecht nur einheitlich ausüben (§25 Abs. 2 Satz 2 WEG), das heißt, sie haben nur eine Stimme.

82. Wie viele Stimmrechte haben Eheleute, wenn sie gemeinschaftlich Eigentümer einer Einheit sind und ein Ehepartner zusätzlich alleine Eigentümer einer weiteren Einheit ist?

In diesem Fall können zwei Stimmen abgegeben werden. Für die erste im gemeinschaftlichen Eigentum stehende Einheit können die Eheleute nur gemeinsam und einheitlich abstimmen. Für die andere Einheit kann derjenige Ehepartner, der Alleineigentümer ist, zusätzlich seine Stimme alleine abgeben.

83. Wer ist wahlberechtigt, wenn über ein Sondereigentum die Zwangsverwaltung angeordnet worden ist?

Da der Zwangsverwalter Partei kraft Amtes ist, ist er anstelle des Eigentümers stimmberechtigt. Der Wohnungseigentümer selbst kann keine Stimme abgeben, solange die Zwangsverwaltung andauert.

84. Wer darf abstimmen, wenn bei mehrfachem Sondereigentum nur einzelne Einheiten der Zwangsverwaltung unterliegen?

Da einem Miteigentümer unabhängig von der Zahl der in seinem Eigentum stehenden Einheiten nur ein Stimmrecht zusteht, ändert sich hieran nichts, wenn für einen Teil dieser Einheiten die Zwangsverwaltung besteht; durch die Anordnung der Zwangsverwaltung erhöht sich die Zahl der möglichen abzugebenden Stimmen nicht. In diesem Fall steht das Stimmrecht dem Miteigentümer und dem Zwangsverwalter gemeinschaftlich zu, es kann von ihnen auch nur einheitlich ausgeübt werden. Lässt sich ein entsprechendes Einvernehmen nicht erreichen, kann nicht abgestimmt werden. Wird dennoch uneinheitlich abgestimmt, ist die Stimme ungültig und wird nicht gezählt.

85. Wie ist zu verfahren, wenn ein und derselbe Zwangsverwalter für unterschiedliche Miteigentümer eingesetzt ist?

Ist die Zwangsverwaltung für mehrere Sondereigentumseinheiten unterschiedlicher Miteigentümer angeordnet und ist in allen Verfahren derselbe Zwangsverwalter eingesetzt, dann hat der Zwangsverwalter bei Abstimmungen genauso viele Stimmen, wie sie von den unterschiedlichen Miteigentümern ohne Anordnung der Zwangsverwaltung hätten abgegeben werden können (KG, Beschluss vom 19.7.2004, 24 W 322/02, ZMR 2005, 148).

86. Wie erfolgt die Abstimmung, wenn mehr als drei Miteigentümer als Kandidaten zur Wahl stehen?

Da ohne abweichende Vereinbarung nur drei Verwaltungsbeiratsmitglieder gewählt werden dürfen, muss bei einer Verwaltungsbeiratswahl, bei der mehr als drei Kandidaten zur Wahl stehen, darauf geachtet werden, dass jeder Miteigentümer höchstens für drei Kandidaten mit Ja stimmen darf. Ohne diese Beschränkung bestünde die Möglichkeit, dass mehr als drei Miteigentümer mehrheitlich gewählt werden könnten. Da aber jeder Kandidat bereits dann als gewählt gilt, sobald er die Mehrheit der Ja-Stimmen auf sich vereinigt, eine Rangfolge der gewählten Beiräte also nicht durch das Verhältnis der abgegebenen Ja-Stimmen zueinander bestimmt wird, muss die Eigentümerversammlung vor Stimmabgabe darauf hingewiesen werden, dass nur für drei Kandidaten mit Ja gestimmt werden darf.

87. Wie ist zu verfahren, wenn sich keine drei Kandidaten zur Verwaltungsbeiratswahl bereitfinden?

Gerade in kleineren Gemeinschaften ist es oft schwierig, eine ausreichende Zahl von Miteigentümern zu finden, die bereit sind, sich zur Wahl zu stellen. Soweit die Auffassung vertreten wurde, dass es einer Eigentümergemeinschaft möglich sein müsse, einen Beirat auch mit weniger als drei Mitgliedern zu wählen, ohne dass ein solcher Beschluss angefochten werden könne, weil es Eigentümergemeinschaften ja grundsätzlich freistehe, überhaupt einen Verwaltungsbeirat zu wählen oder auf dessen Bestellung vollständig zu verzichten, hat der BGH nunmehr klargestellt, dass eine von § 29 Abs. 1 Satz 2 WEG abweichende Besetzung des Verwaltungsbeirats, das heißt eine Wahl von weniger oder mehr als drei Miteigentümern, nur dann ordnungsgemäßer Verwaltung entspricht, wenn in der Teilungserklärung eine Regelung enthalten ist, die der Eigentümergemeinschaft ein solches Abweichen vom Gesetz grundsätzlich ermöglicht (BGH, Urteil vom 5.2.2010, V ZR 126/09, WuM 2010, 253). Bei der Wahl von weniger als drei Mitgliedern zum Verwaltungsbeirat handelt es sich weiterhin um einen »Zitterbeschluss«, das heißt, der Beschluss ist fehlerhaft und würde nur dann in Bestandskraft erwachsen, wenn er nicht angefochten wird.

Tipp **!**

Da unverändert die Auffassung vertreten wird, dass ein aus nur einem oder zwei Mitgliedern bestehender Verwaltungsbeirat besser ist als gar kein Beirat, sollte ein Versammlungsleiter den Beschluss über die Wahl von ein oder zwei Kandidaten bei mehrheitlicher Zustimmung dennoch als zustande gekommen verkünden, wenn die Eigentümer ein Anfechtungsrisiko bewusst in Kauf nehmen wollen. Gleichzeitig sollte der Versammlungsleiter zur eigenen Absicherung in das Versammlungsprotokoll den Hinweis aufnehmen, dass dieser Beschluss zwar fehlerhaft und daher anfechtbar ist, die Beschlussfassung jedoch auf ausdrücklichen Wunsch der Eigentümerversammlung erfolgt und als sogenannter Zitterbeschluss mangels Anfechtung nach einem Monat in Bestandskraft erwachsen kann.

88. Wie ist zu verfahren, wenn bei der Abstimmung über drei Kandidaten nur zwei mehrheitlich gewählt werden?

Wenn sich drei Eigentümer zur Wahl gestellt haben und sodann über die Kandidaten einzeln abgestimmt wird, aber nur zwei Kandidaten die erforderliche Mehrheit erhalten, so ist ein Beirat mit der gesetzlich vorgeschriebenen Mitgliederzahl nicht zustande gekommen. Da dies aber nichts daran ändert, dass zwei Kandidaten mehrheitlich gewählt wurden und insoweit wirksame Mehrheitsbeschlüsse vorliegen, sollte es dabei belassen und eine mögliche Anfechtung abgewartet werden. Denn wer beanstanden will, dass kein dreiköpfiger Beirat gewählt worden ist, der muss die einzelnen Beschlüsse über die Wahl der beiden Kandidaten anfechten, die eine Mehrheit erhalten haben.

! **Tipp**

Wenn diese Unsicherheit vermieden werden soll, kann eine Wirksamkeit von nacheinander erfolgten Einzelbeschlüssen über die Wahl einzelner Eigentümer unter die aufschiebende Bedingung gestellt werden, dass insgesamt die vorgeschriebene Zahl von drei Beiratsmitgliedern erreicht wird.

89. Kann ein Miteigentümer noch zum Verwaltungsbeirat gewählt werden, obwohl er den Verkauf seines Sondereigentums bereits beabsichtigt?

Ja, allein die Absicht eines Wohnungseigentümers, sein Sondereigentum zu verkaufen, steht seiner Wahl zum Verwaltungsbeirat nicht entgegen (BayObLG, Beschluss vom 7.8.2001, 2Z BR 38/01, ZMR 2001, 996). Die Verkaufsabsicht ändert nichts an der vollwertigen Eigentümerstellung, die ausschließliche Voraussetzung für eine Wahl zum Verwaltungsbeirat ist.

90. **Kann ein Miteigentümer, der seine Wohnung bereits verkauft, für die die Eigentumsumschreibung im Grundbuch aber noch nicht stattgefunden hat, noch zum Verwaltungsbeirat gewählt werden?**

Grundsätzlich ja. Entscheidend ist die Eigentümerstellung, die ein Miteigentümer erst mit Umschreibung des Eigentums auf den Erwerber verliert. Solange ein Eigentümer noch im Grundbuch steht, kann er auch gewählt werden. Da es jedoch nur noch eine Frage der Zeit ist, bis der Erwerber im Grundbuch eingetragen wird und der Verkäufer aus der Eigentümergemeinschaft ausscheidet – wodurch er automatisch auch aus dem Verwaltungsbeirat ausscheidet –, ist die Wahl eines solchen bereits auf dem Absprung befindlichen Eigentümers wenig sinnvoll.

91. **Ist es erforderlich, dass vom gewählten Kandidaten die Annahme der Wahl erklärt wird?**

Ja, wobei die Annahme nicht etwa als Bestätigung des Wahlakts zu verstehen ist, sondern als Annahme des mit der Wahl verbundenen Angebots der Eigentümergemeinschaft, mit dem gewählten Kandidaten einen Vertrag abzuschließen, der bestimmte Rechte und Pflichten begründet. Da die Gemeinschaft durch die Wahl eines Miteigentümers zum Verwaltungsbeirat nur eine Auswahl trifft, damit jedoch noch kein Vertragsverhältnis über die sich aus einer erfolgten Wahl ergebenden Rechte und Pflichten begründet wird, liegt in der Frage, ob die Wahl angenommen werde, das Angebot zum Abschluss eines Auftragsverhältnisses zwischen Kandidat und Eigentümergemeinschaft. Die Bestätigung, dass die Wahl angenommen wird, ist als Annahme des Angebots zu betrachten. Da niemandem das Amt eines Verwaltungsbeirats aufgedrängt werden kann, bedarf es der Zustimmung des betreffenden Miteigentümers, die ihm angetragenen Aufgaben zu übernehmen. Dies geschieht durch die Erklärung, dass die Wahl angenommen wird. Rechtlich gesehen wird zwischen Beirat und Gemeinschaft im Regelfall ein Auftragsverhältnis geschlossen, jedenfalls dann, wenn es sich um eine ehrenamtliche Tätigkeit ohne Vergütungsanspruch handelt.

Vertragspartner der Beiratsmitglieder ist nach Anerkennung der Teilrechtsfähigkeit der Wohnungseigentümerverband, wobei der Vertrag zugleich zugunsten der Wohnungseigentümer geschlossen wird (Abramenko, ZWE 2006, 273, 275 f.). Die Gemeinschaft macht dem Miteigentümer das Angebot, die Tätigkeit des Verwaltungsbeirats zu den sich aus dem Gesetz und den in der Gemeinschaft geltenden Rahmenbedingungen zu übernehmen. Wie bei jedem anderen Vertrag bedarf dieses Angebot der Annahme durch den Vertragspartner, hier den gewählten Miteigentümer, damit der Vertrag zustande kommt.

Überdies erlangt der Miteigentümer erst mit der Annahme der Wahl die organschaftliche Stellung als Mitglied des Verwaltungsbeirats. Sowohl die Frage des Versammlungsleiters, ob die Kandidaten die Wahl annehmen, als auch deren bestätigende Erklärung sind im Versammlungsprotokoll festzuhalten.

92. Kann ein Miteigentümer auch in Abwesenheit zum Verwaltungsbeirat gewählt werden?

Ja, auch ein Miteigentümer, der nicht persönlich an der Eigentümerversammlung teilnimmt, in der die Beiratswahl stattfindet, kann gewählt werden. Ein in der Eigentümerversammlung nicht anwesender Miteigentümer kann jederzeit aus der Mitte der Eigentümerversammlung als Kandidat zur Wahl des Verwaltungsbeirats vorgeschlagen werden. In diesem Fall empfiehlt es sich, sich vorher zu vergewissern, dass der Miteigentümer bereit ist, die Wahl anzunehmen, sollte er denn gewählt werden. Der Miteigentümer kann im Vorfeld der Eigentümerversammlung dem Verwalter, dem bisherigen Verwaltungsbeirat oder einem sonstigen Eigentümer gegenüber auch schriftlich seine Bereitschaft mitteilen, sich zur Wahl aufstellen zu lassen, was in der Eigentümerversammlung rechtzeitig bekannt zu geben ist.

Wird ein nicht anwesender Miteigentümer gewählt, kann dieser die Wahl nicht sofort annehmen. Erst einmal muss der Verwalter ihm das Ergebnis der Wahl mitteilen, sodann muss er dem Verwalter gegenüber die Annahme schriftlich erklären. Die Annahmeerklärung ist dem Versammlungsprotokoll beizuheften, damit der Nachweis über die wirksame Wahl des abwesenden Miteigentümers zum Verwaltungsbeirat geführt werden kann.

93. Kann ein gewählter Miteigentümer die Annahme der Wahl auch ablehnen?

Selbstverständlich kann die Annahme der Wahl auch abgelehnt werden, kein Miteigentümer ist verpflichtet, die Wahl anzunehmen. Zwar wird dadurch der bereits stattgefundene Wahlakt nicht beseitigt, die Ablehnung bewirkt jedoch zweierlei: Zum einen kommt das zwischen der Eigentümergemeinschaft und dem Beiratsmitglied zu begründende Auftragsverhältnis nicht zustande, zum anderen wird auch die dem Miteigentümer mit der Wahl angetragene Organstellung nicht begründet (Armbrüster, Partner im Gespräch, Band 61, S. 48).

94. Kann ein Kandidat die Übernahme des Verwaltungsbeiratsamtes (ggf. bereits vor der Wahl) davon abhängig machen, in welcher Zusammensetzung der Beirat gewählt wird?

Ja, denn es steht jedem Miteigentümer frei, nach erfolgter Wahl die Annahme der Wahl mit oder ohne Begründung abzulehnen. Beweggrund für eine Ablehnung kann natürlich auch sein, dass ein anderer Miteigentümer in den Verwaltungsbeirat gewählt wurde, mit dem der ebenfalls gewählte Kandidat, aus welchen Gründen auch immer, eine fruchtbringende Zusammenarbeit nicht für möglich hält.

Darüber hinaus steht es jedem Miteigentümer, der sich als Kandidat zur Beiratswahl aufstellen lässt, frei, bereits vor der Wahl darauf hinzuweisen, dass er die Verantwortung als Verwaltungsbeirat nur übernehmen wird, wenn bestimmte andere Miteigentümer ebenfalls gewählt werden. Der Einwand, es handele sich dabei um ein das Wahlverfahren indirekt beeinflussendes undemokratisches Verhalten eines Kandidaten, der damit vielleicht sogar die sogenannte Blockwahl durch die Hintertür einführen wolle, übersieht, dass es für jeden Miteigentümer gute und sachliche Gründe geben kann, nur unter bestimmten personellen Voraussetzungen das Amt eines Verwaltungsbeirats zu übernehmen. So kann zum Beispiel die besondere berufliche Qualifikation eines anderen Kandidaten, die für die Tätigkeit des Verwaltungsbeirats als besonders hilfreich und zum Ausgleich eigener entsprechender fachlicher Defizite als notwendig angesehen wird, ein guter Grund sein, die eigene Wahl mit der des anderen Miteigentümers zu verknüpfen.

Auch kann von niemandem verlangt werden, im Verwaltungsbeirat mit einem Miteigentümer zusammenzuarbeiten, dem gegenüber persönliche Animositäten bestehen. Wenn zwei Miteigentümer partout nicht miteinander können, ist es sogar empfehlenswert, dies rechtzeitig vor der Wahl deutlich zu machen und ggf. die Konsequenzen für einen entsprechenden Wahlausgang anzumelden, statt sich erst wählen zu lassen, um danach für die Eigentümergemeinschaft überraschend die Wahl abzulehnen und einen unnötigen zusätzlichen Wahlgang zu provozieren.

95. Wer bestimmt den Verwaltungsbeiratsvorsitzenden und dessen Stellvertreter?

Die Eigentümergemeinschaft hat bereits bei der Verwaltungsbeiratswahl die Möglichkeit, einen bestimmten Kandidaten zum Vorsitzenden oder zu dessen Stellvertreter zu bestimmen. Erfolgt keine Bestimmung, können sich die neu gewählten Mitglieder des Verwaltungsbeirats ihre Aufgaben selbst zuweisen (OLG München, Beschluss vom 6.9.2005, 32 Wo 60/05, ZMR 2005, 980, 981). Dies geschieht üblicherweise bei dem ersten Treffen, der sogenannten konstituierenden Verwaltungsbeiratssitzung. Die Entscheidungsfindung innerhalb des Gremiums erfolgt im Zweifel durch Mehrheitsbeschluss nach Köpfen (OLG Zweibrücken, Beschluss vom 10.6.1987, 3 W 53/87, DWE 1987, 137, 138).

96. Muss überhaupt ein Beiratsvorsitzender bestimmt werden?

Dies ist zumindest dringend zu empfehlen, weil mit der Funktion des Beiratsvorsitzenden bestimmte Befugnisse verbunden sind, zum Beispiel die Einberufung zur Verwaltungsbeiratssitzung (§29 Abs. 4 WEG) oder die Einberufung einer Eigentümerversammlung, wenn ein Verwalter fehlt oder die Einberufung verweigert (§24 Abs. 3 WEG).

97. Muss nur ein Vorsitzender oder auch dessen Stellvertreter bestimmt werden?

Auch wenn §29 Abs. 1 Satz 2 WEG davon spricht, dass der Verwaltungsbeirat aus einem Wohnungseigentümer als Vorsitzenden und zwei weiteren Wohnungseigentümern als Beisitzern spricht und damit die Funktion des Stellvertreters nicht erwähnt, ist die Bestimmung eines Stellvertreters zumindest dringend zu empfehlen, um Unklarheiten bei der Kompetenzverteilung zu vermeiden. So sieht §24 Abs. 3 WEG vor, dass auch der Vertreter des Verwaltungsbeiratsvorsitzenden eine Eigentümerversammlung einberufen kann. Ist unklar, wer den Verwaltungsbeiratsvorsitzenden vertritt, kann es zu Schwierigkeiten kommen, wenn der Vorsitzende verhindert ist und die beiden anderen Beiratsmitglieder uneinig darüber sind, wer denn nun als stellvertretender Vorsitzender tätig werden darf oder soll.

98. Hat der Vorsitzende des Verwaltungsbeirats besondere Rechte?

Dem Vorsitzenden des Verwaltungsbeirats kommen nur insoweit besondere Befugnisse zu, als ihm diese vom Gesetz ausdrücklich eingeräumt werden. Seine wichtigste Sonderaufgabe besteht in der Einberufung einer Eigentümerversammlung im Fall des §24 Abs. 3 WEG, also wenn ein Verwalter fehlt oder sich dieser pflichtwidrig weigert, eine Versammlung einzuberufen.

Im Übrigen treffen den Verwaltungsbeiratsvorsitzenden besondere organisatorische Aufgaben. So hat er das Recht, Beiratssitzungen einzuberufen, Ablauf und Inhalt solcher Sitzungen zu gestalten, Tagesordnungspunkte vorzusehen und bei Beschlussfassungen des Verwaltungsbeirats die Abstimmungsergebnisse festzustellen. Im Hinblick auf die rechtsgeschäftliche Vertretung der Gemeinschaft im Außenverhältnis oder die Durchführung sonstiger Verwaltungsmaßnahmen hat der Verwaltungsbeiratsvorsitzende keine besonderen Rechte.

99. Vertritt der Verwaltungsbeiratsvorsitzende den Verwaltungsbeirat?

Nein. Auch wenn das Gesetz dem Vorsitzenden einige Sonderbefugnisse zuweist, zum Beispiel das Recht zur Einberufung einer Eigentümerversammlung bei Verhinderung des Verwalters (§24 Abs. 3 WEG) oder die Unterzeichnung des Versammlungsprotokolls (§24 Abs. 6 WEG), kann der Vorsitzende die übrigen Verwaltungsbeiratsmitglieder nicht vertreten. Bei Aufgaben, die dem »Beirat« übertragen wurden, bleibt es stets bei der Tätigkeitsverpflichtung und Handlungsverantwortung des Gesamtbeirats als Gemeinschaftsgremium (BayObLG, Beschluss vom 28.3.2002, 2 Z BR 04/02, ZWE 2002, 405, 407).

100. Wie ist zu verfahren, wenn es keinen Vorsitzenden bzw. Stellvertreter gibt, jedoch eine Aufgabe wahrgenommen werden soll, deren Ausübung dem Vorsitzenden oder seinem Stellvertreter gesetzlich zugewiesen ist?

Hat die Eigentümergemeinschaft keinen Kandidaten zum Vorsitzenden bestellt und hat der Verwaltungsbeirat bei seiner konstituierenden Sitzung weder einen Vorsitzenden noch Stellvertreter gewählt, kann dies in einer Beiratssitzung jederzeit nachgeholt werden.

101. Wer nimmt die Aufgabe des Verwaltungsbeiratsvorsitzenden oder dessen Stellvertreter wahr, wenn es keinen Vorsitzenden oder Stellvertreter gibt?

Besteht innerhalb des Verwaltungsbeirats keine Bereitschaft, die Position des Vorsitzenden oder seines Stellvertreters zu übernehmen, müssen alle Verwaltungsbeiratsmitglieder gemeinsam auftreten, wenn eine Aufgabe ansteht, die dem Vorsitzenden zugewiesen ist. Denn wenn alle (drei) gewählten Beiratsmitglieder tätig werden, ist sichergestellt, dass auch das Mitglied des Beirats mitgewirkt hat, das die Funktion des Verwaltungsbeiratsvorsitzenden innegehabt hätte, wäre denn ein Vorsitzender gewählt worden.

102. Kann der Verwaltungsbeiratsvorsitz während der laufenden Amtsdauer an ein anderes Beiratsmitglied abgegeben werden?

Haben sich die Beiratsmitglieder die Funktion des Vorsitzenden bzw. der Stellvertretung selbst zugewiesen, können sie dies jederzeit wieder ändern. Fraglich ist allerdings, ob dies auch gilt, wenn die Eigentümerversammlung anlässlich der Wahl eine Bestimmung getroffen hat. Hier wird die Auffassung vertreten, dass die Beiratsmitglieder dennoch berechtigt sind, jederzeit untereinander eine Veränderung in der Position des Vorsitzenden bzw. des Stellvertreters vorzunehmen, da ansonsten nur die für die Eigentümergemeinschaft ungünstige Lösung einer Amtsniederlegung verbliebe – was nicht im Sinne der Eigentümergemeinschaft sein kann.

103. Wer übernimmt die Stellung des Vorsitzenden, wenn der bisherige Vorsitzende aus dem Verwaltungsbeirat ausscheidet?

Verlässt der bisherige Vorsitzende den Verwaltungsbeirat, weil er zum Beispiel aus der Eigentümergemeinschaft ausgeschieden ist, wodurch er sein Beiratsamt automatisch verliert, können die verbleibenden Mitglieder einen neuen Vorsitzenden bestimmen. Da der verbleibende Verwaltungsbeirat nur noch aus zwei Mitgliedern besteht, rückt das zweite Beiratsmitglied automatisch in die Stellung des stellvertretenden Vorsitzenden ein.

104. Was passiert, wenn der Vorsitzende und ein weiteres Mitglied aus dem Verwaltungsbeirat ausscheiden?

Scheiden der Verwaltungsbeiratsvorsitzende und ein weiteres Mitglied aus dem Beirat aus, übernimmt das verbleibende Mitglied automatisch den Vorsitz (OLG München, Beschluss vom 6.9.2005, 32 Wx 060/05, ZMR 2005, 980, 981). Wenn das einzig vorhandene Mitglied eines Verwaltungsbeirats dann die Befugnisse eines Vorsitzenden ausübt, so bestellt es sich damit schlüssig selbst zum Vorsitzenden des Verwaltungsbeirats.

E. Aufgaben und Befugnisse des Verwaltungsbeirats

105. Welche Aufgaben hat der Verwaltungsbeirat grundsätzlich?

Gemäß § 29 Abs. 2 WEG hat der Verwaltungsbeirat den Verwalter bei der Durchführung seiner Aufgaben zu unterstützen, aber auch kontrollierend zu begleiten. Dem Verwaltungsbeirat können auch eine Beratungsfunktion und die Aufgabe zufallen, im Einzelfall zwischen Wohnungseigentümern und dem Verwalter zu vermitteln. Gemäß § 29 Abs. 3 WEG soll der Verwaltungsbeirat insbesondere den Wirtschaftsplan und die Jahresabrechnung prüfen und den Eigentümern das Prüfungsergebnis mitteilen, bevor die Wohnungseigentümerversammlung hierüber beschließt.

106. Kann der Verwaltungsbeirat die Eigentümergemeinschaft rechtsgeschäftlich vertreten?

Nein, der Verwaltungsbeirat hat keine entsprechenden Befugnisse, es sei denn, die Gemeinschaft hat ihn durch Beschluss oder Vereinbarung zum Abschluss eines Rechtsgeschäfts oder zur sonstigen rechtlichen Vertretung der Eigentümergemeinschaft ermächtigt. Wird der Beirat zur rechtsgeschäftlichen Vertretung durch Mehrheitsbeschluss ermächtigt, kann dies nur für einen konkreten Einzelfall und im Rahmen der einem Verwaltungsbeirat übertragbaren Kompetenzen erfolgen, so zum Beispiel die Ermächtigung zum Aushandeln und zur Unterzeichnung eines Verwalterdienstvertrags mit dem bereits gewählten Verwalter. Beabsichtigt eine Eigentümergemeinschaft, ihren Verwaltungsbeirat auf Dauer mit bestimmten Aufgaben zu betrauen und damit die ihm vom Gesetz übertragenen Kompetenzen zu erweitern, kann dies nur durch eine Vereinbarung geschehen (Schmidt, ZWE 2001, 137, 143 zu Ziff. 7).

107. Kann der Verwaltungsbeirat die Eigentümer gegenüber dem Verwalter vertreten?

Nein, der Verwaltungsbeirat hat niemandem gegenüber Vertretungsmacht. Die Wohnungseigentümer können allerdings im Einzelfall mehrheitlich beschließen, dass der Verwaltungsbeirat in ihrem Auftrag und als Vertreter der Eigentümer Erklärungen abgibt oder in sonstiger Weise rechtsgeschäftlich auftritt.

108. Kann der Verwaltungsbeiratsvorsitzende Aufgaben, die dem Beirat übertragen wurden, alleine wahrnehmen?

Nein, der Vorsitzende des Verwaltungsbeirats repräsentiert diesen bei seinen Entscheidungen nicht. Aufgaben, die dem Verwaltungsbeirat als Gremium übertragen wurden, müssen auch durch das Gremium wahrgenommen werden. Ist zum Beispiel die Zustimmung des Verwaltungsbeirats zu einer bestimmten Maßnahme erforderlich, genügt die Zustimmung des Vorsitzenden allein nicht. Es ist notwendig, dass der Verwaltungsbeirat als Gremium der Maßnahme zustimmt (BayObLG, Beschluss vom 28.3.2002, 2 Z BR 4/02, NZM 2002, 529 (530)).

109. Unter welchen Voraussetzungen kann ein Verwaltungsbeiratsvorsitzender eine Eigentümerversammlung einberufen?

§24 Abs. 3 WEG bestimmt, dass der Vorsitzende des Verwaltungsbeirats immer dann berechtigt ist, zu einer Eigentümerversammlung einzuladen, wenn ein Verwalter fehlt oder dieser sich pflichtwidrig weigert, eine Versammlung einzuberufen.

110. Wann ist vom »Fehlen eines Verwalters« auszugehen?

Der Verwalter kann sowohl aus rechtlichen als auch aus tatsächlichen Gründen fehlen. Ein Verwalter fehlt aus rechtlichen Gründen, wenn keiner bestellt wurde, die Amtszeit des Verwalters abgelaufen ist, ein Verwalter sein Amt niedergelegt hat, der Verwalter von seinem Amt abberufen wurde oder er verstorben ist.

Aus tatsächlichen Gründen fehlt ein Verwalter, wenn er aufgrund einer längeren Erkrankung oder einer aus anderen Gründen stattfindenden längeren oder gar dauernden Abwesenheit sein Verwalteramt nicht wahrnehmen kann (LG Düsseldorf, Urteil vom 16.3.2011, 25 S 56/10, ZMR 2011, 898, 899).

111. Wann verweigert ein Verwalter die Einberufung einer Eigentümerversammlung?

Von einer pflichtwidrigen Verweigerung ist auszugehen, wenn ein zwingender Einberufungsgrund vorliegt oder ein Einberufungsverlangen gemäß §24 Abs. 2 Halbsatz 2 WEG gegeben ist, das heißt, mindestens 25% aller Eigentümer die Einberufung einer Versammlung verlangen. Von einer Verweigerung kann auch dann ausgegangen werden, wenn ein Verwalter eine Einberufung mit irgendwelchen nicht stichhaltigen Ausreden immer wieder verzögert oder einen Versammlungstermin bestimmt, der weit in der Zukunft liegt (OLG Düsseldorf, Beschluss vom 25.8.2003, 3 Wx 217/02, ZMR 2004, 692, 693).

112. Können dem Verwaltungsbeirat durch Vereinbarung, zum Beispiel in der Teilungserklärung, vom Gesetz abweichende Rechte und Pflichten übertragen werden?

Ja, es ist sogar sehr weitgehend möglich, einem Verwaltungsbeirat durch Vereinbarung umfangreiche Rechte zu eröffnen und Pflichten aufzuerlegen. Dies kann sowohl die laufende Verwaltung als auch die Wahrnehmung von Rechten der Eigentümergemeinschaft insgesamt betreffen. Folgende Aufgaben und Befugnisse, die die laufende Verwaltung betreffen, können durch Vereinbarung in der Teilungserklärung auf den Verwaltungsbeirat übertragen werden:

1. Rechte und Befugnisse, die die laufende Verwaltung betreffen:
   a) Jederzeitiges Recht zur Einberufung einer Wohnungseigentümerversammlung
   b) Übertragung der Versammlungsleitung
   c) Aufstellen eines Wirtschaftsplans
   d) Genehmigung einer Jahresabrechnung (dazu OLG Hamm, Beschluss vom 19.3.2007, 15 W 340/06, MietRB 2007, 238; OLG Naumburg, Beschluss vom 10.1.2000, 11 Wx 2/99, WuM 2001, 38)
   e) Verwalterentlastung
2. Aufgaben und Befugnisse, die die Gemeinschaftsbelange betreffen:
   a) Abnahme des gemeinschaftlichen Eigentums
   b) Aufstellen einer Hausordnung
   c) Außergerichtliche und gerichtliche Durchsetzung von Nachbesserungs- und Gewährleistungsansprüchen am Gemeinschaftseigentum.
   d) Durchführung eines Schlichtungsverfahrens als Prozessvoraussetzung
   e) Durchführung von Instandhaltungs- und Instandsetzungsmaßnahmen im Rahmen eines vorgegebenen Budgets (LG Itzehoe, Urteil vom 1.7.2014, 11 S 10/13, ZWE 2015, 137)
   f) Erteilung der Verwalterzustimmung gemäß § 12 I WEG (OLG Hamm, Beschluss vom 13.3.2013, I-15 W 311/12, Rpfleger 2013, 512)

Im Zusammenhang mit der Erweiterung der Verwaltungsbeiratskompetenzen durch Vereinbarung wird von der Literatur problematisiert, dass damit in nicht vertretbarer Weise in Rechtspositionen der Miteigentümer eingegriffen würde. Das gelte schon allein deswegen, weil Beschlüsse des Verwaltungsbeirats ja nicht angefochten werden könnten, dadurch werde das Selbstverwaltungsrecht der Miteigentümer in unzulässiger Weise eingeschränkt. Diese

Bedenken greifen nicht, da nach hiesiger Auffassung solche Beiratsbeschlüsse ebenfalls der gerichtlichen Anfechtung unterliegen (vgl. die weitergehenden Ausführungen bei Frage 349).

113. Welche Aufgaben und Befugnisse können dem Verwaltungsbeirat auch durch Vereinbarung nicht übertragen werden?

Die Möglichkeiten, einen Verwaltungsbeirat mit besonderen Rechten und Befugnissen auszustatten, enden dort, wo der Verwaltungsbeirat absolut unzuständig wäre oder in nicht mehr hinnehmbarer Weise in das Selbstverwaltungsrecht einer Wohnungseigentümergemeinschaft eingegriffen würde. Die Gestaltungsfreiheit einer Eigentümergemeinschaft endet dort, wo die Rechtsstellung der Wohnungseigentümer zu stark ausgehöhlt würde, das heißt, wo der unentziehbare Kernbereich beschränkt würde. Auf den Verwaltungsbeirat nicht übertragen werden können folgende Angelegenheiten:

1. Verwalterwahl
2. Abschluss des Verwaltervertrags mit selbstständiger Entscheidung über Verwaltungsdauer und -vergütung (LG Köln, Urteil vom 31.1.2013, 29 S 135/12, NZM 2013, 585)
3. Verwalterabberufung
4. Befugnis zur Abänderung von der Eigentümergemeinschaft gefasster Mehrheitsbeschlüsse
5. Entziehung des Wohnungseigentums nach § 18 Abs. 3 WEG
6. Dauerhafte rechtsgeschäftliche Vertretung der Eigentümergemeinschaft anstelle des Verwalters
7. Alleinige Entscheidung über die Vergabe von Instandsetzungsaufträgen
8. Entscheidungsbefugnis über die Verwendung von Gemeinschaftsgeldern

114. Ist der Verwaltungsbeirat zur Ausübung der ihm obliegenden Aufgaben verpflichtet?

Grundsätzlich ja, da sich die Verpflichtung zur Wahrnehmung der ihm obliegenden Aufgaben aus dem mit der Eigentümergemeinschaft bestehenden Auftragsverhältnis ergibt, das als schuldrechtlicher Vertrag wechselseitige Rechte und Pflichten begründet. Problematisch erscheint jedoch die Möglichkeit, diese Verpflichtung eines unwilligen Beiratsmitglieds auch durchzusetzen. Unter diesen Umständen läge die Lösung in der Abberufung des untätigen Beiratsmitglieds.

115. **Kann die Verpflichtung des Verwaltungsbeirats zur Prüfung von Wirtschaftsplan und Jahresabrechnung sowie zur Abgabe seiner Stellungnahme dazu eingeklagt werden?**

Nein, bei § 29 Abs. 3 WEG handelt es sich um eine Sollvorschrift, deren Erfüllung deshalb von einem Verwaltungsbeirat nicht eingeklagt werden kann (KG, Beschluss vom 8.1.1997, 24 W 7947/95, WE 1997, 421). Genauso wenig haben die einzelnen Wohnungseigentümer bzw. der Eigentümerverband gegen den Verwaltungsbeirat einen gerichtlich durchsetzbaren Anspruch auf Erstellung des Prüfberichts.

116. **Ist der Verwaltungsbeirat verpflichtet, bei Streitigkeiten innerhalb der Eigentümergemeinschaft oder zwischen Verwalter und Eigentümergemeinschaft als Schlichter aufzutreten?**

Nein, grundsätzlich entscheidet das Wohnungseigentumsgericht in einem Verfahren gemäß § 43 WEG über Streitigkeiten der Wohnungseigentümer untereinander oder zwischen der Gemeinschaft und dem Verwalter. Das schließt nicht aus, dass der Verwaltungsbeirat bei auftretenden Konflikten den Versuch unternehmen kann und darf, sich vermittelnd einzuschalten. Insbesondere kann dies bei Uneinigkeit zwischen der Eigentümergemeinschaft und dem Verwalter geboten sein, da der Verwaltungsbeirat durch das kontrollierende Begleiten der Verwaltertätigkeit oft besseren Einblick in das Verwalterhandeln hat als die nicht so gut informierten übrigen Wohnungseigentümer (OLG Zweibrücken, Beschluss vom 22.9.1983, 3 W 76/83, OLGZ 1983, 438).

Nicht durch Mehrheitsbeschluss, aber in der Gemeinschaftsordnung kann für die Eigentümergemeinschaft verbindlich geregelt werden, dass vor Einleitung eines gerichtlichen Verfahrens der Verwaltungsbeirat zur Streitschlichtung einzuschalten ist und erst nach erfolglosem Schlichtungsverfahren das staatliche Gericht angerufen werden darf. So ist der in einer Vereinbarung vorgesehene Versuch des Verwaltungsbeirats, auf eine gütliche Regelung hinzuwirken, als Voraussetzung für die Einleitung eines Verfahrens nach § 43 Abs. 1 Ziff. 1 WEG angesehen worden. Das Wohnungseigentumsgericht hatte auf Antrag eines Wohnungseigentümers über die sich aus der Gemeinschaft der Wohnungseigentümer und aus der Verwaltung des gemeinschaftlichen Eigentums ergebenden Rechte und Pflichten der Wohnungseigentümer untereinander zu entscheiden (BayObLG, Beschluss vom 16.11.1995, 2 Z BR 69/95, WuM 1996, 724).

Die Durchführung eines in der Gemeinschaftsordnung vorgesehenen Schlichtungsverfahrens als Zulassungsvoraussetzung bei Anfechtungsverfahren gemäß §43 Abs. 1 Nr. 4 WEG hat das LG Stralsund bestätigt (Beschluss vom 6.12.2001, 2 T 51/00, NZM 2003, 327). Offen geblieben sind bei dieser Entscheidung allerdings zahlreiche Fragen, so zum Beispiel, ob das Schlichtungsverfahren innerhalb der gemäß §23 Abs. 4 Satz 2 WEG vorgesehenen Anfechtungsfrist eingeleitet werden muss, wie das Scheitern eines Schlichtungsverfahrens zuverlässig festgestellt werden kann und ob der Lauf der in §46 Abs. 1 Satz 2 WEG bestimmten einmonatigen Anfechtungsfrist erst nach dem Scheitern eines Schlichtungsversuchs beginnt.

117. Darf der Verwaltungsbeirat bei der Verwaltung mitwirken?

Auch wenn dem Verwaltungsbeirat gemäß §20 Abs. 1 WEG die Verwaltung des gemeinschaftlichen Eigentums nach Maßgabe des §29 obliegt, beschränken sich die Aufgaben des Verwaltungsbeirats als fakultative Verwaltungseinrichtung auf die Kontroll- und Prüfaufgaben, wie sie in §29 WEG bezeichnet sind. Der Verwaltungsbeirat ist weder ein Ersatzverwalter noch ein »Aufsichtsrat«, ihm kommt keine Befugnis zu, Verwaltungsaufgaben, welcher Art auch immer, zu übernehmen. Etwas anderes gilt, wenn dem Verwaltungsbeirat durch Vereinbarung, also zum Beispiel in der Teilungserklärung oder im Einzelfall per Beschluss, die Durchführung einer Verwaltungsaufgabe übertragen wurde.

Es gibt nur eine einzige Ausnahme, bei der der Verwaltungsbeirat aktiv in das laufende Verwaltungsgeschehen eingreifen kann. Das ist der Fall, wenn ihm gemäß §24 Abs. 3 WEG die Aufgabe zufällt, eine Eigentümerversammlung einzuberufen, die Tagesordnung hierzu zu erstellen, die Versammlung selbst durchzuführen und sodann ein Versammlungsprotokoll zu erstellen.

118. Was ist unter den in §29 Abs. 3 WEG genannten Kostenanschlägen zu verstehen, die der Verwaltungsbeirat prüfen soll?

Hierunter ist nicht nur der Wirtschaftsplan zu verstehen, der vom Verwalter vorgelegt und von der Eigentümergemeinschaft zur Begründung einer Vorauszahlungspflicht der Miteigentümer beschlossen werden muss, sondern es sind auch die Kostenvoranschläge von Handwerkern gemeint. Diese hat der Beirat dahingehend zu prüfen, ob die von der Gemeinschaft für die Auftragsvergabe vorgegebenen Bedingungen und Voraussetzungen beachtet wurden, ob das Preis-Leistungs-Verhältnis ausgewogen erscheint und ob Angebote rechnerisch richtig sind. Nicht dazu gehört die fachliche und technische

Überprüfung von Angeboten, da dies einen Beirat üblicherweise überfordern würde.

119. Hat ein Verwaltungsbeirat die Pflicht, die Tätigkeit des Verwalters zu überwachen?

Nein, ein Verwaltungsbeirat hat nur das Recht, nicht aber die Pflicht, den Verwalter bei seiner Tätigkeit zu kontrollieren (BayObLG, Beschluss vom 3.5.1972, BReg. 2 Z 7/72, BayObLGZ 1972, 161). Eine Pflicht zur ständigen Überwachung des Verwalters besteht nicht.

120. Ist der Verwaltungsbeirat verpflichtet, Verfügungen des Verwalters über die Instandhaltungsrücklage gegenzuzeichnen?

Nein, aus dem Gesetz ergibt sich weder eine Verpflichtung noch eine Kompetenz des Verwaltungsbeirats, bei Verfügungen des Verwalters über Gelder der Eigentümergemeinschaft mitzuwirken. Jedoch kann gemäß § 21 Abs. 7 WEG die Verfügungsberechtigung des Verwalters über Gemeinschaftsgelder von der Zustimmung eines Wohnungseigentümers oder eines Dritten abhängig gemacht werden. So gehört es beinahe zur Regel, dass Verwaltungsbeiräte von der Eigentümergemeinschaft durch einen Mehrheitsbeschluss ausdrücklich beauftragt und bevollmächtigt werden, zumindest bei Abhebungen des Verwalters vom Instandhaltungsrücklagenkonto eine Zweitunterschrift zu leisten. Die Verwirklichung des damit verbundenen Vieraugenprinzips ist für die Bewahrung der von einer Eigentümergemeinschaft angesparten Gelder bzw. ihrer ordnungsgemäßen Verwendung von besonderer Bedeutung (Derleder, Partner im Gespräch, Band 61, S. 182), was die leider immer wieder auftretenden Fälle von Veruntreuungen durch unseriöse Verwalter beweisen.

Ein solcher Zweitunterschriftsvorbehalt wird üblicherweise im Verwaltervertrag vereinbart. Der Mitunterzeichnungsberechtigte muss bei der kontoführenden Bank eine Unterschriftenprobe hinterlegen. Ist der Verwaltungsbeirat hierzu vorgesehen, empfiehlt es sich, dass nicht nur der Verwaltungsbeiratsvorsitzende, sondern alle drei Beiratsmitglieder als zeichnungsberechtigt angegeben werden. So lässt sich in jedem Fall auch bei Verhinderung des Beiratsvorsitzenden gewährleisten, dass allfällige Zahlungsverpflichtungen der Eigentümergemeinschaft zeitnah erledigt werden können, sodass sich ggf. Skontoabreden ausschöpfen, jedenfalls aber Verzugszinsen vermeiden lassen.

Auch beim besten Vertrauensverhältnis zwischen Verwaltungsbeirat und Verwalter sollten Überweisungsträger niemals blanko unterschrieben werden.

Der Verwalter sollte daher stets den fertig ausgefüllten Überweisungsvordruck samt seiner eigenen Unterschrift dem Verwaltungsbeirat zum Gegenzeichnen vorlegen.

121. Ist der Verwaltungsbeirat verpflichtet, den vom Verwalter vorgelegten Wirtschaftsplan bzw. die Jahreswirtschaftsabrechnung zu überprüfen?

Ja, § 29 Abs. 3 WEG begründet eine gesetzliche Verpflichtung des Beirats, Wirtschaftsplan, Jahresabrechnung und Kostenanschläge zu prüfen. Anschließend hat er sie mit einer Stellungnahme zu versehen, bevor sie in einer Wohnungseigentümerversammlung zur Beschlussfassung vorgelegt werden.

122. Worin besteht die Überprüfung einer Jahreswirtschaftsabrechnung?

Die Abrechnungsprüfung setzt in erster Linie eine Kontrolle der sachlichen Richtigkeit der einzelnen Abrechnungspositionen voraus, wozu die Überprüfung der Belege mindestens durch Stichproben gehört (OLG München, Beschluss vom 7.2.2007, 34 Wx 147/06, NJW-RR 2007, 1094, 1095). Der Verzicht auf die Kontrolle der Kontenbelege wird als grob fahrlässige Pflichtverletzung angesehen (OLG Düsseldorf, Beschluss vom 24.9.1997, 3 Wx 221/97, WuM 1998, 50, 54 = NZM 1998, 36 = WE 1998, 265). Darüber hinaus ist festzustellen, ob die richtigen Kostenverteilungsschlüssel angewendet wurden, auch die rechnerische Schlüssigkeit der Darstellung der Einnahmen und Ausgaben muss überprüft werden.

123. Reicht es für die Prüfung einer Jahreswirtschaftsabrechnung aus, nur die Belegprüfung durchzuführen?

Nein, zusätzlich zur Belegprüfung muss ein Kontenabgleich vorgenommen werden, um festzustellen, ob die Kontostände unter Berücksichtigung von Einnahmen und Ausgaben bei einem Vergleich zwischen Anfang des Wirtschaftsjahres und dessen Ende nicht nur rechnerisch nachvollziehbar sind, sondern sich auch mit den Angaben auf den Kontoauszügen decken. Fehlen die Angabe der Kontenstände zum Jahresbeginn bzw. zum Jahresende sowie die Darstellung von Einnahmen und Ausgaben im Verlauf des Wirtschaftsjahres, ist eine Schlüssigkeitsprüfung nicht möglich (LG Köln, Urteil vom 18.12.2014, 29 S 75/14, ZWE 2015, 418).

124. Gehören auch sachfremde Buchungen, die die Eigentümergemeinschaft nicht betreffen, in eine Abrechnung?

Ja, da es sich bei der Jahreswirtschaftsabrechnung um eine Einnahmen-Ausgaben-Rechnung handelt, muss jede Kontobewegung berücksichtigt werden. Es kommt daher nicht darauf an, ob es sich um eine Fehlbuchung handelt, die Ausgabe gar keinen Bezug zur Eigentümergemeinschaft hat oder ein Zufluss rechtsgrundlos erfolgt ist. Jede noch so verfehlte Zahlung muss in die Abrechnung aufgenommen werden, da ansonsten ein Abgleich der Ausgaben und Einnahmen im Verhältnis zu den Kontoständen nicht möglich wäre.

125. Was ist unter einer Schlüssigkeitsprüfung der Jahresabrechnung zu verstehen?

Dabei handelt es sich um die Überprüfung, ob der Stand der von der Eigentümergemeinschaft geführten Konten zu Beginn eines Wirtschaftsjahres und zu dessen Ende unter Berücksichtigung aller Einnahmen und Ausgaben nachvollziehbar ist. Dies erklärt auch, warum sachfremde Kontobewegungen bei der Jahresabrechnung berücksichtigt werden müssen: Ansonsten ließen sich beim Vergleich zwischen Ausgaben und Einnahmen die Kontostände zum Anfang und zum Ende des Wirtschaftsjahres nicht nachvollziehen.

Bei der Kontendarstellung handelt es sich um einen unverzichtbaren Bestandteil der Jahresabrechnung, dessen Fehlen angeblich auch dem juristisch nicht vorbelasteten Verwaltungsbeirat auffallen müsse. Diese Bewertung entspricht zwar der derzeitigen Auffassung in Literatur und Rechtsprechung, kann jedoch nicht überzeugen, wenn man bedenkt, dass jeder Wohnungseigentümer ohne jegliche buchhalterische und juristische Vorkenntnisse zum Verwaltungsbeirat gewählt werden kann, sodass sich nicht erschließt, woher ein solcher Eigentümer wissen kann oder muss, was überhaupt unter einer Schlüssigkeitsprüfung zu verstehen ist und wie sie vorzunehmen ist. Liegt die Kontendarstellung nicht vor, muss der Verwaltungsbeirat vom Verwalter jedenfalls eine entsprechende Ergänzung der Abrechnung verlangen.

126. Worauf hat der Verwaltungsbeirat bei der Prüfung der Instandhaltungsrücklage zu achten?

Wenn es um die Entwicklung der Instandhaltungsrücklage geht, ist zwischen der Soll- und der Ist-Rückstellung zu unterscheiden. Nur ein Vergleich zwischen dem Betrag, der laut Wirtschaftsplan als Zuführung zur Instandhaltungsrücklage von den Wohnungseigentümern gezahlt werden sollte, und dem Betrag, der aus den geleisteten Wohngeldvorauszahlungen tatsächlich in die Instandhaltungsrücklage eingestellt wurde, ermöglicht die Überprüfung, ob die Instandhaltungsrücklage wirklich in voller Höhe gezahlt wurde oder ob eine Deckungslücke besteht.

127. Hat auch bei der Instandhaltungsrücklage eine Schlüssigkeitsprüfung stattzufinden?

Ja, auch hier zeigt nur ein Vergleich der Stände des Instandhaltungskontos zum Anfang und zum Ende eines Wirtschaftsjahres, ob tatsächlich alle eingegangenen Zahlungen zur Instandhaltungsrücklage auch dem Konto zugeflossen sind, auf dem die Instandhaltungsrücklage angesammelt wird. Fällt dabei eine Differenz auf, muss überprüft werden, ob sich die fehlenden Gelder möglicherweise auf einem anderen Konto der Eigentümergemeinschaft befinden, zum Beispiel auf einem laufenden Girokonto, und nur noch nicht auf das Instandhaltungskonto (Festgeldkonto) umgebucht wurden.

128. Was ist die Stellungnahme, die der Verwaltungsbeirat gemäß §29 Abs. 3 WEG über seine Rechnungsprüfung abgeben soll?

Bei dieser Stellungnahme handelt es sich um einen Prüfbericht, in dem der Verwaltungsbeirat seine Erkenntnisse aus den Belegprüfungen, der Prüfung der Jahresabrechnung des Wirtschaftsplans und sonstiger Rechnungslegungen dokumentiert. Der Prüfbericht kann schriftlich erfolgen und bereits der vom Verwalter vorzulegenden Jahresabrechnung beigefügt werden. Der Verwaltungsbeirat kann aber auch in der Eigentümerversammlung vor Beschlussfassung seine Stellungnahme mündlich abgeben, die inhaltlich im Wesentlichen im Versammlungsprotokoll wiedergegeben werden sollte.

129. Wann ist die Stellungnahme des Verwaltungsbeirats vorzulegen?

Der Verwaltungsbeirat muss spätestens in der Eigentümerversammlung, in der die Jahresabrechnung, der Wirtschaftsplan oder ein sonstiges Rechenwerk beschlossen werden soll, seine Stellungnahme abgeben. Haben sich Beanstandungen ergeben, sind auf Seiten des Verwaltungsbeirats Fragen zum Inhalt der geprüften Unterlagen offen oder ist der Verwaltungsbeirat sogar der Auffassung, dass Fehler vorliegen, so sollte er dies dem Verwalter rechtzeitig vor der Eigentümerversammlung mitteilen. Der Verwalter sollte die Möglichkeit haben, rechtzeitig vor der Beschlussfassung Fehler zu korrigieren bzw. beim Verwaltungsbeirat bestehende Unklarheiten zu beseitigen. Wird all dies erst in der Eigentümerversammlung thematisiert, besteht das Risiko, dass der Beschluss des beanstandeten Rechenwerks zurückgestellt werden muss, sollte der Verwalter die ihm erstmals vorgetragenen Beanstandungen und Fragen nicht sofort klären und beantworten können. In diesem Fall kann dem Verwaltungsbeirat berechtigterweise vorgeworfen werden, er hätte sich rechtzeitig vor der Eigentümerversammlung um Aufklärung und Fehlerbeseitigung bemühen müssen.

130. Mit welchen Konsequenzen für den Verwaltungsbeirat kann es verbunden sein, wenn er seinen Aufgaben nicht ordnungsgemäß nachkommt?

Vernachlässigt der Beirat seine Pflicht, ist die erste und wichtigste Konsequenz seine Abberufung und die Wahl eines neuen Verwaltungsbeirats (KG, Beschluss vom 8.1.1997, 24 W 7947/95, WE 1997, 421). In Einzelfällen kann die nicht ordnungsgemäße Erfüllung bei schuldhaftem Handeln oder Unterlassen auch zu Schadensersatzansprüchen führen, zum Beispiel wenn durch die unterlassene Abrechnungsüberprüfung finanzielle Nachteile für die Eigentümergemeinschaft entstehen.

131. Kann mangelhafte Verwaltungsbeiratstätigkeit auch Konsequenzen für die Eigentümergemeinschaft haben?

Entdeckt ein Verwaltungsbeirat mangels ordnungsgemäßer Abrechnungsprüfung Fehler nicht und wird der Verwalter auf Empfehlung des Verwaltungsbeirats deshalb zu Unrecht entlastet, kann die Eigentümergemeinschaft Schadensersatzansprüche gegen den Verwalter nachträglich nicht mehr geltend machen. Die Wohnungseigentümer müssen sich nämlich bei Fehlern in der Jahresabrechnung die Kenntnis, aber auch das Kennenmüssen seitens des Verwaltungsbeirats zurechnen lassen (OLG Düsseldorf, Beschluss vom 9.11.2001, 3 Wx 13/01, ZMR 2002, 294 (297); OLG Köln, Beschluss vom 27.6.2001, 16 Wx 87/01, ZMR 2001, 913 (914)).

132. Muss der Verwaltungsbeirat unterjährig Belegprüfungen durchführen?

Nein, dem Verwaltungsbeirat steht es frei, wann er die Belegprüfung durchführen will. Es empfiehlt sich jedoch insbesondere bei größeren Gemeinschaften mit einem entsprechend umfangreichen Belegaufkommen die Prüfung in kürzeren Zeitabständen während des laufenden Wirtschaftsjahres durchzuführen, zum Beispiel quartalsweise.

Spätestens hat die Belegprüfung im Zusammenhang mit der Überprüfung der Jahresabrechnung stattzufinden. Die Belegprüfung gehört zu den Kernaufgaben eines jeden Verwaltungsbeirats. Auch wenn man einen Verwaltungsbeirat letztlich nicht zwingen kann, diese wichtige Aufgabe tatsächlich zu erledigen, empfiehlt es sich für ihn, dies zu tun, da eine unterlassene Belegprüfung eine grob fahrlässige Pflichtverletzung darstellt (vgl. OLG Düsseldorf, Beschluss vom 24.9.1997, 3 Wx 221/97, NZM 1998, 36), die zu Schadensersatzansprüchen gegen den Verwaltungsbeirat führen kann, sollte sie eine Schädigung der Eigentümergemeinschaft zur Folge haben.

133. Muss der Verwalter Terminwünsche des Verwaltungsbeirats zur Belegeinsicht akzeptieren?

Regelmäßig entspricht es einem sachgerechten Umgang miteinander, unter Berücksichtigung der wechselseitigen Terminlage einen einvernehmlichen Termin zur Belegeinsicht abzustimmen. Sollten Versuche hierzu wiederholt scheitern, wird folgende Verfahrensweise empfohlen:

1. Als Erstes stimmen sich die Mitglieder des Verwaltungsbeirats untereinander ab und legen zwei bis drei Alternativtermine fest, zu denen es ihnen gemeinsam möglich ist, eine Belegprüfung durchzuführen.
2. Die Terminvorschläge werden sodann dem Verwalter mitgeteilt, der seinerseits einen Termin auswählen und rückbestätigen muss. Da die Verständigung auf einen gemeinsamen Termin bei einer Personenmehrheit wie dem dreiköpfigen Verwaltungsbeirat regelmäßig schwieriger ist als beim Verwalter, liegt es letztendlich beim Verwalter, sich so zu organisieren, dass er einen Terminvorschlag des Verwaltungsbeirats zur Belegeinsicht akzeptiert.
3. Sollte eine Belegprüfung aufgrund unüberwindlicher Terminhindernisse endgültig scheitern, muss die Eigentümerversammlung entscheiden, ob sie eine ungeprüfte Jahresabrechnung beschließen will oder nicht.

134. Kann der Verwaltungsbeirat zur Belegprüfung die Aushändigung der Originalunterlagen verlangen?

Nein, der Verwalter ist nicht verpflichtet, die in seinem Gewahrsam befindlichen Originalbelege herauszugeben. Ihm kann das Risiko nicht zugemutet werden, dass Belege verloren gehen, was die dem Verwalter obliegende Aufgabe zur Erstellung der Jahresabrechnung erschweren, wenn nicht gar unmöglich machen würde. Der Verwaltungsbeirat ist daher gehalten, nach vorheriger Terminvereinbarung mit dem Verwalter in dessen Geschäftsräumen oder an einem sonstigen einvernehmlich zu vereinbarenden Ort die Belege einzusehen.

135. Kann der Verwaltungsbeirat die Aushändigung von Belegkopien verlangen, um die Belegprüfung durchzuführen? Und wer trägt hierfür die Kosten?

Grundsätzlich ist der Verwalter nicht verpflichtet, für den Verwaltungsbeirat Kopien der Originalbelege anzufertigen. Gerade bei Großgemeinschaften können sehr schnell mehrere hundert Einzelbelege zusammenkommen, sodass es für den Verwalter mit unzumutbaren Personal- und Sachkosten verbunden wäre, einen kompletten Kopiensatz anzufertigen.

Etwas anderes gilt, wenn diese Verpflichtung im Verwaltervertrag vereinbart wurde – verbunden im Regelfall mit einem Anspruch auf Zahlung eines Aufwendungsersatzes durch die Eigentümergemeinschaft – oder wenn die Eigentümergemeinschaft dem Verwalter durch Mehrheitsbeschluss auferlegt hat, Belegkopien an den Verwaltungsbeirat gegen Aufwendungserstattung herauszugeben.

136. Wo hat die Belegprüfung stattzufinden?

Regelmäßig in den Geschäftsräumen des Verwalters. Ausnahmen bestehen dann, wenn Wohnungseigentumsanlage und Sitz des Verwalters so weit auseinanderliegen, dass es dem Verwaltungsbeirat unzumutbar wäre, zur Belegprüfung beim Verwalter anzureisen. In solchen Fällen ist der Verwalter verpflichtet, entweder in der Anlage selbst oder aber in deren näherem Umfeld dem Verwaltungsbeirat die Einsicht in die Originalbelege zu ermöglichen.

137. Wie oft kann der Verwaltungsbeirat vom Verwalter Belegeinsicht verlangen?

Die Verpflichtung des Verwaltungsbeirats und die sich daraus ergebende Berechtigung, Belegeinsicht zu verlangen, begründet das Recht, vom Verwalter jederzeit Auskunft über die laufende Verwaltungstätigkeit und Einsichtnahme in alle erforderlichen Unterlagen zu verlangen. Dieses Recht findet dort seine Schranken, wo es schikanös ausgeübt wird, so zum Beispiel bei sich wiederholenden und unnützen Nachfragen oder Einsichtsverlangen, die erkennbar den Zweck haben, den Geschäftsbetrieb des Verwalters zu belasten (OLG Hamm, Beschluss vom 9.2.1998, 15 W 124/97, WE 1998, 496; BayObLG, ZWE 2000, 407, 408, linke Spalte).

Je größer eine Eigentümergemeinschaft und je mehr Belege zu prüfen sind, umso häufiger ist es gerechtfertigt, Belegeinsichten durchzuführen. Die Grenze einer zumutbaren Verwalterbelastung durch Belegeinsicht dürfte bei einer quartalsweisen Belegprüfung und einer zusätzlichen Prüfung im Zusammenhang mit der Vorlage der Jahresabrechnung liegen.

138. Kann der Verwaltungsbeirat eines seiner Mitglieder mit der Belegprüfung beauftragen?

Ja, es steht dem Verwaltungsbeirat frei, unter seinen Mitgliedern eine Aufgabenverteilung vorzunehmen oder ein Beiratsmitglied im Einzelfall mit einer bestimmten Aufgabe zu betrauen. Dies bietet sich insbesondere dann an, wenn einzelne Mitglieder über besondere Fachkenntnisse verfügen, zum Beispiel wenn ein Steuerberater als Beiratsmitglied die Jahresabrechnung prüft. Der Einwand, die Jahresabrechnung sei nur von einzelnen und nicht von sämtlichen Verwaltungsbeiratsmitgliedern überprüft worden, berührt daher die Wirksamkeit einer von den Wohnungseigentümern beschlossenen Jahresabrechnung nicht (BayObLG, Beschluss vom 7.8.2003, 2Z BR 47/03, NZM 2003, 900).

! **Achtung**

Die Belegprüfung durch nur ein Beiratsmitglied ändert nichts an der Gesamtverantwortung aller Beiratsmitglieder, dass die Prüfung ordnungsgemäß erfolgt.

139. Wie ist zu verfahren, wenn ein Beiratsmitglied vorübergehend an der Ausübung seiner Tätigkeit gehindert ist?

Ist ein Beiratsmitglied für längere Zeit an der Ausübung seiner Tätigkeit gehindert, zum Beispiel im Fall einer längeren Erkrankung oder einer Ortsabwesenheit, sind die Aufgaben des Verwaltungsbeirats von den beiden verbleibenden Mitgliedern wahrzunehmen. Etwas anderes gilt, wenn die Eigentümergemeinschaft für solche Fälle einer vorübergehenden Verhinderung bereits Ersatzmitglieder gewählt hat.

Die Aufnahme der Beiratstätigkeit durch ein Ersatzmitglied setzt allerdings zusätzlich voraus, dass in der Eigentümergemeinschaft klare Vorgaben bestehen, wann und unter welchen Voraussetzungen ein Ersatzmitglied tätig werden kann. Derartige Regelungen können zum Beispiel in der Gemeinschaftsordnung oder in einer Beiratsordnung getroffen werden. Existieren derartige Regelungen nicht, würde ständig Unklarheit darüber bestehen, wann der Tatbestand der Ausübung der Stellvertretung gegeben ist.

140. Kann der Verwaltungsbeirat einen Sonderfachmann, zum Beispiel Steuerberater, Wirtschaftsprüfer usw., mit der Belegprüfung beauftragen?

Die vollständige Übertragung der Aufgaben und Befugnisse des Verwaltungs-beirats auf eine dritte Person ist nur zulässig, wenn der Beirat hierzu durch eine Vereinbarung in der Gemeinschaftsordnung ermächtigt ist. Soweit die Übertragung der Rechnungsprüfung zum Beispiel auf einen Wirtschaftsprüfer oder Prüfungsverband für zulässig gehalten wird (Stein/Schröder, WE 1994, 321, 323), kann dem nicht gefolgt werden, schon gar nicht, wenn dadurch zu Lasten der Eigentümergemeinschaft Kosten verursacht werden.

Jedoch ist nichts dagegen einzuwenden, wenn der Beirat kostenfreie Hilfe eines fachkundigen Miteigentümers oder eines außenstehenden, zur Ver-schwiegenheit verpflichteten Dritten beansprucht – beispielsweise von dem Ehegatten eines Miteigentümers, der von Beruf Steuerberater ist – und sich von ihm etwa bei der Belegprüfung unterstützen und beraten lässt. Ungeachtet derartiger Hilfestellungen wird die Aufgabe vom Beirat selbst durchgeführt, er selbst trägt die volle Verantwortung für die Qualität der Prüfungstätigkeit. Kann der Verwaltungsbeirat im Einzelfall wegen besonderer Schwierigkeiten seine Aufgaben nicht erfüllen, ohne fremde, kostenverursachende Hilfe in Anspruch zu nehmen, muss er sich von der Eigentümergemeinschaft durch Mehrheitsbeschluss entsprechend ermächtigen lassen.

141. Kann der Verwaltungsbeirat einen anderen nicht zum Beirat gewählten Miteigentümer mit der Belegprüfung beauftragen?

Nein, die Belegprüfung ist eine dem Verwaltungsbeirat gesetzlich zugewie-sene Aufgabe und kann nicht auf andere Miteigentümer abgewälzt werden, die nicht dem Beirat angehören.

142. Kann der Verwaltungsbeirat einen Miteigentümer an der Belegprüfung teilnehmen lassen?

Sofern der Verwaltungsbeirat vom Verwalter Belegkopien erhalten hat und diese anlässlich einer Beiratssitzung überprüft oder von einem Beiratsmit-glied in privatem Rahmen überprüfen lässt, kann der Verwaltungsbeirat bzw. das Beiratsmitglied frei entscheiden, ob es einen Miteigentümer an der Be-legprüfung teilnehmen lassen will oder nicht. Da es um Daten und Fakten der Eigentümergemeinschaft geht, auf deren Mitteilung ohnehin jeder Mitei-gentümer Anspruch hat, gibt es insoweit auch keine datenschutzrechtlichen Bedenken.

143. Muss der Verwalter einem Miteigentümer zur Belegprüfung zusammen mit dem Verwaltungsbeirat Zutritt zu seinen Geschäftsräumen gewähren?

Da die Belegprüfung Aufgabe des Verwaltungsbeirats ist, muss der Verwalter auch nur dessen Mitgliedern Zutritt zu seinen Geschäftsräumen zum Zweck der Belegprüfung gewähren. Andernfalls könnte es dazu kommen, dass die Belegprüfung durch den Verwaltungsbeirat in eine »kleine Eigentümerversammlung« umfunktioniert wird. Die damit verbundene Beeinträchtigung seines Geschäftsbetriebs muss ein Verwalter nicht hinnehmen.

144. Muss es der Verwalter bei einer Belegprüfung in seinen Geschäftsräumen gestatten, dass ein nicht zur Eigentümergemeinschaft gehörender Sonderfachmann daran teilnimmt?

Diese Verpflichtung besteht nur, wenn dem Verwaltungsbeirat durch Vereinbarung oder für den Einzelfall geltenden Mehrheitsbeschluss die Befugnis übertragen wurde, einen Sonderfachmann im Auftrage und zu Lasten der Eigentümergemeinschaft einzuschalten. Vom Verwaltungsbeirat privat engagierten Sonderfachleuten muss der Verwalter schon aus datenschutzrechtlichen Gründen keinen Zutritt gewähren, da er auf die Ausgestaltung des Auftragsverhältnisses zwischen Verwaltungsbeirat und Sonderfachmann und eine damit verbundene Pflicht zur Verschwiegenheit keinen Einfluss hat.

145. Wer trägt die Verantwortung für die Korrektheit einer Belegprüfung durch ein einzelnes Beiratsmitglied?

In allen Fällen, in denen eine dem Verwaltungsbeirat als Gremium obliegende Aufgabe an einzelne Beiratsmitglieder delegiert wird, verbleibt die Kontrollpflicht und damit die Verantwortung für die ordnungsgemäße Ausführung der Tätigkeit beim Gesamtbeirat. Die gemäß §29 Abs. 2 und Abs. 3 WEG für den Verwaltungsbeirat definierten Aufgabenstellungen beziehen sich auf den Beirat als Gremium und nicht etwa nur auf dessen Vorsitzenden oder einzelne Beiratsmitglieder.

146. Wie lange muss der Verwalter auf die Belegprüfung durch den Verwaltungsbeirat warten?

Hat der Verwalter den Verwaltungsbeirat rechtzeitig vor Erstellung der Jahresabrechnung und dem Einladen zur Eigentümerversammlung, in der die Jahresabrechnung beschlossen werden soll, zur Belegprüfung aufgefordert und diese gleichzeitig terminlich ermöglicht, ist der Verwaltungsbeirat verpflichtet, die Belegprüfung so durchzuführen, dass dem Verwalter die Ausführung seiner Aufgaben nicht unnötig erschwert wird. Sollte der Verwaltungsbeirat im Einzelfall aus triftigen Gründen die rechtzeitige Belegprüfung nicht schaffen, kann es gerechtfertigt sein, dass der Verwalter seinen eigenen Terminplan anpasst und zum Beispiel eine Eigentümerversammlung verschiebt. Kümmert sich der Verwaltungsbeirat jedoch nicht um die Aufforderung des Verwalters zur Belegprüfung und lässt er auch eine Erinnerung unberücksichtigt, kann der Verwalter die Jahresabrechnung auch ohne Belegprüfung erstellen und diese zur Beschlussfassung in einer Eigentümerversammlung vorlegen.

147. Ist die Durchführung einer Belegprüfung Wirksamkeitsvoraussetzung für den Beschluss einer Jahreswirtschaftsabrechnung?

Nein, gemäß §29 Abs. 3 WEG sollen die einer Abrechnung zugrundeliegenden Belege geprüft und die Abrechnung mit der Stellungnahme des Verwaltungsbeirats versehen werden. Aus dieser Formulierung ergibt sich zwar die Verpflichtung des Verwaltungsbeirats, entsprechend tätig zu werden, sie bedeutet jedoch nicht, dass eine Stellungnahme des Verwaltungsbeirats Gültigkeitsvoraussetzung für einen Genehmigungsbeschluss der Wohnungseigentümer wäre (KG, Beschluss vom 25.8.2003, 24 W 110/02, NZM 2003, 901).

148. Kann der Verwaltungsbeirat zur Ausübung der ihm übertragenen Aufgaben einen Vertreter beauftragen?

Nein! Unbeschadet der Möglichkeit, sich bei der Ausübung von Beiratsaufgaben Hilfe eines Dritten zu holen, ist die Ausübung der Verwaltungsbeiratstätigkeit eine höchst persönliche Aufgabe. Sie kann nicht an andere delegiert werden, die Entsendung eines Vertreters scheidet daher aus (Bub, ZWE 2002, 7).

149. Kann der Verwaltungsbeirat eine Jahreswirtschaftsabrechnung erstellen oder einen Wirtschaftsplan aufstellen?

Das Gesetz sieht dies nicht vor. Derartiges ist nur dann möglich, wenn dem Verwaltungsbeirat eine entsprechende Befugnis kraft Rechtsgeschäfts übertragen wurde. So kann dem Beirat durch Vereinbarung, das heißt zum Beispiel in der Teilungserklärung, die Befugnis zur Erstellung von Wirtschaftsplan und Jahresabrechnung übertragen werden.

150. Kann der Verwaltungsbeirat alleine eine Jahresabrechnung verabschieden oder einen Wirtschaftsplan beschließen?

Eine solche Befugnis kann dem Verwaltungsbeirat nur durch eine Vereinbarung in der Gemeinschaftsordnung übertragen werden (OLG Hamm, Beschluss vom 19.3.2007, 15 W 340/06, ZMR 2008, 63). Die Gegenmeinung sieht eine derartige Übertragung von Befugnissen auf den Verwaltungsbeirat als nicht zulässig an, da es sich dabei um einen Eingriff in grundlegende Rechte der Wohnungseigentümer handele, die diesem nicht entzogen werden können (Schmidt, ZWE 2001, 137, 140 f.).

Doch wird dabei übersehen, dass es jedem Miteigentümer freisteht, jederzeit die eigene Befugnis zur Abstimmung über einen Wirtschaftsplan bzw. eine Jahresabrechnung per Vollmacht auf einen anderen Wohnungseigentümer oder ggf. auf einen sonstigen Dritten – soweit dies die Teilungserklärung erlaubt – zu übertragen. Es ist nicht zu erkennen, dass eine entsprechende rechtsgeschäftliche Bevollmächtigung des Verwaltungsbeirats bereits in der Teilungserklärung anders zu beurteilen wäre. Im Übrigen werden dadurch die Rechte der Wohnungseigentümer nicht unangemessen beeinträchtigt oder geschmälert, da es jedem Wohnungseigentümer freisteht, eine vom Verwaltungsbeirat genehmigte Jahresabrechnung oder einen Wirtschaftsplan anzufechten, wenn entsprechende Genehmigungen des Verwaltungsbeirats im Hinblick auf das Gebot ordnungsgemäßer Verwaltung Bedenken begegnen. Eine derartige Genehmigung stellt nämlich keinen Beschluss zur Regelung interner Beiratsangelegenheiten dar, der nicht anfechtbar wäre (so aber OLG Hamm, Beschluss vom 19.3.2007, 15 W 340/06, ZMR 2008, 63, wonach fehlerhafte Beschlüsse des Verwaltungsbeirats über die Jahresabrechnung sogar nichtig sein sollen). Vielmehr genehmigen die Mitglieder des Verwaltungsbeirats einen Wirtschaftsplan oder eine Jahresabrechnung als Vertreter der einzelnen Eigentümer, die den Beirat zu einer entsprechenden Stimmabgabe bevollmächtigt haben. Damit aber hat der vertretene Eigentümer sein Anfechtungsrecht nicht aus der Hand gegeben oder gar verloren.

Weiterhin überzeugt auch das Argument, dass die in §28 WEG enthaltenen Bestimmungen zur Aufstellung und Verabschiedung von Wirtschaftsplan und Jahresabrechnungen insgesamt abdingbar sind. Wenn aber ganz auf die Erstellung eines Wirtschaftsplans oder einer Jahresabrechnung verzichtet werden kann, dann muss erst recht die Möglichkeit bestehen, die Durchführung dieser finanztechnischen Aufgaben auf den Verwaltungsbeirat zu übertragen (HansOLG Hamburg, Beschluss vom 9.7.2003, 2 Wx 134/99, ZMR 2003, 773 (774)).

151. Kann der Verwaltungsbeirat die Genehmigung der Jahresabrechnung verweigern?

Nein. Die Frage der Genehmigung der Jahresabrechnung nach dem Gesetz zählt nicht zu den Aufgaben des Verwaltungsbeirats, daher steht ihm eine solche Befugnis auch nicht zu. Nicht zu verwechseln ist dies jedoch mit der Befugnis des Verwaltungsbeirats, einer Eigentümergemeinschaft nach Belegprüfung und etwaiger Feststellung von Unregelmäßigkeiten zu empfehlen, die vom Verwalter vorgelegte Jahresabrechnung nicht zu beschließen.

Wurde dem Verwaltungsbeirat allerdings durch Vereinbarung die Befugnis übertragen, eine Jahresabrechnung beschließen zu können, kann er die Genehmigung einer vom Verwalter vorgelegten Jahresabrechnung aus sachlichen Gründen auch ablehnen.

152. Hat der Verwaltungsbeirat das Recht, die Aufnahme von Tagesordnungspunkten für eine vom Verwalter einzuberufende Eigentümerversammlung zu verlangen?

Ein derartiges Recht speziell für den Verwaltungsbeirat sieht das Gesetz nicht vor. Die Verwaltungbeiratsmitglieder sind deshalb genauso zu behandeln wie jeder andere Miteigentümer. Über die Aufnahme von bestimmten Tagesordnungspunkten entscheidet der Verwalter grundsätzlich nach pflichtgemäßem Ermessen. Jeder einzelne Wohnungseigentümer – und damit auch jedes Verwaltungsbeiratsmitglied – kann jedoch gemäß § 21 Abs. 4 WEG verlangen, dass der Verwalter bestimmte Tagesordnungspunkte aufnimmt, wenn für die Behandlung dieser Themen unter dem Gesichtspunkt ordnungsgemäßer Verwaltung eine Notwendigkeit besteht (OLG Düsseldorf, Beschluss vom 6.7.1994, 3 Wx 456/92, WE 1994, 375, 377, mittlere Spalte).

Wird die Eigentümerversammlung gemäß § 24 Abs. 3 WEG vom Vorsitzenden des Verwaltungsbeirats oder seinem Stellvertreter einberufen, steht diesen in gleicher Weise, wie ansonsten dem Verwalter, ein eigenes Recht zu, über die Aufnahme bestimmter Anträge zur Tagesordnung nach pflichtgemäßem Ermessen zu entscheiden (OLG Düsseldorf, Beschluss vom 6.9.1985, 3 W 145/85, NJW-RR 1986, 96).

153. Kann der Verwaltungsbeirat vom Verwalter eine bestimmte Form der Versammlungsleitung verlangen, zum Beispiel mit Redezeitbeschränkung?

Nein, insoweit stehen dem Verwaltungsbeirat keine besonderen Rechte zu. Der Versammlungsleiter entscheidet darüber, wie er den Ablauf der Eigentümerversammlung gestalten will.

Jede Eigentümerversammlung hat jedoch das Recht, durch mehrheitlich zu fassende Geschäftsordnungsbeschlüsse Regularien für die Durchführung einer Eigentümerversammlung vorzugeben. So kann sie zum Beispiel eine Redezeitbeschränkung für Wortmeldungen beschließen (AG Koblenz, Urteil vom 18.5.2010, 133 C 3201/09, IMR 2010, 387).

154. Hat der Verwaltungsbeirat auf Eigentümerversammlungen ein besonderes Rederecht?

Den Mitgliedern des Verwaltungsbeirats steht in gleichem Umfang ein Rederecht zu, wie allen anderen Teilnehmern der Eigentümerversammlung auch. Wird ein Geschäftsordnungsbeschluss zur Redezeitbeschränkung gefasst, gilt diese auch für Verwaltungsbeiratsmitglieder.

Dies gilt nicht für die Stellungnahme des Verwaltungsbeirats, die dieser gemäß § 29 Abs. 3 WEG vor Beschlussfassung über Wirtschaftsplan und Jahresabrechnung abgeben will. Es ist ausschließlich Sache des Verwaltungsbeirats, wie umfangreich und detailgenau er diese Stellungnahme ausgestalten will, eine zeitliche Beschränkung würde in unzulässiger Weise in die dem Verwaltungsbeirat gesetzlich übertragenen Aufgaben eingreifen und diese beschränken.

155. Hat der Verwaltungsbeirat das Recht, die vom Verwalter festgestellte Beschlussfähigkeit einer Eigentümerversammlung zu überprüfen?

Jeder Wohnungseigentümer hat das Recht, in einer Eigentümerversammlung nachprüfen zu können, ob diese überhaupt beschlussfähig ist. Dieses Recht beinhaltet unter anderem auch die Überprüfung der Ordnungsgemäßheit von Vollmachten, die dem Verwalter erteilt wurden. Da es sich dabei um ein individuelles Recht handelt, das ohnehin jedem Eigentümer unabhängig von einer Beschlusslage der Eigentümergemeinschaft oder von der Inhaberschaft eines Verwaltungsbeiratsamtes zusteht, hat auch jedes Mitglied des Verwaltungsbeirats das Recht, die Beschlussfähigkeit einer Eigentümerversammlung zu überprüfen. Dies umfasst ein Einsichtsrecht des Verwaltungsbeirats in die der

Verwaltung erteilten Vollmachten (OLG München, Beschluss vom 31.10.2007, 34 Wx 060/07, WuM 2008, 619, 621).

156. Darf der Verwaltungsbeirat auf einer Eigentümerversammlung Miteigentümer namentlich benennen, die mit Wohngeldern in Rückstand sind?

Ja, da Eigentümerversammlungen nicht öffentlich sind, bestehen insofern keine datenschutzrechtlichen Bedenken. Es handelt sich bei solchen Informationen um interne Mitteilungen, die nicht an Dritte weitergegeben werden. Überdies gehört es zum Pflichtenkreis des Verwaltungsbeirats, bei der Überprüfung der Abrechnungsunterlagen auch die Liquiditätssituation der Gemeinschaft im Auge zu behalten und ggf. den Verwalter darauf hinzuweisen, dass es angezeigt ist, Beitreibungsverfahren einzuleiten. Da insbesondere hinsichtlich der Verwalterentlastung die Verfolgung und Durchsetzung von Wohngeldrückständen besondere Bedeutung haben kann, ist ein Verwaltungsbeirat nicht nur berechtigt, sondern sogar verpflichtet, auf drohende Wohngeldausfälle und damit verbundene Gefahren für die Liquidität der Gemeinschaft hinzuweisen.

Da endgültige Wohngeldausfälle abzuschreiben und zu sozialisieren, das heißt auf die übrigen Wohnungseigentümer entsprechend ihrer Miteigentumsanteile umzulegen sind, kann jeder einzelne Miteigentümer von Wohngeldausfällen unmittelbar betroffen sein. Daher hat auch jeder Miteigentümer einen Anspruch auf namentliche Benennung säumiger Mitglieder der Wohnungseigentümergemeinschaft, um darauf hinwirken zu können, dass die notwendigen Maßnahmen ergriffen werden, um finanziellen Schaden von der Gemeinschaft und damit auch unmittelbar von sich selbst abzuwenden.

157. Hat der Verwaltungsbeirat die Pflicht zu überprüfen, ob und gegen welche säumige Wohnungseigentümer Wohngeldbeitreibungsverfahren eingeleitet wurden?

Nein, eine Verpflichtung zur Überprüfung der Beitreibungspraxis des Verwalters gibt es nicht. Fallen bei der Belegprüfung jedoch Zahlungsrückstände auf, sollte der Verwaltungsbeirat den Verwalter auffordern, auf der Eigentümerversammlung über etwa laufende Beitreibungsverfahren zu berichten. Es ist dann Sache der Eigentümer, bei etwaigen Missständen in Hinblick auf die Beitreibungspraxis des Verwalters korrigierend einzugreifen und den Verwalter ggf. durch Beschluss zu bestimmten Maßnahmen zu ermächtigen oder zu verpflichten.

158. Muss der Vorsitzende des Verwaltungsbeirats das Protokoll einer Eigentümerversammlung unterschreiben?

Ja, gemäß §24 Abs. 6 Satz 2 WEG ist das Versammlungsprotokoll vom Versammlungsvorsitzenden, einem Wohnungseigentümer und, falls ein Verwaltungsbeirat bestellt ist, auch von dessen Vorsitzendem oder seinem Vertreter zu unterschreiben.

159. Ist die Teilnahme an einer Eigentümerversammlung Voraussetzung dafür, dass das Protokoll unterschrieben werden darf?

Ja, nur derjenige, der an der Eigentümerversammlung teilgenommen hat, kann auch beurteilen, ob das vom Versammlungsleiter erstellte Protokoll inhaltlich auch zutrifft. Einem Versammlungsprotokoll kommt eine eingeschränkte Beweisfunktion zu. Sinn und Zweck der Forderung des Gesetzes nach drei Unterschriften ist, dass die inhaltliche Richtigkeit des Versammlungsprotokolls durch die Unterschriften von drei unterschiedlichen Versammlungsteilnehmern bestätigt und damit dessen Beweiswert erhöht wird.

160. Darf ein zum Verwaltungsbeirat gewählter Nichteigentümer an Eigentümerversammlungen teilnehmen?

Auch wenn Eigentümerversammlungen nicht öffentlich sind (BayObLG, Beschluss vom 16.5.2002, 2Z BR 32/02, NZM 2002, 616; BGH, Beschluss vom 29.1.1993, V ZB 24/92, NJW 1993, 1329), ist ein zum Verwaltungsbeirat gewählter außenstehender Dritter zur Teilnahme berechtigt. Der Auffassung, dass die Teilnahme von Nichteigentümern als Mitglieder des Verwaltungsbeirats zur Erfüllung ihrer Aufgabe nicht notwendig sei, kann nicht gefolgt werden. Wie sollte ein Mitglied des Verwaltungsbeirats der sich aus §666 BGB ergebenden Verpflichtung, der Gesamtheit der Wohnungseigentümer gegenüber Auskunft über die durchgeführte Beiratstätigkeit zu geben, nachkommen können, wenn nicht im Rahmen einer Eigentümerversammlung? Auf welche Weise sollte eine Eigentümergemeinschaft ihr Recht auf eine entsprechende Auskunftserteilung einfordern und umsetzen?

Auch wenn die überwiegende Beiratsarbeit außerhalb von Eigentümerversammlungen stattfindet, muss jedes Beiratsmitglied in der Lage sein, zu seiner Tätigkeit, insbesondere zur Prüfung von Wirtschaftsplänen und Abrechnungen (§29 Abs. 3 WEG), während einer Eigentümerversammlung Stellung zu nehmen. Es wäre im Übrigen ein Widerspruch in sich, wenn eine Eigentümergemeinschaft einen außenstehenden Dritten zum Beirat wählt, ihn dann aber von der Teilnahme an der Eigentümerversammlung ausschließen wollte, die nur im Hinblick auf die Vertraulichkeit der Gemeinschaftsinterna nicht öffentlich ist. Schließlich bringt sie ihm nicht nur das nötige Vertrauen entgegen, dass er sich mit internen Gemeinschaftsangelegenheiten befassen darf, sondern beauftragt ihn sogar dazu, zum Beispiel mit der Abrechnungsprüfung. Ein Nichteigentümer, der wirksam zum Beirat bestellt wurde, ist daher auch zu Eigentümerversammlungen einzuladen und darf an der gesamten Veranstaltung teilnehmen.

Die Anwesenheit nur in dem Umfang gestatten zu wollen, in dem der Aufgabenbereich des Verwaltungsbeirats betroffen ist (OLG Hamm, Beschluss vom 27.9.2006, 15 W 98/96, ZMR 2007, 133, 134), erscheint nicht praktikabel. Wie sollte dies beurteilt und abgegrenzt werden können? Die Folge wäre überdies, dass das Beiratsmitglied in ständigem Wechsel die Eigentümerversammlung verlassen und wieder an ihr teilnehmen dürfte, das wäre für Eigentümer und Beiratsmitglied gleichermaßen unzumutbar.

161. Darf ein Nichteigentümer, dessen Wahl zum Verwaltungsbeirat angefochten wurde, an Eigentümerversammlungen teilnehmen?

Ja. Die Wahl eines Nichteigentümers zum Verwaltungsbeirat ist nicht nichtig, sondern nur anfechtbar, und Beschlüsse sind wirksam, solange sie nicht rechtskräftig von einem Gericht für ungültig erklärt wurden. Daher entfaltet auch der Beschluss über die Wahl eines Nichteigentümers zum Verwaltungsbeirat bis zu seiner etwaigen Aufhebung Rechtswirkung, sodass der gewählte Nichteigentümer bis dahin die Stellung eines Verwaltungsbeirats ausüben kann.

162. Muss der Verwaltungsbeiratsvorsitzende das Versammlungsprotokoll zweimal unterschreiben, wenn er selbst Versammlungsleiter war?

Zwar sieht §24 Abs. 6 Satz 2 WEG vor, dass die Niederschrift von dem Vorsitzenden der Eigentümerversammlung, also dem Versammlungsleiter, und dem Verwaltungsbeiratsvorsitzenden unterzeichnet werden muss. Es ist aber nicht erforderlich, dass der Verwaltungsbeiratsvorsitzende, wenn er gleichzeitig die Versammlungsleitung innehatte, die Niederschrift einmal in der Funktion als Versammlungsleiter und ein zweites Mal als Vorsitzender des Beirats unterzeichnet (LG Lübeck, Beschluss vom 11.2.1991, 7 T 70/91, Rpfleger 1991, 309).

Durch die Unterschrift soll die inhaltliche Richtigkeit des Protokolls bestätigt werden, sodass es nicht nur eine reine Förmelei darstellen würde, wenn man aufgrund einer Funktionsüberschneidung (Versammlungsleiter und Vorsitzender des Verwaltungsbeirats) die Unterschrift ein und derselben Person zweimal fordern würde, sondern dies auch bedeuten würde, dass sich der Versammlungsleiter durch die zweite Unterschrift in der Funktion des Beiratsvorsitzenden die Richtigkeit des selbst erstellten Protokolls bestätigen müsste.

Jedoch sollte durch eine entsprechende Anmerkung im Unterschriftenfeld klargestellt werden, dass die Unterschrift in einer Doppelfunktion geleistet wurde, zum Beispiel so: Vorsitzender des Verwaltungsbeirats und Versammlungsleiter (OLG Düsseldorf, Beschluss vom 22.2.2010, 3 Wx 263/09, INFO M 2010, 230 = WE 2010, 335 = MietRB 2010, 140).

163. Muss der Verwaltungsbeiratsvorsitzende das Versammlungsprotokoll zweimal unterschreiben, wenn er während der Eigentümerversammlung den Vorsitz von einem anderen Versammlungsleiter übernommen oder an diesen abgegeben hat?

In einem solchen Fall muss der Verwaltungsbeiratsvorsitzende das Protokoll einmal als Versammlungsleiter unterzeichnen, soweit er als solcher tätig war, und im Übrigen seine Unterschrift ein zweites Mal in der Funktion des Verwaltungsbeiratsvorsitzenden leisten, insoweit er die Versammlung nicht geleitet hat.

Für welche Teile des Versammlungsprotokolls die betreffende Person in der Funktion als Versammlungsleiter und für welche sie in der Funktion als Verwaltungsbeiratsvorsitzender unterschreibt, sollte deutlich gemacht werden, indem beim Unterschriftenfeld die Beschlusspunkte entsprechend angegeben werden. Denkbar wäre auch, den Wechsel der Versammlungsleitung durch Beginn einer neuen Seite im Versammlungsprotokoll kenntlich zu machen. Am Ende dieser Seite, bis zu der der erste Versammlungsleiter tätig war, würden dann die drei erforderlichen Unterschriften zum ersten Mal eingetragen, am Ende des Protokolls dann noch einmal.

164. Kann der stellvertretende Verwaltungsbeiratsvorsitzende das Versammlungsprotokoll unterschreiben, wenn der Vorsitzende Versammlungsleiter war?

In der Literatur wird diese Auffassung vertreten, ohne dass sie gesondert begründet würde. Dies ergibt sich allerdings nicht aus dem Gesetz, das ausschließlich die Zeichnungsberechtigung des Verwaltungsbeiratsvorsitzenden vorsieht. Falls der Verwaltungsbeiratsvorsitzende eine Eigentümerversammlung leitet, verliert er nicht die Funktion des Vorsitzenden des Verwaltungsbeirats. Daher ist keine Grundlage dafür ersichtlich, dass der stellvertretende Vorsitzende das Protokoll für den Vorsitzenden unterzeichnen könnte. Solange es einen Vorsitzenden gibt, dieser nicht an der Ausübung seiner Tätigkeit gehindert wurde und an der Eigentümerversammlung teilgenommen hat, ist es seine Aufgabe, das Versammlungsprotokoll zu unterzeichnen.

165. Muss erkennbar gemacht werden, wer in welcher Funktion das Versammlungsprotokoll unterschrieben hat?

Ja, aus der Versammlungsniederschrift muss sich ergeben, in welcher Funktion die Unterschriften erteilt wurden. Bei einem mehrköpfigen Beirat reicht zum Beispiel der Zusatz »Verwaltungsbeirat« nicht aus. Es muss erkennbar sein, ob der Vorsitzende oder dessen Stellvertreter das Protokoll unterschrieben hat (OLG München, Beschluss vom 30.5.2016, 34 Wx 17/16, MietRB 2016, 263).

166. Wann müssen die Unterschriften unter einem Versammlungsprotokoll öffentlich beglaubigt werden?

Das Protokoll einer Eigentümerversammlung soll ggf. auch als Beweismittel für die Legitimation des Verwalters dienen, im Rechtsverkehr für die Eigentümergemeinschaft auftreten zu dürfen. Daher sieht §26 Abs. 3 WEG vor, dass in einer Niederschrift, die den Beschluss über eine Verwalterneuwahl bzw. die Wiederwahl des bereits amtierenden Verwalters enthält, die Unterschriften des Versammlungsleiters, des Vorsitzenden des Verwaltungsbeirats und eines Wohnungseigentümers öffentlich beglaubigt werden müssen. So kann der Nachweis der Verwaltereigenschaft durch eine öffentlich beglaubigte Urkunde geführt werden (§29 Grundbuchordnung (GBO)). Ein solcher Nachweis wird zum Beispiel vom Grundbuchamt dann gefordert, wenn aufgrund der Teilungserklärung für die Veräußerung eines Sondereigentums die Verwalterzustimmung notwendig ist.

167. Kann der Verwaltungsbeiratsvorsitzende bzw. dessen Stellvertreter die Unterzeichnung des Versammlungsprotokolls verweigern?

Da mit der Unterschrift die inhaltliche Richtigkeit des Protokolls bestätigt werden soll, kann sie zum Beispiel dann verweigert werden, wenn beim Verwaltungsbeirat die Überzeugung besteht, dass ein Beschluss inhaltlich falsch protokolliert wurde. Auch wenn ein Versammlungsprotokoll als Privaturkunde im Sinne von §416 Zivilprozessordnung (ZPO) hinsichtlich der Richtigkeit und Vollständigkeit keine gesetzliche Beweiskraft hat, kommt ihr dennoch die wenn auch widerlegliche Vermutung der inhaltlichen Richtigkeit und damit ein nicht unerheblicher Beweiswert zu (BayObLG, Beschluss vom 27.10.1989, BReg. 2 Z 75/89, NJW-RR 1990, 210; Bub, WE 1997, 402).

168. Welche Rechtsfolgen hat es, wenn das Versammlungsprotokoll vom Verwaltungsbeiratsvorsitzenden bzw. bei dessen Verhinderung von dessen Stellvertreter nicht unterschrieben wird?

Verweigert der Beiratsvorsitzende seine Unterschrift, so berührt dies grundsätzlich die Gültigkeit der gefassten Beschlüsse nicht. Fehlt eine der erforderlichen Unterschriften unter dem Versammlungsprotokoll, wird damit der Beweiswert hinsichtlich der Richtigkeit und Vollständigkeit der Niederschrift beeinträchtigt (BGH, Beschluss vom 3.7.1997, V ZB 2/97, NJW 1997, 2956).

169. Darf der Verwaltungsbeiratsvorsitzende bzw. sein Stellvertreter das Protokoll unterschreiben, wenn sie an der Eigentümerversammlung nicht teilgenommen haben?

Nein, wer ein Versammlungsprotokoll unterzeichnet, bestätigt mit seiner Unterschrift die inhaltliche Richtigkeit der Niederschrift. Eine solche Bestätigung kann logischerweise nur derjenige abgeben, der auch an der Eigentümerversammlung teilgenommen hat. Wer bei einer Versammlung nicht anwesend war, dem ist es gar nicht möglich, die Übereinstimmung von Beschlussfassungen in der Eigentümerversammlung mit deren Protokollierung im Versammlungsprotokoll aus eigener Kenntnis zu bestätigen. Hat sowohl der Verwaltungsbeiratsvorsitzende als auch sein Stellvertreter an der Eigentümerversammlung nicht teilgenommen, müssen beide Unterschriften entfallen.

170. Wer unterschreibt für den Verwaltungsbeirat, wenn sowohl der Vorsitzende als auch sein Stellvertreter an der Eigentümerversammlung nicht teilgenommen haben?

Wenn weder der Vorsitzende des Verwaltungsbeirats noch sein Stellvertreter an der Eigentümerversammlung teilgenommen haben, entfallen ihre Unterschriften ersatzlos.

171. Kann die dritte für ein Versammlungsprotokoll erforderliche Unterschrift eines weiteren Miteigentümers auch von einem Beiratsmitglied geleistet werden?

Ja, wenn das weitere Beiratsmitglied Wohnungseigentümer ist, sind die Vorgaben gemäß §24 Abs. 6 Satz 2 WEG erfüllt, wonach neben dem Versammlungsleiter und dem Verwaltungsbeiratsvorsitzenden oder dessen Stellvertreter auch ein weiterer Wohnungseigentümer unterschreiben muss.

172. Kann der Verwaltungsbeirat die Aufnahme einer eigenen Stellungnahme in das Versammlungsprotokoll verlangen?

Einen Rechtsanspruch dazu gibt es nicht. Ist es jedoch in einer Eigentümergemeinschaft üblich, ein sogenanntes Ablaufprotokoll zu erstellen, bei dem auch Wortmeldungen und Diskussionsbeiträge inhaltlich wiedergegeben werden, dann hat der Verwaltungsbeirat auch einen Anspruch darauf, dass eigene während der Eigentümerversammlung abgegebene Stellungnahmen in das Protokoll aufgenommen werden.

173. Ist der Verwaltungsbeirat zur Erstellung des Versammlungsprotokolls berechtigt?

Es ist gesetzlich nicht geregelt, wer die Versammlungsniederschrift anzufertigen hat. Wird von der Eigentümerversammlung nichts anderes bestimmt, so ist der Vorsitzende einer Wohnungseigentümerversammlung, das heißt also im Regelfall der Verwalter, zur Anfertigung der Niederschrift berechtigt und verpflichtet. Die Wohnungseigentümer können aber jederzeit durch Geschäftsordnungsbeschluss mehrheitlich eine andere Person zur Anfertigung der Versammlungsniederschrift bestimmen. Dies kann selbstverständlich auch ein Mitglied des Verwaltungsbeirats sein.

Etwas anderes gilt, wenn der Verwaltungsbeiratsvorsitzende selbst Versammlungsleiter war. In diesem Fall ist von ihm das Protokoll anzufertigen, wenn die Eigentümergemeinschaft durch Geschäftsordnungsbeschluss nichts anderes beschließt.

174. Ist der Verwaltungsbeirat berechtigt, vom Verwalter Änderungen des Versammlungsprotokolls zu verlangen?

Nein, aus der Verwaltungsbeiratsfunktion alleine ergibt sich keine Berechtigung, auf die Gestaltung des Versammlungsprotokolls einzuwirken. Die Mitglieder des Verwaltungsbeirats haben jedoch, wie jeder andere Miteigentümer auch, einen Anspruch darauf, dass bei der Abfassung des Versammlungsprotokolls die Grundsätze ordnungsgemäßer Verwaltung beachtet werden. Wird eine rechtlich erhebliche Erklärung falsch wiedergegeben oder wird durch den Inhalt der Niederschrift das Persönlichkeitsrecht eines Miteigentümers rechtswidrig beeinträchtigt, kann jeder Miteigentümer eine Berichtigung des Versammlungsprotokolls verlangen, unabhängig davon, ob er Beiratsmitglied ist oder nicht.

Ein Berichtigungsanspruch besteht auch dann, wenn ein Beschlussinhalt im Versammlungsprotokoll falsch, unvollständig oder überhaupt nicht wiedergegeben und dadurch eine rechtlich erhebliche Erklärung falsch protokolliert wurde (BayObLG, Beschluss vom 28.2.1991, 2 Z 144/90, WE 1992, 86).

175. Ist der Verwalter verpflichtet, schriftliche Stellungnahmen des Verwaltungsbeirats an die übrigen Miteigentümer zu verteilen?

Soweit es sich um die Stellungnahme des Verwaltungsbeirats zu Wirtschaftsplan, Jahresabrechnung oder Belegprüfung im Sinne von §29 Abs. 3 WEG handelt, muss der Verwalter diese den Miteigentümern zugänglich machen. Gibt der Verwaltungsbeirat seine Stellungnahme bereits vor der Eigentümerversammlung in schriftlicher Form ab, muss der Verwalter in seiner Einladung zur Eigentümerversammlung darauf hinweisen, dass dieses Dokument vorliegt und jeder Miteigentümer bei Interesse eine Kopie anfordern kann. Es ist nicht erforderlich, dass jeder Miteigentümer automatisch eine Kopie der Stellungnahme zusammen mit dem Einladungsschreiben erhält (zur Versendung von Handwerkerangeboten zusammen mit dem Einladungsschreiben als Vorbereitung einer Beschlussfassung über die Auftragsvergabe: OLG Frankfurt am Main, Beschluss vom 30.3.2005, 20 W 336/01, n.v.). Ist kein Vertreter des Verwaltungsbeirats, der die Stellungnahme in der Eigentümerversammlung vortragen könnte, anwesend, muss die Stellungnahme des Verwaltungsbeirats zur Einsichtnahme für die Eigentümer bereitgehalten und ggf. vom Verwalter vor der Beschlussfassung über den Wirtschaftsplan und/oder die Jahresabrechnung verlesen werden.

Zur automatischen Verteilung aller Stellungnahmen und Einschätzungen des Verwaltungsbeirats an die Miteigentümer in Kopie ist der Verwalter nur dann verpflichtet, wenn dies als Leistungsumfang im Verwaltervertrag ausdrücklich vorgesehen ist.

176. Kann der Verwaltungsbeirat durch Mehrheitsbeschluss mit der Verwalterwahl beauftragt werden?

Nein, die Bestimmung des §26 Abs. 1 Satz 1 WEG ist zwingend, wonach die Wohnungseigentümer mit Stimmenmehrheit über die Bestellung des Verwalters beschließen. Ein Mehrheitsbeschluss, der dem Verwaltungsbeirat die Befugnis zur Verwalterbestellung übertragen würde, wäre nichtig, denn insoweit fehlt einer Eigentümergemeinschaft die Beschlusskompetenz (AG Niebüll, Beschluss vom 22.12.1986, 14 II 101/86, DWE 1988, 31).

177. Kann dem Verwaltungsbeirat die Ermächtigung zur Verwalterwahl in der Teilungserklärung übertragen werden?

Nein, zwingende Bestimmungen des Wohnungseigentumsgesetzes können auch durch Vereinbarung in der Teilungserklärung nicht abbedungen werden. Die Wahl des Verwalters, aber auch seine Abberufung wird durch §27 Abs. 1 bis Abs. 3 und §26 Abs. 1 Satz 5 WEG in die alleinige Kompetenz der Wohnungseigentümer gestellt. Die Gestaltungsfreiheit einer Eigentümergemeinschaft auch im Rahmen von Teilungserklärungen endet dort, wo die Rechtstellung der Wohnungseigentümer zu stark ausgehöhlt würde. Eine solche Vereinbarung in der Teilungserklärung ist nichtig (LG Lübeck, Beschluss vom 4.1.1985, 7 T 69/85, DWE 1986, 64).

178. Kann der Verwaltungsbeirat beauftragt werden, vor einer Verwalterwahl eine Auslese unter den Bewerbern vorzunehmen?

Ja, der Verwaltungsbeirat kann beauftragt werden, einen geeigneten Verwalter zu suchen und den Wohnungseigentümern zur Wahl vorzuschlagen bzw. eine Vorauswahl unter verschiedenen Bewerbern zu treffen und die ihm besonders geeignet erscheinenden Kandidaten zur Eigentümerversammlung einzuladen, auf der die Verwalterwahl stattfinden soll (OLG Düsseldorf, Beschluss vom 14.9.2001, 3 Wx 202/01, NZM 2002, 266 = ZWE 2002, 185).

Dabei sind sachliche und jederzeit nachvollziehbare Auswahlkriterien zugrunde zu legen, die am besten in einer Art »Bewerber-Ranking« zusammengefasst werden sollten. Es würde nämlich dem Gebot ordnungsgemäßer Verwaltung widersprechen, wenn Auswahlkriterien ausschließlich auf persönlichen oder emotionalen Beweggründen eines Beiratsmitglieds beruhen würden.

Nach Auffassung des OLG Düsseldorf hat der Verwaltungsbeirat dabei keineswegs das ausschließliche Vorschlagsrecht. Jeder Miteigentümer ist ungeachtet einer vom Beirat getroffenen Vorauswahl berechtigt, weitere Kandidaten vorzuschlagen, und kann in der Eigentümerversammlung beantragen, auch die von ihm zusätzlich vorgeschlagenen Kandidaten bei der Abstimmung mit zu berücksichtigen (OLG Düsseldorf, Beschluss vom 14.9.2001, 3 Wx 202/01, ZWE 2002, 185, 186 = NZM 2002, 266, 267).

179. Kann der Verwaltungsbeirat beauftragt werden, den Verwaltervertrag inhaltlich auszuhandeln?

Dies ist nur in eingeschränktem Umfang möglich. Der Verwaltungsbeirat kann durch Beschluss nur ermächtigt werden, den Verwaltervertrag auszuhandeln und abzuschließen, wenn zumindest die wesentlichen Vertragsinhalte bereits durch die Wohnungseigentümergemeinschaft festgelegt wurden, wozu die Vertragslaufzeit des Verwaltervertrags und die Vergütung des Verwalters gehören (OLG Hamburg, Beschluss vom 25.7.2003, 2 Wx 112/03, ZMR 2003,864; LG Düsseldorf, Urteil vom 13.4.2016, 25 S 123/14, ZWE 2017,143,144).

Grundsätzlich kann die Eigentümergemeinschaft den Verwaltungsbeirat also per Mehrheitsbeschluss ermächtigen, den Verwaltungsbeirat in den vorgenannten Grenzen mit dem Aushandeln und dem Abschluss des Verwaltervertrags zu beauftragen (OLG Hamm, Beschluss vom 19.10.2000, 15 W 133/00; NZM 2001, 138; OLG Köln, Beschluss vom 20.9.2002, 16 Wx 135/02, NZM 2002, 1002).

Sollen zusätzlich zu diesen grundsätzlichen Rahmenbedingungen besondere Verwalterbefugnisse, zum Beispiel die Ermächtigung zur Einleitung von Beitreibungsverfahren gegen säumige Miteigentümer, die Verpflichtung der Eigentümer zur Erteilung einer Einzugsermächtigung für die Abbuchung der Wohngelder usw., in den Verwaltervertrag aufgenommen werden, so muss dies ebenso von der Eigentümergemeinschaft mehrheitlich beschlossen werden (OLG Düsseldorf, Beschluss vom 30.5.2006, 3 Wx 51/06, NZM 2006, 936 = ZMR 2006, 870). Denn die Übertragung der Befugnis zum Aushandeln und Unterzeichnen eines Verwaltervertrags durch Mehrheitsbeschluss auf den Verwaltungsbeirat darf nicht zu einer umfassenden Kompetenzverlagerung zur inhaltlichen Vertragsgestaltung weg von der Eigentümergemeinschaft hin zum Verwaltungsbeirat führen (LG Köln, Urteil vom 31.1.2013, 29 S 135, 12, ZWE 2013, 412, 413). Wird der Verwaltungsbeirat durch Mehrheitsbeschluss ermächtigt, den Verwaltervertrag im Übrigen auszuhandeln und abzuschließen, kann der Verwaltungsbeirat auf den Umfang des Leistungsverzeichnisses, die Ausgestaltung bestimmter Verwaltungsaufgaben und die Durchführung einzelner Verwaltungstätigkeiten Einfluss nehmen.

Tipp !

Da die Grenze der Abschlussvollmacht des Verwaltungsbeirats in vielen Fällen nicht klar definiert werden kann, empfiehlt es sich regelmäßig, dass der Verwaltungsbeirat den fertig ausgehandelten Verwaltervertrag in einer Eigentümerversammlung der Eigentümergemeinschaft zur Beschlussfassung vorlegt. Wird der Verwaltervertrag durch Mehrheitsbeschluss gebilligt, bezieht sich dies auf seinen gesamten Inhalt und der Verwaltungsbeirat kann sodann von der ihm erteilten Ermächtigung, den Vertrag auch zu unterzeichnen, risikolos Gebrauch machen.

---

180. Welche Folgen hat es, wenn der Verwaltungsbeirat beim Aushandeln des Verwaltervertrags seine Kompetenzen überschreitet?

Weicht der Verwaltungsbeirat beim Aushandeln des Verwaltervertrags inhaltlich vom Beschluss der Eigentümergemeinschaft ab oder vereinbart er mit dem Verwalter besondere Befugnisse, Zusatzleistungen oder Mehrvergütungen, die den Rahmen des Üblichen überschreiten, so ist dies nicht mehr von der Ermächtigung zum Aushandeln und Abschluss des Verwaltervertrags gedeckt. Insoweit besteht keine Vertretungsmacht des Verwaltungsbeirats für die Eigentümergemeinschaft (bezüglich der Vereinbarung einer nicht beschlossenen Verlängerungsklausel im Verwaltervertrag: AG Laar, Beschluss vom 23.4.1992, 6 UR II 18/89, WE 1992, 320). Genehmigt die Eigentümergemeinschaft solche Abweichungen nicht nachträglich durch Mehrheitsbeschluss, werden die Regelungen nicht zum Inhalt des Verwaltervertrags.

Enthält der Beschluss, mit dem der Verwaltungsbeirat zum Aushandeln und zum Abschluss des Verwaltervertrags ermächtigt wird, keine Vorgaben, ist der Beschluss fehlerhaft und würde auf Anfechtung für unwirksam erklärt werden. Erwächst der Beschluss jedoch in Bestandskraft, kann der Verwaltungsbeirat auch die wesentlichen Rahmenbedingungen aushandeln und insgesamt einen wirksamen Verwaltervertrag abschließen (OLG Frankfurt am Main, Beschluss vom 19.5.2008, 20 W 169/07, ZWE 470, 473).

181. Kann der Verwaltungsbeirat den Verwaltervertrag unterschreiben?

Da die Mitglieder des Verwaltungsbeirats genauso wenig wie jeder andere Miteigentümer zur rechtsgeschäftlichen Vertretung der Eigentümergemeinschaft befugt sind, ist dies nur möglich, wenn dem Verwaltungsbeirat oder einem seiner Mitglieder dazu für den Einzelfall eine besondere Ermächtigung durch Mehrheitsbeschluss der Eigentümergemeinschaft erteilt wurde. Nach entsprechender Ermächtigung des Verwaltungsbeirats ist die Befugnis zur Unterzeichnung des Verwaltervertrags einheitliche und unbestrittene Rechtsmeinung, solange der Verwaltungsbeirat einen Vertrag unterzeichnet, der sich inhaltlich an den von der Eigentümergemeinschaft beschlossenen Vorgaben und Rahmenbedingungen für die Verwalterbestellung orientiert.

182. Kann der Verwaltungsbeirat die Verwaltervollmacht unterschreiben?

Hier gilt wie bei der Befugnis zur Unterzeichnung des Verwaltervertrags, dass der Verwaltungsbeirat eine gesonderte Ermächtigung der Eigentümergemeinschaft dazu benötigt. Eine solche Ermächtigung sollte am besten zusammen mit dem Beschluss über die Ermächtigung zur Unterzeichnung des Verwaltervertrags erfolgen.

183. Kann der Verwaltungsbeirat den Verwalter abberufen?

Nein, über die Abberufung eines Verwalters entscheiden gemäß §26 Abs. 1 WEG alleine die Wohnungseigentümer durch Mehrheitsbeschluss (OLG Frankfurt am Main, Beschluss vom 13.9.1974, 20 W 475/74, NJW 1975, 545; AG Niebüll, Beschluss vom 22.12.1986, 14 II 101/86, DWE 1988, 31).

Diese Bestimmung ist zwingend, sodass die Entscheidung über die Abberufung dem Verwaltungsbeirat weder durch Mehrheitsbeschluss noch durch Vereinbarung übertragen werden kann.

184. Kann der Verwaltungsbeirat den Verwaltervertrag kündigen?

Nein, auch die Kündigung des Verwaltervertrags ist ausschließlich der Eigentümergemeinschaft durch Mehrheitsbeschluss vorbehalten.

185. Kann der Verwaltungsbeirat dem Verwalter gegenüber die Kündigungserklärung abgeben?

Ja, wenn die Eigentümerversammlung die Kündigung des Verwaltervertrags selbst beschlossen hat, kann der Verwaltungsbeirat gleichzeitig durch Beschluss beauftragt und bevollmächtigt werden, die bereits beschlossene Kündigungserklärung gegenüber dem Verwalter abzugeben und die Einzelheiten der Vertragsabwicklung mit dem Verwalter abzustimmen.

186. Kann dem Verwaltungsbeirat durch Vereinbarung das Recht übertragen werden, über die Kündigung des Verwaltervertrags selbst zu entscheiden?

Nein, eine solche Regelung auch in Form einer Vereinbarung würde die zwingende Vorschrift des §26 Abs. 1 WEG, wonach über die Bestellung und Abberufung eines Verwalters die Wohnungseigentümer mit Stimmenmehrheit zu beschließen haben, de facto aushöhlen. Da den Wohnungseigentümern jedoch die Beschlusskompetenz fehlt, eine zwingende gesetzliche Vorschrift abzuändern, wäre eine solche Bestimmung nichtig.

187. Kann der Verwaltungsbeirat entscheiden, ob gegen säumige Wohngeldschuldner gerichtlich vorgegangen wird?

Nein, die Entscheidung darüber obliegt dem Verwalter. Es ist allerdings Aufgabe des Beirats, im Rahmen seiner kontrollierenden Tätigkeit den Verwalter auf einen etwaigen diesbezüglichen Handlungsbedarf hinzuweisen, wenn bekannt wird, dass ein Wohnungseigentümer mit seinen Wohngeldverpflichtungen im Rückstand ist oder bei der Beleg- und Kontoprüfung auffällt, dass aufgrund säumiger Wohngeldzahlungen ein Liquiditätsengpass entstanden ist. Eine originäre Pflicht des Verwaltungsbeirats, das Zahlungsverhalten der einzelnen Miteigentümer zu überprüfen, besteht allerdings nicht.

188. Kann die Einleitung eines Wohngeldbeitreibungsverfahrens durch den Verwalter von der Zustimmung des Verwaltungsbeirats abhängig gemacht werden?

Ja, dies ist sowohl durch Mehrheitsbeschluss als auch durch Vereinbarung in der Teilungserklärung möglich. Nachdem es keine gesetzliche Bestimmung gibt, die einen Verwalter dazu ermächtigt, gegen säumige Miteigentümer Wohngeldbeitreibungsverfahren einzuleiten, bedarf es hierzu regelmäßig einer gesonderten Ermächtigung. In aller Regel ist die Beitreibungsbefugnis

Gegenstand des Verwaltervertrags oder einer gesondert ausgestellten Verwaltervollmacht.

Es steht jeder Eigentümergemeinschaft frei, eine derartige Beitreibungsermächtigung an bestimmte Voraussetzungen zu knüpfen. So kann im Verwaltervertrag vereinbart werden, dass ein Wohngeldprozess erst »nach Abstimmung des Verwalters mit dem Verwaltungsbeirat« oder »nach Zustimmung des Verwaltungsbeirats« eingeleitet werden darf. Ist nur eine »Abstimmung« erforderlich, muss der Verwalter den Beirat über die geplante Maßnahme informieren. Erfolgt in angemessener Frist kein Widerspruch, kann der Verwalter das Verfahren einleiten. Benötigt der Verwalter aber die Zustimmung des Beirats, muss er mit der Beitreibung solange abwarten, bis diese vorliegt.

189. Reicht die Zustimmung des Verwaltungsbeiratsvorsitzenden, wenn die Durchführung einer Verwaltungsmaßnahme von der Zustimmung des Verwaltungsbeirats abhängt?

Nein, ist die Zustimmung des Verwaltungsbeirats für ein bestimmtes Verwalterhandeln vorgesehen, genügt die Zustimmung des Beiratsvorsitzenden allein nicht. Vielmehr ist erforderlich, dass sich der Verwaltungsbeirat als Gremium für die beabsichtigte Maßnahme ausspricht (BayObLG, Beschluss vom 28.3.2002, 2 Z BR 4/02, NZM 2002, 529). Über die Zustimmung muss der Verwaltungsbeirat nicht notwendigerweise im Rahmen einer Beiratssitzung beschließen, es reicht aus, wenn jedes Verwaltungsbeiratsmitglied einzeln seine Zustimmung erklärt (BayObLG, Beschluss vom 16.6.1988, BReg. 2 Z 46/88, BayObLGZ 1988, 212, 214).

Sofern für die Erteilung der Zustimmung keine bestimmten Formerfordernisse aufgestellt wurden, kann dies telefonisch, schriftlich, per E-Mail oder Fax, aber auch im persönlichen Gespräch geschehen. Liegt die Zustimmung nicht schriftlich vor, sollte der Verwalter Zeitpunkt sowie Art und Weise der Zustimmungserklärung dokumentieren, um im Streitfall nachweisen zu können, dass das Zustimmungserfordernis rechtzeitig vor Einleitung des Wohngeldprozesses erfüllt wurde.

Hat ein entsprechender Meinungsbildungsprozess unter den Mitgliedern des Verwaltungsbeirats stattgefunden, ist der Vorsitzende befugt, dem Verwalter die Meinung des Gremiums zu übermitteln (BayObLG, Beschluss vom 28.3.2002, 2 Z BR 4/02, WuM 2002, 448, 450).

190. Kann der Verwaltungsbeirat im Namen der Eigentümergemeinschaft Aufträge an Handwerker erteilen?

Nein, da der Verwaltungsbeirat nicht zur Vertretung der Eigentümergemeinschaft berechtigt ist, kann er auch keine Erklärungen abgeben, mit der die Gemeinschaft zu irgendetwas verpflichtet würde, in diesem Fall zur Zahlung von Werklohn.

Handelt es sich jedoch um eine Notgeschäftsführung, das heißt um eine Maßnahme zur Abwendung drohender Gefahren von der Gemeinschaft oder Schäden am Gemeinschaftseigentum, etwa durch eine geplatzte Wasserleitung, kann jeder Miteigentümer einen Handwerker mit den erforderlichen Maßnahmen beauftragen, unabhängig davon, ob er Mitglied des Verwaltungsbeirats ist oder nicht.

In solchen Fällen hat der Eigentümer einen Anspruch gegen die Gemeinschaft auf Ersatz der von ihm verauslagten Kosten (BayObLG, Beschluss vom 12.10.1995, 2 Z BR 66/95, WuM 1995, 728, 730).

191. Darf der Verwaltungsbeirat einem vom Verwalter beauftragten Handwerker Weisungen erteilen?

Nein, wie jedem anderen Miteigentümer auch fehlt dem Verwaltungsbeirat die Befugnis, den teilrechtsfähigen Eigentümerverband im Außenverhältnis zu vertreten bzw. auch nur Erklärungen abzugeben. Handwerkeraufträge werden regelmäßig durch den Eigentümerverband vergeben, der ausschließlich durch den Verwalter vertreten wird. Die Festlegung zu Inhalten und Ausgestaltung dieser Aufträge ist ausschließlich Sache des Verwalters, nur nach dessen Weisungen hat sich ein Handwerker zu richten.

192. Kann der Verwaltungsbeirat Mängel der Arbeitsausführung gegenüber Handwerkern rügen?

Nein, der Verwaltungsbeirat hat auch insoweit keine Vertretungsmacht, namens und im Auftrag der Eigentümergemeinschaft im Außenverhältnis Dritten gegenüber irgendwelche rechtlich verbindlichen Erklärungen abzugeben. Fallen einem Verwaltungsbeiratsmitglied allerdings Mängel bei der Arbeitsausführung durch einen Handwerker auf, so sollte er unverzüglich den Verwalter darüber informieren, damit dieser die Interessen der Eigentümergemeinschaft durch geeignete Maßnahmen wahren kann.

193. Kann der Verwaltungsbeirat Handwerkerleistungen abnehmen?

Nein, zur Abnahme befugt ist nur der Vertragspartner des Handwerkers, dies ist die Eigentümergemeinschaft, vertreten durch den Verwalter. Etwas anderes gilt nur dann, wenn der Beirat im Einzelfall durch Mehrheitsbeschluss der Eigentümergemeinschaft zur Abnahme einer Handwerkerleistung ausdrücklich ermächtigt worden ist.

194. Kann der Verwaltungsbeirat vom Verwalter verlangen, Handwerkerrechnungen wegen Schlechtleistung zu mindern?

Nein, der Beirat kann allenfalls Empfehlungen aussprechen, Weisungen kann er dem Verwalter nicht erteilen. Alleinverantwortlich für die Abwicklung von Handwerkeraufträgen einschließlich deren Bezahlung ist die Eigentümergemeinschaft, die insoweit vom Verwalter vertreten wird. Der Verwalter hat nach pflichtgemäßem Ermessen allein zu entscheiden, wann und in welchem Umfang eine Handwerkerrechnung bezahlt wird. Er trägt dabei das Risiko, dass die Gemeinschaft im Fall einer Fehleinschätzung mit ihren Zahlungsverpflichtungen in Verzug gerät und ihn selbst die Haftung für die sich daraus ergebenden Verzugsfolgen, zum Beispiel Zinsen oder Kosten der Rechtsverfolgung, treffen könnte.

195. Kann der Verwaltungsbeirat Gewährleistungsansprüche gegenüber Handwerkern bezüglich des Gemeinschaftseigentums geltend machen?

Nein, aus dem Gesetz ergibt sich eine derartige Befugnis nicht. Die Ermächtigung zur Geltendmachung von Gewährleistungsansprüchen am Gemeinschaftseigentum kann dem Verwaltungsbeirat allerdings sowohl durch Vereinbarung als auch durch mehrheitlichen Beschluss eingeräumt werden.

196. Kann der Verwaltungsbeirat beauftragt werden, das Gemeinschaftseigentum vom Bauträger abzunehmen?

Die Mitglieder des Verwaltungsbeirats können zur Abnahme des Gemeinschaftseigentums beauftragt und bevollmächtigt werden (OLG Frankfurt am Main, Urteil vom 23.9.1975, 22 U 255/73, NJW 1975, 2297, 2298). Streitig ist, ob dies im Rahmen eines Mehrheitsbeschlusses geschehen kann oder hierfür eine Vereinbarung notwendig ist (durch Mehrheitsbeschluss und/oder Vereinbarung: BayObLG, Beschluss vom 30.4.1999, 2 Z BR 153/98, NJW-RR 2000, 13, 15). Wie bei jedem anderen Auftrag auch, bedarf dieser der Annahme durch den Beauftragten, das heißt durch alle Verwaltungsbeiratsmitglieder einzeln (Brych, WE 1990, 15, 18).

Ob Verwaltungsbeiratsmitglieder jedoch gut beraten sind, einen solchen Auftrag anzunehmen, dessen Ausführung sie in aller Regel überfordern dürfte, falls sie nicht zufällig über einen besonderen fachlichen Hintergrund verfügen, zum Beispiel als Architekt oder Bauingenieur, erscheint in höchstem Maße zweifelhaft. Angesichts möglicher Haftungsrisiken sollte die Annahme des Auftrags zur Abnahme des Gemeinschaftseigentums sehr wohl bedacht und im Zweifel lieber abgelehnt werden.

197. Hat der Verwaltungsbeirat besondere Befugnisse bei Ausübung des Hausrechts?

Nein, das Hausrecht als die Befugnis, Störungen aller Art von der Wohnungseigentümergemeinschaft fernzuhalten, ergibt sich bereits unmittelbar aus der Eigentümerstellung. Insofern unterscheiden sich die Mitglieder des Verwaltungsbeirats nicht von allen übrigen Miteigentümern. Das Recht, die Einhaltung der Hausordnung sowohl durch Miteigentümer als auch durch Mieter oder fremde Dritte zu überwachen und das Hausrecht im Fall von Störungen auszuüben, dies ggf. unter Einschaltung der Polizei, steht mithin jedem einzelnen Miteigentümer zu.

198. Kann der Verwaltungsbeirat eine Hausordnung aufstellen?

Eine entsprechende Berechtigung ergibt sich aus dem Auftragsverhältnis zwischen Verwaltungsbeirat und Eigentümergemeinschaft nicht. Dem Verwaltungsbeirat kann jedoch die Ausarbeitung eines Hausordnungsentwurfs oder auch deren Aufstellung durch Mehrheitsbeschluss oder Vereinbarung übertragen werden (zur Übertragung dieser Befugnis auf den Verwalter: OLG Stuttgart, Beschluss vom 19.5.1987, 8 W 89/87, NJW-RR 1987, 976). Dessen ungeachtet bleibt es einer Eigentümergemeinschaft unbenommen, eine vom Verwaltungsbeirat (oder auch vom Verwalter) aufgestellte Hausordnung jederzeit in jeder Hinsicht abzuändern, vollständig aufzuheben oder eine neue Hausordnung aufzustellen. Das gilt selbst dann, wenn die Befugnis des Verwaltungsbeirats zur Aufstellung einer Hausordnung durch Vereinbarung beispielsweise in der Gemeinschaftsordnung übertragen wurde (KG, Beschluss vom 18.11.1991, 24 W 3791/91, WE 1992, 110).

199. Ist der Verwaltungsbeirat für die Durchsetzung der Hausordnung verantwortlich?

Nein, die Überwachung der sich aus der Hausordnung ergebenden Pflichten und deren Durchsetzung bei Verstößen gehört nicht zum Aufgabenbereich des Verwaltungsbeirats. Die Ge- und Verbote einer Hausordnung richten sich an alle Miteigentümer gleichermaßen. Auch wenn es Aufgabe des Verwaltungsbeirats ist, die Tätigkeit des Verwalters kontrollierend zu begleiten, begründet dies für den Verwaltungsbeirat weder eine Befugnis, die übrigen Miteigentümer zu kontrollieren, noch eine Verpflichtung, diese zur Beachtung der Hausordnung anzuhalten. Davon unbeschadet bleibt die grundsätzliche Verpflichtung eines jeden Miteigentümers, im Rahmen des ihm Möglichen darauf hinzuwirken, dass die für alle verbindliche Hausordnung eingehalten und der Hausfrieden nicht gestört wird.

200. Darf der Verwaltungsbeirat im Rahmen von Aushängen Miteigentümer kritisieren oder abmahnen?

Nein, gemäß §29 Abs. 2 und Abs. 3 WEG hat ein Verwaltungsbeirat den Verwalter bei der Durchführung seiner Aufgaben zu unterstützen und kontrollierend zu begleiten. Nicht zu seinen Aufgaben gehört es, durch Aushänge seine Meinung über einzelne Miteigentümer kundzutun, irgendjemanden wegen eines vermeintlichen Fehlverhaltens zu kritisieren, andere abzumahnen oder in sonstiger Weise »an den Pranger« zu stellen. Ein solches Verhalten würde die Kompetenzen eines Verwaltungsbeirats überschreiten (KG, Beschluss vom 19.7.2004, 24 W 349/02, WuM 2004, 623, 624).

201. Kann der Verwaltungsbeirat im Fall eines gegen die Eigentümergemeinschaft gerichteten Prozesses einen Rechtsanwalt zur Vertretung der Eigentümergemeinschaft bestellen?

Nein, da der Verwaltungsbeirat für die Eigentümergemeinschaft nicht vertretungsberechtigt ist, kann er im Namen der Eigentümergemeinschaft auch kein Mandatsverhältnis mit einem Rechtsanwalt begründen. Diese Befugnis steht nur dem Verwalter zu.

Sollte die Beauftragung eines Rechtsanwalts jedoch zum Beispiel zur Fristwahrung notwendig und der Verwalter hieran gehindert sein, zum Beispiel durch Krankheit oder Urlaubsabwesenheit, kommt die Beauftragung eines Rechtsanwalts namens und im Auftrag der Eigentümergemeinschaft im Wege der Notgeschäftsführung in Betracht.

In solchen Fällen sollte sich der Verwaltungsbeirat allerdings nachträglich bei der nächsten Eigentümerversammlung die Beauftragung eines Rechtsanwalts per Beschluss genehmigen lassen. Verweigert die Eigentümergemeinschaft die beantragte Genehmigung, besteht die Möglichkeit, einen solchen Negativbeschluss anzufechten und mit dem Antrag auf Verpflichtung der Eigentümergemeinschaft zu verbinden, die Anwaltsbeauftragung zu genehmigen.

202. Kann der Verwaltungsbeirat dem Verwalter Weisungen erteilen?

Nein, eine solche Befugnis kann §29 Abs. 2 WEG nicht entnommen werden, wonach der Verwaltungsbeirat den Verwalter zu unterstützen hat. Die Aufgabe des Verwaltungsbeirats besteht auch nicht darin, sich als »Oberverwalter« zu gerieren, sondern er soll die Verwaltertätigkeit beratend und kontrollierend begleiten. Der Verwaltungsbeirat kann dem Verwalter gegenüber allerdings Empfehlungen aussprechen oder Hinweise geben. Eine darüber hinausgehende Weisungsbefugnis besteht jedoch bereits deswegen nicht, weil die Verantwortung für jegliches Verwalterhandeln beim Verwalter selbst verbleibt. Ob der Verwalter die Empfehlungen des Verwaltungsbeirats berücksichtigt oder nicht, steht in seinem freien Ermessen.

In der Praxis ist jeder Verwalter gut beraten, auf eine Abstimmung mit dem Verwaltungsbeirat bedacht zu sein. Es wird keinem Verwalter gelingen, seine Tätigkeit auf Dauer gegen den Widerstand des Verwaltungsbeirats auszuüben. Bei ständigen Reibungsverlusten zwischen Verwalter und Beirat dürfte spätestens bei einer Verwalterneuwahl bzw. -wiederwahl die Vertrauensfrage gestellt werden. Die Erfahrung lehrt, dass ein Verwalter kaum eine Chance auf Wiederwahl hat, wenn der Beirat dies nicht unterstützt.

203. Ist der Verwaltungsbeirat dem Hausmeister gegenüber weisungsbefugt?

Nein, auch gegenüber Angestellten der Eigentümergemeinschaft stehen dem Verwaltungsbeirat keine weitergehenden Rechte als anderen Eigentümern zu. Da es zu einem Kompetenzchaos kommen würde, wenn jeder Miteigentümer berechtigt wäre, nach seinen eigenen Vorstellungen Personal der Eigentümergemeinschaft anzuweisen, steht dieses Recht ausschließlich dem vertretungsberechtigten Verwalter zu.

204. Kann der Verwaltungsbeirat anderen Miteigentümern Anweisungen erteilen?

Nein, auch wenn ein Verwaltungsbeirat aufgrund seiner Aufgaben- und Vertrauensstellung bisweilen als »primus inter pares« (»erster unter Gleichen«) bezeichnet wird, hat dies keinerlei Auswirkungen auf das Verhältnis zu anderen Miteigentümern. Ein Verwaltungsbeirat kann nur, wie jeder andere Miteigentümer auch, von anderen Mitgliedern der Gemeinschaft die Einhaltung der Verpflichtungen fordern, die für ein geregeltes Zusammenleben erforderlich und im Interesse einer ordnungsgemäßen Verwaltung geboten erscheinen.

205. Muss der Verwaltungsbeirat vom Verwalter erteilte Weisungen beachten?

Nein, genauso wenig wie der Verwaltungsbeirat dem Verwalter Weisungen erteilen kann, steht ein solches Recht dem Verwalter zu. Eine Rechtsbeziehung zwischen Verwaltungsbeirat und Verwalter, die eine derartige Befugnis begründen könnte, existiert nicht.

206. Kann die Eigentümergemeinschaft dem Verwaltungsbeirat Weisungen erteilen?

Grundsätzlich ist die Eigentümergemeinschaft nicht befugt, dem Verwaltungsbeirat vorzuschreiben, wie er seine Tätigkeit durchzuführen hat. Der Verwaltungsbeirat ist dem Gesamtinteresse aller Wohnungseigentümer verpflichtet und hat unter Beachtung dieser Rahmenbedingungen seine Tätigkeit nach bestem Wissen und Gewissen auszugestalten.

Dessen ungeachtet hat eine Eigentümergemeinschaft das Recht, dem Verwaltungsbeirat durch Mehrheitsbeschluss eine Aufgabe anzutragen oder den Verwaltungsbeirat dazu aufzufordern, bei der Amtsführung bestimmte Vorstellungen der Eigentümergemeinschaft zu beachten. Will der Verwaltungsbeirat von diesen Weisungen abweichen, muss er das den Wohnungseigentümern gemäß § 665 Satz 2 BGB mitteilen und deren Entscheidung abwarten. Ändern die Wohnungseigentümer ihre Weisung nicht durch einen erneuten Mehrheitsbeschluss, ist der Verwaltungsbeirat an die Weisung der Eigentümergemeinschaft als Auftraggeber gebunden. Will er ihr nicht Folge leisten, bleibt nur die Möglichkeit der Amtsniederlegung.

207. Kann der Verwaltungsbeirat Eigentümerbeschlüsse, die die Beiratstätigkeit betreffen, abändern?

Nein, ein Verwaltungsbeirat hat grundsätzlich nicht das Recht, Beschlüsse der Wohnungseigentümer aufzuheben oder abzuändern (BayObLG, Beschluss vom 15.10.1979, 2 Z 56/78, Rpfleger 1980, 23), und zwar auch dann nicht, wenn sie unmittelbare Auswirkungen auf die Verwaltungsbeiratstätigkeit haben.

208. Kann der Verwaltungsbeirat Personal der Eigentümergemeinschaft die Kündigung aussprechen?

Nein, da der Verwaltungsbeirat auch insoweit nicht zur rechtsgeschäftlichen Vertretung der Eigentümergemeinschaft befugt ist, steht es ihm nicht zu, Personalentscheidungen zu treffen.

Hat die Eigentümergemeinschaft jedoch beschlossen, das Arbeitsverhältnis mit einem Angestellten der Gemeinschaft zu kündigen, kann der Verwaltungsbeirat im Einzelfall von der Eigentümergemeinschaft durch Mehrheitsbeschluss ermächtigt werden, die bereits beschlossene Kündigung dem Betreffenden gegenüber zu erklären.

209. Kann der Verwalter den Verwaltungsbeirat im Einzelfall zur rechtsgeschäftlichen Vertretung der Eigentümergemeinschaft bevollmächtigen?

Nein, dies ist nicht möglich, da es sich hierbei um die ureigenste Aufgabe eines Verwalters handelt, die weder eingeschränkt noch ausgeschlossen werden kann und die der Verwalter aus eigenem Ermessen auch nicht auf andere übertragen kann. Dies hat nichts damit zu tun, dass es einem Verwalter möglich ist, im Einzelfall eine ihm obliegende Aufgabe auf eine Hilfsperson (Erfüllungsgehilfe) zu übertragen, da in diesem Fall die volle Verantwortung für die Verwaltungstätigkeit beim Verwalter verbleibt.

Die Übertragung von Verwaltungsaufgaben auf den Verwaltungsbeirat würde überdies zu einer Interessenkollision führen. Da es Aufgabe des Beirats ist, die Verwaltertätigkeit zu kontrollieren, ist er daran gehindert, sich vom Verwalter mit Verwaltungsaufgaben betrauen zu lassen. Ansonsten würde die unzulässige Situation eintreten, dass sich der zu Kontrollierende insoweit selbst kontrollieren müsste. Wegen dieser Unvereinbarkeit der Aufgabenverteilung ist auch ausgeschlossen, dass der Verwalter gleichzeitig Mitglied des Verwaltungsbeirats sein kann.

Soll der Verwaltungsbeirat anstelle des Verwalters im Einzelfall eine die Eigentümergemeinschaft verpflichtende rechtsgeschäftliche Handlung vornehmen, so kann ihm eine solche Aufgabe nur durch Mehrheitsbeschluss der Eigentümergemeinschaft und beschränkt auf den Einzelfall übertragen werden.

210. Hat der Verwaltungsbeirat Anspruch auf einen Generalschlüssel für alle Gemeinschaftseinrichtungen?

Nein, da sich aus der Aufgabenstellung des Verwaltungsbeirats nicht die Notwendigkeit ergibt, Zutritt zu allen Gemeinschaftsräumen zu haben, zum Beispiel zu Heizungsraum, Hausmeisteraufenthaltsraum, Material- und Geräteraum, besteht ein solcher Anspruch nicht. Es steht einer Eigentümergemeinschaft jedoch frei, nicht nur den Hausmeister, sondern auch die Mitglieder des Verwaltungsbeirats mit einem Generalschlüssel auszustatten, um auch bei Abwesenheit des Hausmeisters oder im Gefahrenfall einen leichteren Zugang und eine schnellere Reaktion zu ermöglichen.

211. Kann der Verwaltungsbeirat eine Eigentümerversammlung einberufen?

Nicht der Verwaltungsbeirat kann eine Eigentümerversammlung einberufen, sondern nur dessen Vorsitzender bzw. dessen Vertreter. Dies aber auch nur, wenn ein Verwalter fehlt oder dieser sich pflichtwidrig weigert, eine Eigentümerversammlung abzuhalten (§ 24 Abs. 3 WEG).

212. Kann ein Verwaltungsbeiratsmitglied, das nicht Beiratsvorsitzender oder dessen Stellvertreter ist, eine Eigentümerversammlung einberufen, wenn ein Verwalter fehlt oder dieser eine Einberufung pflichtwidrig verweigert?

Nein, ein normales Beiratsmitglied hat diese Befugnis nicht und unterscheidet sich trotz seiner Zugehörigkeit zum Verwaltungsbeirat insoweit nicht von den übrigen Miteigentümern. Einem normalen Beiratsmitglied bleibt daher nur die auch jedem anderen Miteigentümer offen stehende Möglichkeit, sich durch einen gerichtlichen Beschluss zur Einberufung einer Eigentümerversammlung ermächtigen zu lassen (LG Zwickau, Beschluss vom 20.11.2001, 9 T 328/01, ZMR 2002, 307).

213. Wer kann bei Verhinderung des Verwalters eine Eigentümerversammlung einberufen, wenn der Verwaltungsbeirat keines seiner Mitglieder zum Vorsitzenden bzw. dessen Stellvertreter bestimmt hat?

In den Fällen, in denen ein Verwaltungsbeirat amtiert, ohne die Funktion des Vorsitzenden bzw. dessen Stellvertreters vergeben zu haben, bestehen zwei Möglichkeiten: Zum einen kann der Beirat in einer kurzfristig einberufenen Sitzung die Wahl eines seiner Mitglieder zum Vorsitzenden und dessen Stellvertreter nachholen, sodass der neue Vorsitzende sodann die Eigentümerversammlung einberufen kann. Zum anderen kann, wenn kein Verwaltungsbeiratsmitglied bereit ist, die Funktion des Vorsitzenden zu übernehmen, der Verwaltungsbeirat als Gremium handeln. Die Befugnisse des Vorsitzenden können unter diesen Umständen nur von allen Mitgliedern des Beirats gemeinsam ausgeübt werden, sodass die Wohnungseigentümerversammlung durch alle Mitglieder des Verwaltungsbeirats gemeinschaftlich einberufen werden muss (OLG Köln, Beschluss vom 29.12.1999, 16 Wx 181/95, ZWE 2000, 488).

Gemäß §24 Abs. 3 WEG ist eine Eigentümerversammlung durch den Verwaltungsbeiratsvorsitzenden einzuberufen. Wird die Eigentümerversammlung aber von sämtlichen Mitgliedern des Verwaltungsbeirats einberufen, so stellt dies gegenüber der Einladung durch den Vorsitzenden ein unschädliches Mehr dar, da die Einberufung durch alle Beiratsmitglieder notwendigerweise auch die Unterschrift desjenigen Mitglieds trägt, das zum Vorsitzenden gewählt worden wäre, hätte eine Wahl stattgefunden (OLG Zweibrücken, Beschluss vom 11.2.1999, 3 W 255/98, NZM 1999, 858, 859).

214. Kann der Verwaltungsbeirat von einem Miteigentümer zur Einberufung einer Eigentümerversammlung gezwungen werden?

Dies ist höchst streitig. In der Literatur wird die Auffassung vertreten, für den Verwaltungsbeiratsvorsitzenden bzw. einen Stellvertreter bestünde keine Verpflichtung zur Einberufung einer Eigentümerversammlung, sodass eine solche auch nicht gerichtlich erzwungen werden könne. Dem steht die Auffassung gegenüber, dass ein Verwaltungsorgan im Interesse derer, die es gewählt haben, und das mit gesetzlichen Befugnissen ausgestattet ist, auch die Pflicht hat, diese Befugnisse bei Bedarf wahrzunehmen.

In der Rechtsprechung ist zu dieser Problematik nur die Entscheidung des AG Charlottenburg bekannt geworden, wonach für jeden Miteigentümer ein Individualanspruch auf Einberufung zu einer Eigentümerversammlung besteht, der durch eine Klage entweder gegen den Verwaltungsbeiratsvorsitzenden, oder, sofern ein solcher nicht bestimmt wurde, gegen alle Mitglieder des Verwaltungsbeirats gemeinsam geltend zu machen ist (AG Charlottenburg, Urteil vom 16.7.2009, 74 C 25/09, ZMR 2010, 76). Dabei wird die Auffassung vertreten, dass der Verwaltungsbeiratsvorsitzende bzw. der Verwaltungsbeirat insgesamt verpflichtet ist, die ihm gesetzlich übertragenen Aufgaben auszuführen, solange sie das Amt eines Verwaltungsbeirats ausführen. Sind sie hierzu nicht (mehr) bereit, kann das gerichtlich erzwungen werden. Dem kann ein Verwaltungsbeirat allerdings entgehen, indem er sein Amt mit sofortiger Wirkung niederlegt, denn niemand kann zur Weiterführung des Beiratsamtes gezwungen werden.

Allerdings könnte es sich hier ausnahmsweise um einen der seltenen Fälle handeln, in dem eine Amtsniederlegung zur Unzeit erfolgt, was den oder die Beiräte schadensersatzpflichtig machen könnte. Denn eine solche Amtsniederlegung hätte zur Konsequenz, dass sich ein Eigentümer gerichtlich zur Einberufung einer Eigentümerversammlung ermächtigen lassen müsste, wodurch vermeidbare Gerichts- und Rechtsanwaltskosten entstehen würden.

215. Welche Frist ist bei der Einladung zu einer Eigentümerversammlung einzuhalten?

Gemäß § 24 Abs. 4 WEG beträgt die Einladungsfrist zwei Wochen, sofern nicht ein Fall besonderer Dringlichkeit vorliegt. Nachdem es sich bei dieser Einberufungsfrist um eine Sollvorschrift handelt, führt eine Fristunterschreitung im Fall einer Anfechtung nicht automatisch zur Ungültigkeitserklärung der in der Versammlung gefassten Beschlüsse.

Eine Fristunterschreitung wird nur dann relevant, wenn ein Miteigentümer dadurch gehindert war, an der Versammlung teilzunehmen oder sich auf diese hinreichend vorzubereiten. Kann jedoch dargelegt werden, dass unabhängig vom Einladungsmangel der Beschluss ebenso zustande gekommen wäre, würde es an der Kausalität des Einladungsmangels für das Zustandekommen des Beschlusses fehlen; eine Anfechtung wäre nicht erfolgreich.

216. Wer ist zur Eigentümerversammlung einzuladen?

Zur Eigentümerversammlung sind alle im Grundbuch eingetragenen Miteigentümer einzuladen. Maßgeblich ist dabei die letzte vom Verwalter vorgelegte oder verwendete Eigentümerliste, von der der Verwaltungsbeirat annehmen darf, dass sie richtig und vollständig ist. Einzuladen sind auch Zwangs- und

Insolvenzverwalter sowie für Miteigentümer bestellte Pfleger oder Betreuer. Nicht einzuladen sind Personen, zu deren Gunsten ein Nießbrauch, ein Wohnungsrecht oder ein Dauerwohnrecht bestellt wurde.

217. Kann der Verwaltungsbeiratsvorsitzende für eine von ihm einzuberufende Eigentümerversammlung die Tagesordnung aufstellen?

Ja, wer berechtigt ist, zu einer Eigentümerversammlung einzuladen, hat auch das Recht, den Inhalt der Tagesordnung zu bestimmen.

218. Welche Beschlusspunkte sind vom Verwaltungsbeiratsvorsitzenden auf die Tagesordnung einer von ihm einzuberufenden Eigentümerversammlung zu setzen?

Wenn ein Verwalter fehlt oder sich pflichtwidrig weigert, eine Eigentümerversammlung einzuberufen, ist der Verwaltungsbeiratsvorsitzende berechtigt, alle Beschlusspunkte auf die Tagesordnung zu setzen, die ihm sachdienlich erscheinen. Ebenso wie bei Eigentümerversammlungen, die vom Verwalter einberufen werden, hat allerdings auch jeder einzelne Wohnungseigentümer den Anspruch auf Aufnahme von Beschlusspunkten auf die Tagesordnung, wenn wichtige Sachgründe für die Behandlung des Themas sprechen (SaarlOLG, Beschluss vom 24.3.2004, 5 W 268/03, 63, ZMR 2004, 533; OLG Frankfurt am Main, Beschluss vom 1.9.2003, 20 W 103/01, ZMR 2004, 288).

219. Wer eröffnet eine vom Verwaltungsbeirat einberufene Eigentümerversammlung und stellt die Beschlussfähigkeit fest?

Wer zur Eigentümerversammlung eingeladen hat, ist auch berechtigt, diese zu eröffnen und die Beschlussfähigkeit festzustellen. Erst wenn die Beschlussfähigkeit gegeben ist, kann die Eigentümerversammlung durch Geschäftsordnungsbeschlüsse in den weiteren Verlauf und die Ausgestaltung der Eigentümerversammlung eingreifen.

220. Wem obliegt die Versammlungsleitung?

Wer zur Eigentümerversammlung eingeladen hat, ist gemäß §24 Abs. 5 WEG auch berechtigt, die Versammlungsleitung zu übernehmen. Zwar gehört die Versammlungsleitung unter normalen Umständen gemäß §24 Abs. 5 WEG zu den Aufgaben des Verwalters, doch wenn es keinen Verwalter gibt, kann dies nicht umgesetzt werden. Hat ein Verwalter jedoch pflichtwidrig die Einberufung einer Eigentümerversammlung verweigert, bestünde die Gefahr einer sachwidrigen Versammlungsleitung durch ihn, wenn er einen für ihn ungewünschten Versammlungsverlauf beeinflussen will. Im Übrigen steht es der Eigentümerversammlung jederzeit frei, durch einen Geschäftsordnungsbeschluss einen Versammlungsleiter zu bestimmen oder auszutauschen.

221. Wer hat das Versammlungsprotokoll zu erstellen?

Die Protokollführung obliegt regelmäßig dem Versammlungsleiter. Durch mehrheitlich zu fassenden Geschäftsordnungsbeschluss kann die Eigentümergemeinschaft jedoch einen Protokollführer aus der Mitte der erschienenen Eigentümer wählen.

Führt der Versammlungsleiter das Protokoll, ist er auch zur Anfertigung der endgültigen Niederschrift und deren Versendung an die Miteigentümer verpflichtet. Dem Protokollführer obliegt die inhaltliche Gestaltung und Formulierung des Versammlungsprotokolls in eigener Verantwortung, er kann entscheiden, wie umfangreich und mit welchem Inhalt er den Verlauf der Eigentümerversammlung dokumentiert. Zwingend ist jedoch die korrekte und vollständige Aufnahme aller Beschlussformulierungen, das Ergebnis durchgeführter Abstimmungen und die danach folgende Feststellung, ob ein Beschluss zustande gekommen ist oder nicht.

222. Von wem ist das Protokoll einer vom Verwaltungsbeirat einberufenen Eigentümerversammlung zu unterzeichnen?

Gemäß § 24 Abs. 6 Satz 2 WEG muss ein Versammlungsprotokoll vom Versammlungsleiter, von einem Wohnungseigentümer und, falls ein Verwaltungsbeirat bestellt ist, auch von dessen Vorsitzenden oder seinem Stellvertreter unterschrieben werden.

Besteht zwischen Versammlungsleiter und Verwaltungsbeiratsvorsitzendem Personenidentität, so muss der Verwaltungsbeiratsvorsitzende in seiner Doppelfunktion nur einmal unterschreiben (LG Lübeck, Beschluss vom 11.2.1991, 7 T 70/91, Rechtspfleger 1991, 309). Durch Angabe unter dem Unterschriftenfeld »Versammlungsleiter/Vorsitzender des Verwaltungsbeirats« ist auf diese Doppelfunktion jedoch hinzuweisen.

223. Ist der Verwaltungsbeirat verpflichtet, über seine Tätigkeit Auskunft zu erteilen?

Ja, der Beirat muss im Rahmen des zwischen ihm und der Eigentümergemeinschaft bestehenden Auftrags- oder Dienstverhältnisses über seine Tätigkeit Auskunft erteilen. Diese Verpflichtung hat er aber nur gegenüber der Gemeinschaft insgesamt, zum Beispiel durch Berichterstattung in Eigentümerversammlungen, da das zur Auskunft verpflichtende Vertragsverhältnis zwischen dem Verwaltungsbeirat und der Gemeinschaft insgesamt besteht. Gegenüber einzelnen Miteigentümern besteht nur in Ausnahmefällen eine Auskunftspflicht, zum Beispiel wenn eine gemeinschaftliche Angelegenheit unmittelbare Auswirkungen auf ein Sondereigentum hat.

Im Regelfall handelt es sich also nicht um einen Individualanspruch des einzelnen Miteigentümers, sondern um einen Anspruch der Gemeinschaft. Daher bedarf es einer vorherigen Beschlussfassung der Eigentümergemeinschaft, wenn ein solcher Auskunftsanspruch gegen einen auskunftsunwilligen Verwaltungsbeirat durchgesetzt werden soll (BayObLG, Beschluss vom 9.6.1994, 2 Z BR 27/94, ZMR 1994, 575).

F. Durchführung der Beiratstätigkeit

224. Wie findet die praktische Arbeit eines Verwaltungsbeirats statt?

Im Regelfall finden sich die Verwaltungsbeiräte zu Zusammenkünften ein, die üblicherweise als »Sitzungen des Verwaltungsbeirats« bezeichnet werden. In diesen Sitzungen werden alle anstehenden Fragen besprochen und über das Ergebnis notwendiger Meinungsbildungsprozesse Beschlüsse gefasst, die schriftlich niedergelegt werden. §29 Abs. 4 WEG sieht vor, dass der Vorsitzende solche Sitzungen nach Bedarf einberuft. Die Ausgestaltung von Beiratssitzungen sowie der Beiratstätigkeit insgesamt kann in einer Geschäftsordnung geregelt werden.

225. Welchen Inhalt hat eine die Verwaltungsbeiratstätigkeit regelnde Geschäftsordnung?

In einer Geschäftsordnung sind Vorgaben und Rahmenbedingungen für die Durchführung der Beiratstätigkeit enthalten. Regelmäßig sind in der Geschäftsordnung Bestimmungen über die Einberufung von Verwaltungsbeiratssitzungen, deren Ablauf, die Art und Weise des Meinungsbildungsprozesses der Verwaltungsbeiratsmitglieder, beispielsweise durch Beschlussfassung, und deren Dokumentation enthalten (vgl. dazu auch Armbrüster, ZWE 2001, 463, 465).

Weitergehende Regelungen, zum Beispiel zur Zahlung von Aufwandsentschädigungen, können durch mehrheitlichen Eigentümerbeschluss im Rahmen einer »Beiratsordnung« geregelt werden (das Muster einer Beiratsordnung findet sich im Anhang dieses Buches).

226. Kann sich ein Verwaltungsbeirat selbst eine Geschäftsordnung geben?

Enthält die Teilungserklärung keine einschlägigen Vorschriften und beschließt auch die Eigentümergemeinschaft keine Beirats- oder Geschäftsordnung, können sich Verwaltungsbeiräte selbst eine Geschäftsordnung geben. Um Verwaltungsbeiräten jedoch eine verlässliche, auf Dauer angelegte und nicht ständigen Änderungen unterliegende Geschäftsordnung an die Hand zu geben, die berechenbare Rahmenbedingungen für die Beiratstätigkeit schafft, sollten insbesondere große Eigentümergemeinschaften eine Geschäftsordnung per Mehrheitsbeschluss festlegen. Diese lässt sich dann auch nur durch einen weiteren Eigentümerbeschluss ändern. Damit unterliegt ihre inhaltliche Ausgestaltung nicht der Meinungsvielfalt wechselnder Verwaltungsbeiratsgremien. Dennoch haben es die Verwaltungsbeiräte in der Hand, auf Änderungen der Geschäftsordnung hinzuwirken. Sie können beim Verwalter beantragen, dass die gewünschte Neuregelung der Geschäftsordnung zur Beschlussfassung auf die Tagesordnung der nächsten Eigentümerversammlung gestellt wird.

227. Kann der Verwaltungsbeirat eine von der Eigentümergemeinschaft beschlossene Geschäftsordnung selbstständig abändern?

Nein, der Verwaltungsbeirat kann von der Eigentümergemeinschaft gefasste Beschlüsse jedweder Art grundsätzlich nicht eigenmächtig ändern. Will der Verwaltungsbeirat eine von der Gemeinschaft beschlossene Geschäftsordnung abändern, muss er einen entsprechenden Antrag zur Beschlussfassung auf einer Eigentümerversammlung stellen. Nur eine vom Verwaltungsbeirat selbst beschlossene Geschäftsordnung kann durch einen Beiratsbeschluss wieder abgeändert oder auch ganz aufgehoben werden.

228. Ist der Verwaltungsbeirat verpflichtet, Beiratssitzungen abzuhalten?

Die Durchführung von Beiratssitzungen ist vom Gesetzgeber als Regel angedacht und daher sieht § 29 Abs. 4 WEG vor, dass der Verwaltungsbeirat von seinem Vorsitzenden nach Bedarf einberufen wird. Es besteht allerdings ein weiter Ermessensspielraum, wann ein solcher Bedarf gesehen wird und wie oft sich der Verwaltungsbeirat zu einer Sitzung zusammenfinden will. Beurteilungsmaßstab ist alleine, dass gewährleistet ist, dass der Beirat die ihm obliegenden Aufgaben ordnungsgemäß erfüllen kann.

229. Wer beruft die Beiratssitzungen ein?

Gemäß § 29 Abs. 4 WEG wird der Verwaltungsbeirat vom Vorsitzenden nach Bedarf einberufen. Gibt es keinen Vorsitzenden, ist er verhindert oder weigert er sich, kann auch sein Stellvertreter zur Beiratssitzung einladen. Nicht gefolgt werden kann der Ansicht, dass auch ein Beiratsmitglied, das weder die Funktion des Vorsitzenden noch des Stellvertreters innehat, Sitzungen einberufen kann. Diese Befugnis steht nach dem Gesetz ausschließlich dem Vorsitzenden oder seinem Stellvertreter zu. Dass die Befugnisse des Vorsitzenden nur von dessen Stellvertreter wahrgenommen werden können, ergibt sich aus der Stellvertreterfunktion. Ein Beiratsmitglied ohne diese Funktion kann weder Stellvertreter des Vorsitzenden noch des Stellvertreters sein. Im Übrigen besteht auch kein Bedürfnis dafür, dass ein normales Beiratsmitglied berechtigt sein sollte, zur Sitzung einzuladen.

Falls Vorsitzender und Stellvertreter nicht in der Lage oder nicht bereit sind, zu einer Sitzung einzuladen, werden sie an einer anderweitig einberufenen Sitzung auch nicht teilnehmen. Da das verbliebene Beiratsmitglied mit sich selbst eine Beiratssitzung nicht durchführen kann, dürfte die Frage nach seiner Einberufungsbefugnis theoretisch bleiben.

230. Muss für die Einladung zu einer Beiratssitzung eine bestimmte Form oder Frist eingehalten werden?

Nein, hierzu enthält das Gesetz keine Vorgaben. Grundsätzlich sind die Verwaltungsbeiratsmitglieder in ihrer Disposition frei, wie kurzfristig sie sich zusammenfinden und auf welche Weise sie Terminvereinbarungen treffen. So steht es den Verwaltungsbeiratsmitgliedern auch frei, sich ohne vorherige formelle Einladung bei einem zufälligen Treffen ad hoc zu einer Beiratssitzung zu versammeln.

Existiert eine Geschäftsordnung, die hierzu Regelungen enthält, sind diese zwar grundsätzlich einzuhalten. Dennoch sind die Mitglieder des Verwaltungsbeirats jederzeit befugt, hiervon abzuweichen und auf Formen und Fristen bei der Einladung zur Sitzung zu verzichten, solange dies einvernehmlich geschieht.

Falls die Mitglieder des Verwaltungsbeirats untereinander aber nicht in einer Art und Weise harmonieren, bei der auf Formen und Fristen verzichtet werden kann, ist zu empfehlen, sich bei der Einladung an den Vorschriften für die Einberufung von Wohnungseigentümerversammlungen (§ 24 Abs. 4 WEG) zu orientieren. Das heißt, dass eine Zweiwochenfrist einzuhalten (§ 24 Abs. 4 Satz 2 WEG) und eine Tagesordnung mit den beabsichtigten Diskussions- und Beschlusspunkten vorzulegen ist.

231. Neu: Wer leitet Beiratssitzungen?

Auch hier gilt: Wer eine Sitzung einberufen darf, ist erst einmal zu deren Leitung berechtigt, solange auf der Sitzung nichts anderes beschlossen wird. Die Stellung des Verwaltungsbeiratsvorsitzenden, der zu Verwaltungsbeiratssitzungen einladen darf, ist also mit der nicht gesondert geregelten Befugnis verbunden, die Sitzungen auch zu leiten. Als Repräsentant des Verwaltungsbeirats handelt es sich um ein dem Vorsitzenden zugewiesenes Recht.

232. Wie oft müssen Verwaltungsbeiratssitzungen stattfinden?

Dafür gibt es keine Vorgaben, die Sitzungen sind nach Bedarf durchzuführen (§29 Abs. 4 WEG). Jedoch ist davon auszugehen, dass mindestens einmal im Jahr eine Beiratssitzung stattfinden muss, damit Gelegenheit besteht, die im Gesetz vorgesehene Prüfung des Wirtschaftsplans und der Abrechnung durchzuführen sowie den Inhalt der in der Eigentümerversammlung abzugebenden Stellungnahmen zu besprechen und abzustimmen.

233. Zu welchem Zeitpunkt sollen Beiratssitzungen stattfinden?

Auch dafür gibt es keine Vorschriften. Die Beiratsmitglieder können frei darüber entscheiden, zu welcher Tages- oder Nachtzeit sie zusammenkommen wollen. Ob an Werktagen, an Wochenenden, nach Feierabend oder wann auch immer, solange Einigkeit zwischen den Beiräten besteht, gibt es keine Beschränkung.

234. Können Verwaltungsbeiratssitzungen an jedem beliebigen Ort durchgeführt werden?

Ja, auch diesbezüglich gibt es keinerlei gesetzliche Vorgaben. Beiratssitzungen können an jedem beliebigen Ort durchgeführt werden, sei es in Räumen, sei es unter freiem Himmel. Da Gegenstand der Erörterungen im Regelfall die internen Verhältnisse der Eigentümergemeinschaft betreffen, muss bei der Ortswahl nur darauf geachtet werden, dass Vertraulichkeit gewährleistet ist. So sollten Gemeinschaftsinterna zum Beispiel nicht in der Straßenbahn, einem Café oder einem Restaurant erörtert werden, wo die Möglichkeit besteht, dass unbefugte Dritte mithören können.

235. Was ist zu tun, wenn sich die Mitglieder des Verwaltungsbeirats nicht über Zeit und Ort einer Sitzung einigen können?

Dann entscheidet der Vorsitzende, dem gemäß §29 Abs. 4 WEG die Einladungsbefugnis zusteht. Er kann sich im Zweifel bei der Einberufung von Verwaltungsbeiratssitzungen an den Formalien für die Einberufung einer Eigentümerversammlung orientieren. Danach soll die Einladungsfrist mindestens zwei Wochen betragen (vgl. §24 Abs. 4 Satz 2 WEG) und die Sitzung darf nicht zur Unzeit stattfinden, zum Beispiel spät in der Nacht oder wenn ein Beiratsmitglied von seiner Arbeitsstelle unabkömmlich ist.

236. Können die Mitglieder des Verwaltungsbeirats Beschlüsse fassen?

Ja, das Ergebnis von Willensbildungsprozessen zwischen den Beiratsmitgliedern kann per Beschluss formuliert und niedergelegt werden. Eine Legaldefinition für den Begriff »Beschluss«, soweit er außerhalb gerichtlicher Verfahren verwendet wird, gibt es nicht. Ein Beschluss bedeutet allgemein die Zusammenfassung eines Willensbildungsprozesses von mindestens zwei Personen. Eine Person alleine kann nur einen »Entschluss« fassen.

Werden die Ergebnisse von Überlegungen (schriftlich) formuliert, kommt dem noch keine Rechtswirkung zu. Dazu bedarf es entweder einer gesetzlichen Bestimmung, die eine bestimmte Folge an eine Beschlussfassung knüpft, oder es muss eine vertragliche Vereinbarung darüber bestehen, welche Folgewirkungen Beschlüsse haben sollen.

Gesetzliche Bestimmungen, die Rechtswirkungen von Beiratsbeschlüssen begründen, gibt es nicht. Dass Derartiges jemals in einer Teilungserklärung aufgenommen worden wäre, ist bisher nicht bekannt geworden. Beiratsbeschlüsse dokumentieren daher schlicht das Besprechungsergebnis von Beiratssitzungen oder an anderer Stelle in anderer Form zustande gekommene Willensbekundungen der Beiratsmitglieder. Damit bilden die Beschlüsse nur die allstimmige oder auch mehrheitliche Einigung der Beiratsmitglieder untereinander ab, sie entfalten keinerlei Außenwirkung. Für die Beiratstätigkeit kommt es im Ergebnis daher nicht darauf an, ob Beiräte überhaupt Beschlüsse fassen, ob sie nur ihre persönliche Auffassung zu einem Sachthema formulieren oder ob sie in beliebiger anderer Art und Weise dokumentieren, dass sie sich mit einer Aufgabe befasst haben, die ihnen das Gesetz zuweist.

237. Wie wird abgestimmt?

Bei der Abstimmung hat jedes Mitglied des Verwaltungsbeirats eine Stimme, es gilt das Mehrheitsprinzip.

238. Gilt für Beiratsbeschlüsse ein anderes Stimmrecht, zum Beispiel Wertprinzip, wenn dies für Eigentümerbeschlüsse in der Teilungserklärung vereinbart ist?

Nein, für Beschlüsse des Verwaltungsbeirats gilt immer das Kopfprinzip. Nach hier vertretener Auffassung wird dies für unabdingbar gehalten, da es mit der Arbeit des Verwaltungsbeirats nicht vereinbar wäre, dass die Stimme eines Mitglieds mehr Gewicht haben könnte, nur weil das Sondereigentum des

Beiratsmitglieds mehr Miteigentumsanteile ausmacht. Dasselbe würde für das Objektprinzip (Stimmen nach Zahl der Einheiten) gelten, weil nicht das Beiratsmitglied das Sagen haben kann, das besonders viele Sondereigentumseinheiten besitzt.

239. Worüber kann der Verwaltungsbeirat Beschlüsse fassen?

Nur darüber, ob, wie und wann er tätig wird, wie er seine Tätigkeit im Innenverhältnis regeln und ausgestalten will und mit welchen Ergebnissen seine Arbeit verbunden ist bzw. auf welches Ergebnis eines Meinungsbildungsprozesses man sich geeinigt hat.

240. Gibt es für Beiratsbeschlüsse das Stimmrechtsverbot des § 25 Abs. 5 WEG?

Nein, da durch Beiratsbeschluss nicht über Angelegenheiten entschieden werden kann, die § 25 Abs. 5 WEG unterfallen (Abschluss eines Rechtsgeschäfts mit einem Verwaltungsbeirat oder Einleitung eines Rechtsstreits gegen ein Mitglied), spielt diese gesetzliche Regelung bei Beiratsbeschlüssen keine Rolle.

241. Können Beiräte ihre Beschlüsse abändern?

Ja, es kann jederzeit ein interner neuer Meinungsbildungsprozess stattfinden, nach dem die Beiräte zu einem anderen Ergebnis gelangen.

242. Ist ein Beiratsbeschluss für die Mitglieder des Verwaltungsbeirats bindend?

Nein, da Beiratsbeschlüsse rechtlich unverbindlich sind, steht es jedem Mitglied frei, ungeachtet eines existierenden Beiratsbeschlusses zu demselben Thema eine neue davon abweichende eigene Meinung zu vertreten. Hat zum Beispiel ein Verwaltungsbeirat nach durchgeführter Belegprüfung den Beschluss gefasst, der Eigentümerversammlung die Entlastung des Verwalters zu empfehlen, kann ein einzelnes Beiratsmitglied auf der Eigentümerversammlung ein davon abweichendes Minderheitenvotum vertreten.

243. Muss der Verwaltungsbeirat überhaupt Beschlüsse fassen?

Nein, da Beschlüsse des Verwaltungsbeirats nichts anderes darstellen als die Dokumentation eines Arbeitsergebnisses oder die Formulierung des Ergebnisses eines intern stattgefundenen Willensbildungsprozesses, kann dies auch in jeder beliebigen anderen Form geschehen. So könnte der Verwaltungsbeirat beispielsweise auch eine »Ergebnisliste« führen.

244. Wie wird bei der Beschlussfassung abgestimmt?

Jede Form der Willensbekundung ist zulässig, die die vom Verwaltungsbeirat vertretene Auffassung erkennen lässt. Möglich sind Handzeichen, Kopfnicken, Kopfschütteln sowie alle sonstigen geeigneten (Wort)Äußerungen. Es kann geheim und/oder schriftlich abgestimmt werden. Entscheidend ist, dass eindeutig erkennbar wird, ob es sich um eine Zustimmung, Ablehnung oder Enthaltung handelt. Eine Grimasse zu ziehen oder mit den Schultern zu zucken oder Abzuwinken stellt keine inhaltliche Meinungsäußerung dar und kann allenfalls als Enthaltung gewertet werden. Das gilt auch für den Fall, dass ein Beirat eine Meinungsbekundung verweigert.

245. Können Beiratsbeschlüsse angefochten werden?

Nein, eine Anfechtbarkeit der Beschlüsse besteht nicht (OLG Hamm, Beschluss vom 19.3.2007, 15 W 340/06, ZMR 2008, 63). Dazu besteht auch kein Bedürfnis, da sich Beiratsbeschlüsse nur auf Regelungen der Beiratstätigkeit im Innenverhältnis beschränken, sodass nach außen keine Rechtsbindung entstehen kann (vgl. zu Aufsichtsratsbeschlüssen BGH, Urteil vom 17.5.1993, II ZR 89/92, NJW 1993, 2307).

246. Können Beiratsbeschlüsse in Bestandskraft erwachsen?

Nein, da Beiratsbeschlüsse nicht anfechtbar sind, eine Anfechtungsfrist also nicht existiert, kann auch mit dem Ausbleiben einer Anfechtung keine besondere Rechtswirkung verbunden sein.

247. Kann auf die Durchführung einer Beiratssitzung zugunsten einer schriftlichen Abstimmung unter den Beiratsmitgliedern verzichtet werden?

Ja, es ist keineswegs notwendig, dass die Beiratsmitglieder die ihnen obliegenden Aufgaben in Gegenwart der anderen Beiräte durchführen. Zwar verläuft der Informationsaustausch bei Beiratssitzungen in Anwesenheit aller Beiräte schneller und unkomplizierter und damit effektiver, aber Beschlüsse oder sonstige Meinungsbildungsprozesse können auch durch Umlaufbeschlüsse herbeigeführt werden. Dabei tauschen sich die Beiratsmitglieder schriftlich aus, legen das gemeinsam erarbeitete Ergebnis schriftlich nieder und unterzeichnen anschließend dieses Dokument.

Im Verwaltungsbeirat gefasste Umlaufbeschlüsse bedürfen nicht der Allstimmigkeit, wie dies bei Eigentümerbeschlüssen der Fall ist. Vielmehr ersetzen Umlaufbeschlüsse die mündliche Beschlussfassung in einer Beiratssitzung durch schriftliche Abstimmung bei nicht gleichzeitiger Anwesenheit der Beiratsmitglieder. Da Beiratsbeschlüsse keine Außenwirkung haben, kommt es auf die Art und Weise ihres Zustandekommens nicht an, von Bedeutung ist allein die Dokumentation eines stattgefundenen Meinungsbildungsprozesses innerhalb des Verwaltungsbeirats, in welcher Form auch immer.

248. Können Beiratsbeschlüsse im Rahmen einer Telefonkonferenz gefasst werden?

Ja, es gibt keine Bestimmung, die dem Beirat vorschreiben würde, wie er seine Zusammenkünfte gestalten muss bzw. dass Beiratsbeschlüsse nur auf offiziell einberufenen Beiratssitzungen gefasst werden dürften. Gegen eine Beratung und Meinungsbildung zum Beispiel per Telefon ist nichts einzuwenden, da nicht ersichtlich wäre, warum die Ausübung von Beiratsaufgaben nur bei gleichzeitiger gemeinsamer körperlicher Anwesenheit aller Beiratsmitglieder möglich sein sollte. So kann eine Abstimmung sowohl telefonisch als auch schriftlich erfolgen (Armbrüster, ZWE 2001, 463, 464). Allerdings muss ein nur mündlicher Informationsaustausch und der sich daraus ergebende Willensbildungsprozess schriftlich festgehalten werden, um die Nachvollziehbar- und Beweisbarkeit der Verwaltungsbeiratstätigkeit zu gewährleisten.

249. Kann eine zufällige Begegnung aller Beiratsmitglieder als Sitzung des Verwaltungsbeirats deklariert werden?

Ja, da es keine Vorschriften gibt, wann, wo und unter welchen Umständen eine Verwaltungsbeiratssitzung stattzufinden hat, steht es den Mitgliedern des Verwaltungsbeirats frei, jede beliebige Zusammenkunft, und sei sie auch zufälliger Art, zum Beispiel bei einem Treffen während eines Spaziergangs, zur Erörterung von Beiratsthemen zu nutzen und sich daraus ergebende Meinungsbildungsprozesse als deren Ergebnis zu dokumentieren.

250. Kann in Beiratssitzungen nur über solche Themen beschlossen werden, die in der Einladung vorher ausdrücklich benannt wurden?

Nein, anders als bei einer Eigentümerversammlung, bei der die anstehenden Themen, über die beschlossen werden soll, schon in der Einladung auf einer Tagesordnung inhaltlich nachvollziehbar angegeben sein müssen (deswegen können zu den unter »Verschiedenes« genannten Themen auch keine Beschlüsse gefasst werden), ist für eine Beiratssitzung weder eine formale Einladung durch den Vorsitzenden, geschweige denn eine offizielle Tagesordnung erforderlich.

Verwaltungsbeiräte sind in der Gestaltung ihrer Tätigkeit völlig frei und können alle Themen behandeln und Beiratsbeschlüsse herbeiführen, die ihnen opportun erscheinen. Ob ein Beratungs- und Beschlussbedarf bezüglich bestimmter Themen bereits vorher feststeht oder ob er sich im Rahmen einer Beiratssitzung spontan aus der Diskussion ergibt, spielt keine Rolle.

251. Haben Miteigentümer das Recht, an Verwaltungs- beiratssitzungen teilzunehmen?

Nein, außer den Mitgliedern des Verwaltungsbeirats hat keiner das Recht, an den Beiratssitzungen teilzunehmen. Die Verwaltungsbeiratsmitglieder können jedoch frei darüber entscheiden, ob sie im Einzelfall die Teilnahme eines Miteigentümers als Gast an ihren Sitzungen zulassen. Als Gäste kommen auch Hausmeister, zu beauftragende Handwerker oder außenstehende Sonderfachleute als Berater infrage, mithin jede dritte Person, deren Anwesenheit für die Beiratstätigkeit hilfreich sein kann.

> **Ausnahme** !
> Ein Teilnahmerecht der Eigentümer ist in der Teilungserklärung vereinbart. Ist jemand nicht damit einverstanden, dass beim internen Meinungsaustausch im Rahmen von Verwaltungsbeiratssitzungen ein, mehrere oder gar alle Miteigentümer teilnehmen, darf er sich nicht zum Verwaltungsbeirat wählen lassen.

252. Hat der Verwalter das Recht, an Beiratssitzungen teilzunehmen?

Nein, auch der Verwalter kann nur auf Einladung des Verwaltungsbeirats als Gast teilnehmen, seine Teilnahme erzwingen kann er nicht, es sei denn, in der Teilungserklärung ist ein Teilnahmerecht des Verwalters vorgesehen.

253. Haben Mitglieder anderer gewählter Gremien das Recht, an Verwaltungsbeiratssitzungen teilzunehmen?

Nein, auch wenn in einer Eigentümergemeinschaft Ausschüsse gebildet wurden, zum Beispiel Bauausschuss, Planungsausschuss usw., gehören die daran Beteiligten nicht dem Verwaltungsbeirat an. Sie können daher ebenfalls nur nach freier Entscheidung der Mitglieder des Verwaltungsbeirats als Gäste zu Beiratssitzungen eingeladen werden.

254. Kann der Verwalter oder die Eigentümergemeinschaft vom Verwaltungsbeirat verlangen, Beiratssitzungen durchzuführen?

Nein. Wann, wo und wie oft sich der Beirat zu einer Sitzung zusammenfinden will, entscheiden allein die Mitglieder des Verwaltungsbeirats. Der in der Literatur dazu vertretenen gegensätzlichen Meinung, wonach jeder einzelne Eigentümer unter dem Gesichtspunkt ordnungsgemäßer Verwaltung gemäß § 21 Abs. 4 WEG einen Anspruch auf Tätigwerden des Verwaltungsbeirats hätte, der vor dem Wohnungseigentumsgericht auch eingefordert werden könne, kann nicht gefolgt werden.

Gemäß § 21 Abs. 4 WEG kann zwar jeder Miteigentümer eine ordnungsgemäße Verwaltung verlangen. Da der Beirat aber keine Verwaltungstätigkeit ausübt, sondern diese bestenfalls kontrollierend begleitet, hat kein Miteigentümer einen Anspruch darauf, dem Verwaltungsbeirat vorzuschreiben, wie er seine Tätigkeit gestaltet. Die Problemlösung bei einem untätigen Beirat besteht in dessen Ablösung.

255. Kann die Eigentümergemeinschaft den Verwaltungsbeirat zur Durchführung einer bestimmten Anzahl von Beiratssitzungen verpflichten?

Ja, wenn die Eigentümergemeinschaft eine Geschäftsordnung für Verwaltungsbeiräte beschlossen hat, die eine bestimmte Zahl von Beiratssitzungen im laufenden Geschäftsjahr vorsieht, ist der Verwaltungsbeirat verpflichtet, diesen Vorgaben zu folgen. Wollen die Beiratsmitglieder davon abweichen, müssen sie auf eine entsprechende Änderung ihrer Geschäftsordnung durch Beschlussfassung der Eigentümergemeinschaft hinwirken.

256. Wie ist zu verfahren, wenn nicht alle Beiratsmitglieder zur Sitzung erscheinen?

Soweit sich dies nicht aus einer Geschäftsordnung ergibt, die die Tätigkeit des Verwaltungsbeirats regelt, und auch die Gemeinschaftsordnung keine abweichenden Regelungen vorsieht, ist der Verwaltungsbeirat beschlussfähig, wenn mehr als die Hälfte (also zwei von drei Beiräten) der Mitglieder anwesend sind. Beschlüsse werden mit einfacher Mehrheit der anwesenden Beiratsmitglieder gefasst, wobei jedes Mitglied eine Stimme hat.

257. Kommt der Stimme des Verwaltungsbeiratsvorsitzenden bei Beiratsbeschlüssen ein besonderes Gewicht zu?

Nein, jedes Beiratsmitglied hat eine Stimme, dies gilt auch für den Vorsitzenden bzw. dessen Stellvertreter.

258. Wie ist zu verfahren, wenn sich Verwaltungsbeiräte bei Abstimmungen nicht auf ein gemeinsames Ergebnis einigen können?

Auch bei Verwaltungsbeiratsbeschlüssen gilt das Mehrheitsprinzip, wobei die Abstimmung nach Köpfen erfolgt (OLG Zweibrücken, Beschluss vom 10.6.1987, 3 W 53/87, NJW-RR 1987, 1366, 1367). Beschlüsse werden mit einfacher Mehrheit der anwesenden Beiratsmitglieder gefasst.

259. Kann ein überstimmtes Beiratsmitglied ein sogenanntes Minderheitenvotum abgeben?

Ja, einem überstimmten Beiratsmitglied ist es jederzeit gestattet, auf seine abweichende eigene Ansicht hinzuweisen (Bub in Staudinger, §29 Rz.135). Wenn das geschieht, empfiehlt es sich, im Sitzungsprotokoll eine Begründung für das abweichende Stimmverhalten anzugeben. Dies kann im Haftungsfall von entscheidender Bedeutung sein, da bei Fehlentscheidungen nicht der Beirat als Organ haftet, sondern jedes Beiratsmitglied persönlich und nur für eigenes Verschulden.

260. Muss der Verwalter Verwaltungsbeiratsbeschlüsse beachten?

Nein, da diese Beschlüsse nur Innenwirkung haben, sind sie für den Verwalter nicht verbindlich. Im Regelfall spiegeln diese Beiratsbeschlüsse jedoch die Interessenlage der Eigentümer wider. Ein Verwalter, der sich nicht an den im Verwaltungsbeirat stattgefundenen Willensbildungsprozessen orientiert, dürfte daher gegenüber der Eigentümergemeinschaft in Erklärungsnot geraten. Ein ständiges Gegeneinander von Verwaltungsbeirat und Verwaltung wird absehbar zum Ende der Verwaltertätigkeit führen, sodass jeder Verwalter gut beraten ist, sich um inhaltliche Abstimmung mit dem Beirat zu bemühen.

261. Wie wird der Verlauf einer Verwaltungsbeiratssitzung dokumentiert?

Dazu gibt es keine zwingenden Vorschriften. Um die Arbeit des Verwaltungsbeirats jedoch nachvollziehbar zu machen, empfiehlt es sich, über die

Durchführung von Verwaltungsbeiratssitzungen Niederschriften, sogenannte Sitzungsprotokolle anzufertigen. Darin sollten nicht nur die Anwesenden einschließlich etwaiger Gäste und eine Begründung für deren Einladung enthalten sein, sondern auch die von den Beiräten gefassten Beschlüsse und der Diskussionsverlauf einschließlich wichtiger Stationen des Meinungsbildungsprozesses. So kann bei späteren Streitfragen die Arbeit des Verwaltungsbeirats nachvollzogen werden.

262. Muss der Verlauf von Beiratssitzungen protokolliert werden?

Nein, eine Verpflichtung dazu besteht nicht. Die Anfertigung einer Niederschrift und insbesondere die Wiedergabe von Beiratsbeschlüssen sind jedoch aus Gründen des Selbstschutzes für Beiräte dringend zu empfehlen. Nur durch Sitzungsniederschriften lässt sich nachvollziehen, wann, wie und mit welchem Ergebnis der Verwaltungsbeirat tätig geworden ist. Insbesondere sollten bei der Abrechnungsprüfung festgestellte Unregelmäßigkeiten und die vom Verwaltungsbeirat dazu getroffenen Veranlassungen protokolliert werden. So kann der Verwaltungsbeirat nachweisen, dass er seine Aufgaben ordnungsgemäß wahrgenommen und dennoch eingetretene Verwaltungsfehler nicht verschuldet hat.

263. Wer muss die Sitzungsniederschriften erstellen?

Die Entscheidung darüber obliegt den Mitgliedern des Verwaltungsbeirats selbst. Entweder wählen sie aus ihren Reihen einen Schriftführer oder sie bestimmen, dass die Beiratsmitglieder abwechselnd das Protokoll führen.

264. Muss das Protokoll einer Verwaltungsbeiratssitzung unterschrieben werden?

Nachdem die Anfertigung eines Sitzungsprotokolls gesetzlich nicht vorgeschrieben ist, existiert natürlich auch keine Bestimmung über Inhalt und Form einer solchen Niederschrift. Um einem Protokoll jedoch ein Mindestmaß an Beweiswert zu verleihen, sollte mindestens der Protokollführer unterschreiben. In der Literatur wird hingegen die Meinung vertreten, dass ein Beiratsprotokoll vom Vorsitzenden zu unterschreiben ist, analog der Vorschrift des § 24 Abs. 6 WEG, wonach der Verwaltungsbeiratsvorsitzende auch das Protokoll einer Eigentümerversammlung unterschreiben muss.

Zu empfehlen ist in jedem Fall, dass alle Beiratsmitglieder, die an der Sitzung teilgenommen haben, das Protokoll unterzeichnen. Da eine solche Unterschrift regelmäßig nicht »blind«, sondern erst nach Durchsicht des Protokollinhalts geleistet wird, hat jedes Beiratsmitglied gleichzeitig die Kontrolle darüber, ob der Protokollführer die Geschehensabläufe und Beschlussfassungen richtig wiedergegeben hat. In Hinblick auf die einen Verwaltungsbeirat treffenden Haftungsrisiken sollte größter Wert auf eine ordentliche Dokumentation der Verwaltungsbeiratstätigkeit gelegt werden.

265. Was geschieht mit den Originalniederschriften beim Ausscheiden des Verwaltungsbeiratsvorsitzenden bzw. bei Auflösung des Verwaltungsbeirats?

Wird der Verwaltungsbeiratsvorsitzende übergangslos durch einen Nachfolger abgelöst, sind die Originalprotokolle an den Nachfolger zu übergeben. Scheidet der Vorsitzende aus einem im Übrigen weiter bestehenden Beirat aus, so sind die Originalprotokolle an den Stellvertreter auszuhändigen. Wenn sich der Verwaltungsbeirat insgesamt auflöst und kein neuer Beirat übergangslos nachfolgt, sind die Originalsitzungsniederschriften an die Eigentümergemeinschaft zu Händen des Verwalters herauszugeben.

G. Vergütung und Aufwendungsersatz des Verwaltungsbeirats

266. Hat der Verwaltungsbeirat Anspruch auf eine Vergütung für seine Tätigkeit?

Nein, ein solcher Anspruch besteht nicht, solange eine Beiratstätigkeit ehrenamtlich ausgeübt wird. Der ehrenamtliche Einsatz der eigenen Arbeitskraft ist genauso wenig zu vergüten, wie die dafür aufgewendete Freizeit.

Dies bedeutet jedoch nicht, dass es unzulässig wäre, den Mitgliedern des Verwaltungsbeirats für ihren Einsatz zusätzlich zur Auslagenerstattung eine finanzielle Anerkennung zu gewähren. Denkbar wäre zum Beispiel die Finanzierung eines Weihnachtsessens für die Mitglieder des Verwaltungsbeirats nebst Begleitung, die gewollte finanzielle Zuwendung würde damit den Charakter einer Anerkennung oder eines Dankeschöngeschenks erhalten. So würde nicht nur der ehrenamtlichen Ausgestaltung der Beiratstätigkeit Rechnung getragen, sondern überdies ein engagiertes und harmonisches Zusammenarbeiten der Mitglieder des Verwaltungsbeirats gefördert.

Ohne Beschränkung der Höhe nach ist dies im Rahmen von Vereinbarungen, zum Beispiel in der Gemeinschaftsordnung, möglich. Soll eine Vergütung per Mehrheitsbeschluss festgelegt werden, muss sich diese in angemessenem Rahmen halten.

267. Wie hoch darf eine »Beiratsvergütung« sein?

Selbst wenn Verwaltungsbeiräte finanzielle Zuwendungen erhalten, kann im Regelfall nicht von einer Vergütung im Sinne eines adäquaten Leistungsaustauschs (Arbeitsleistung gegen angemessene und ortsübliche Bezahlung) die Rede sein. Gerade in Großgemeinschaften wäre eine danach ausgerichtete Vergütung kaum zu bezahlen. Häufig kann sich der Zeitaufwand, der zum Beispiel für einen engagierten Verwaltungsbeirat in einer Problem- und Großgemeinschaft entsteht, in einem Wirtschaftsjahr hundert Stunden oder noch weit mehr ausmachen. In solchen Fällen erscheint zur Förderung der Bereitschaft von Miteigentümern, das Beiratsamt zu übernehmen, auch und gerade im Hinblick auf eine ordnungsgemäße Verwaltung eine Vergütung pro Beiratsmitglied und Jahr bis zu 1.200 EUR (100 EUR je Kalendermonat) als vertretbar. Denn auch bei einer solchen Zahlung kann nicht von einer leistungsbezogenen Vergütung gesprochen werden, sondern allenfalls von einer Aufwandsentschädigung.

Als angemessene Aufwandsentschädigung zusätzlich zur Erstattung der tatsächlich anfallenden Kosten für Materialaufwendungen wird beispielsweise ein Betrag von 250 EUR je Beiratsmitglied und Jahr angesehen (AG Hattingen, Urteil vom 23.1.2014, 28 C 30/13, IMR 2014, 481). Denkbar wäre auch ein Mehrheitsbeschluss über die Gewährung eines Sitzungsgeldes, zum Beispiel 100 EUR je Beiratssitzung. Das eröffnet die Möglichkeit, die finanzielle Anerkennung unmittelbar an dem mit der Beiratstätigkeit verbundenen Zeitaufwand zu orientieren (vgl. jedoch zur Vergütung eines Profibeirats: Brych, WE 1990, 43, 44).

Die Rechtsprechung sieht dies allerdings weniger großzügig. So hat das Kammergericht entschieden (KG, Beschluss vom 29.3.2004, 24 W 193/02, NZM 2005, 107), dass eine Jahresvergütung von 500 EUR für den Beiratsvorsitzenden den Grundsätzen ordnungsgemäßer Verwaltung widersprechen soll.

Auch die Gewährung einer pauschalen jährlichen Aufwandsentschädigung in Höhe von 500 EUR je Beiratsmitglied entspreche nicht ordnungsgemäßer Verwaltung, solange dies nicht mit einem konkreten finanziellen Aufwand begründet werden kann (AG München, Urteil vom 1.2.2017, 481 C 15463/16 WEG).

Dies überzeugt jedoch nicht. So lange eine Eigentümergemeinschaft Augenmaß behält und eine Vergütung beschließt, die im angemessenen Verhältnis zu ihrer Größe und ihrem finanziellen Vermögen steht, ist gegen die Zahlung einer finanziellen Anerkennung auch für eine ehrenamtliche Tätigkeit nichts einzuwenden.

Nach Auffassung des Landgerichts Hannover entspricht ein Betrag von 3.579,04 EUR als Aufwandsentschädigung pro Jahr für insgesamt drei Beiratsmitglieder bei Großanlagen mit z.B. 340 Einheiten noch ordnungsgemäßer Verwaltung (LG Hannover, Beschl. v. 10.01.2016 – 4 T 78/05, ZMR 2006, 398).

Ist sich eine Eigentümergemeinschaft darüber einig, zur Förderung der Bereitschaft ihrer Miteigentümer, als Beiratsmitglieder tätig zu werden, über einen reinen Aufwendungsersatz hinaus eine finanzielle Anerkennung zu zahlen, sollte dies für den Einzelfall beschlossen werden, zum Beispiel rückwirkend für das jeweils abgelaufene Geschäftsjahr. Zwar bestünde die Gefahr, dass ein solcher Beschluss auf Anfechtung für ungültig erklärt wird. Da ein solcher Beschluss aber nicht nichtig ist, würde er mangels Anfechtung nach Ablauf der einmonatigen Anfechtungsfrist in Bestandskraft erwachsen (Zitterbeschluss). Der Verwalter wäre sodann berechtigt, den Beschluss auszuführen und die Vergütung auszuzahlen.

Die Auffassung, dass eine pauschale Jahresvergütung für den Vorsitzenden des Verwaltungsbeirats in Höhe von 500 EUR mit den Grundsätzen einer ehrenamtlichen Tätigkeit nicht mehr vereinbar sein soll (KG, Beschluss vom 31.3.2004, 24 W 194/02, ZMR 2004, 775, 776), ist genauso abzulehnen wie die Auffassung, dass ein für den Verwaltungsbeirat jährlich eingeräumter Verfügungsrahmen von 250 EUR nicht den Grundsätzen ordnungsgemäßer Verwaltung entspreche, weil nicht klar werde, für welche Maßnahmen dieser Verfügungsbetrag bestimmt sein solle (AG Hamburg-Wandsbek, Beschluss vom 11.10.2007, 702 II 58/06, ZMR 2008, 335, 336). Dieser Klarstellung bedarf es bereits deswegen nicht, weil die Aufwendungen von Verwaltungsbeiräten auch pauschal abgegolten werden können.

268. Kann der Verwalter dem Verwaltungsbeirat zu Lasten der Eigentümergemeinschaft ein Honorar zahlen?

Nein, über die Zahlung einer Vergütung an den Verwaltungsbeirat für dessen Tätigkeit zu Lasten der Eigentümergemeinschaft kann der Verwalter allein nicht entscheiden. Entscheidungen über die Vergütung für Verwaltungsbeiratsmitglieder gehören nicht zum normalen Verwaltungsgeschäft. Sie sind auch nicht von einer Ermächtigung des Verwalters gedeckt, Personalangelegenheiten der Eigentümergemeinschaft selbst zu entscheiden, da die Mitglieder des Verwaltungsbeirats nicht zum Personal einer Eigentümergemeinschaft zählen. Nur wenn die Zahlung einer Vergütung an Beiräte in der Teilungserklärung vereinbart oder durch bestandskräftigen Mehrheitsbeschluss festgelegt wurde, ist der Verwalter berechtigt, entsprechende Zahlungen zu Lasten des laufenden Gemeinschaftskontos an die Beiratsmitglieder zu leisten.

269. Hat ein Verwaltungsbeirat Anspruch auf Ersatz von Verdienstausfall?

Nein, ein Verdienstausfall, der anlässlich einer ehrenamtlichen Tätigkeit entstehen sollte, gehört nicht zu den im Rahmen eines Auftragsverhältnisses gemäß § 670 BGB ersatzfähigen Aufwendungen. Genauso wenig, wie der Einsatz der eigenen Arbeitskraft oder einer berufsspezifischen Tätigkeit im Rahmen eines Auftragsverhältnisses Gegenstand von Aufwendungsersatzansprüchen sein kann, ist ein Verdienstausfall ersatzfähig. Dies folgt aus der Unentgeltlichkeit des Auftragsverhältnisses. Daran ändert sich auch nichts, wenn ein Beiratsmitglied im Rahmen der ihm übertragenen Aufgaben eine Tätigkeit ausübt, die zu seinem Beruf oder seinem Gewerbe gehören.

Für den Ersatz eines Verdienstausfalls besteht regelmäßig auch kein Bedürfnis, da es die Beiratsmitglieder in der Hand haben, ihr Amt zu Zeiten auszuüben und Beiratssitzungen so zu planen, dass berufliche Belange nicht berührt werden. Es würde sich also regelmäßig um einen vermeidbaren Aufwand handeln, den ein Beiratsmitglied deswegen den Umständen nach nicht als erforderlich ansehen kann.

270. Hat der Verwaltungsbeirat Anspruch auf Aufwendungsersatz?

Ja, ungeachtet der ehrenamtlichen Tätigkeit besteht zwischen Beiratsmitgliedern und Eigentümergemeinschaft ein Auftragsverhältnis. Der Ersatz von Aufwendungen im Rahmen von Auftragsverhältnissen regelt § 670 BGB, wonach der Auftraggeber, hier die Eigentümergemeinschaft, zum Ersatz der Aufwendungen verpflichtet ist, die der Beauftragte (hier die Verwaltungsbeiratsmitglieder) zum Zwecke der Ausführung des Auftrags veranlasst und die er den Umständen nach auch für erforderlich halten darf.

271. Sollte nur dem Verwaltungsbeiratsvorsitzenden ein Ersatz seiner Auslagen gezahlt werden?

Nein, es erscheint nicht gerechtfertigt, dass eine Aufwandsentschädigung nur dem Verwaltungsbeiratsvorsitzenden gewährt wird. Da die Verwaltungsbeiräte als Gremium tätig werden und gemeinschaftlich die Verantwortung tragen, ist kein sachlicher Grund erkennbar, dass allein dem Beiratsvorsitzenden ein finanzieller Ausgleich gezahlt werden sollte oder gezahlt werden dürfte. Tatsächlich ist hier eine Gleichbehandlung aller Beiratsmitglieder geboten, auch wenn mit der Funktion des Beiratsvorsitzenden oftmals ein höherer organisatorischer Aufwand verbunden ist.

Ein Beschluss der Eigentümergemeinschaft, der nur dem Verwaltungsbeiratsvorsitzenden eine Auslagenpauschale zubilligt, ist aber dennoch nicht zu beanstanden (BayObLG, Beschluss vom 30.4.1999, 2Z BR 153/98, NZM 1999, 862).

272. Darf der Verwaltungsbeirat für Beiratsversammlungen einen Sitzungsraum anmieten?

Dies hängt vom Einzelfall ab. Generell gilt, dass kein Verwaltungsbeirat verpflichtet ist, eigene Räumlichkeiten unentgeltlich für die Durchführung von Beiratssitzungen zur Verfügung zu stellen. Da auch Eigentümergemeinschaften in der Regel nicht über Gemeinschaftsräume verfügen, die zur Abhaltung von Beiratssitzungen geeignet wären, ist die Anmietung einer Räumlichkeit dann gerechtfertigt, wenn es in zumutbarer Entfernung zur Anlage kein Restaurant oder eine sonstige Einrichtung gibt, in der ein ungestörtes und vertrauliches Gespräch, etwa in einem Nebenraum, möglich ist. Wird eine solche

Räumlichkeit, wie vielerorts üblich, nur unter der Voraussetzung unentgeltlich zur Verfügung gestellt, dass gleichzeitig gastronomische Leistungen (Verzehr) in Anspruch genommen werden, dann sind diese Kosten zu erstatten, sofern sie sich in einem angemessenen Rahmen bewegen.

273. Hat der Verwaltungsbeirat Anspruch auf Erstattung von Bewirtungskosten?

Ja, soweit sie im Einzelfall und je nach Sachlage als angemessen und erforderlich erscheinen dürfen. Der Kauf von Gebäck und Getränken sowie ggf. kleinen Häppchen kann regelmäßig als angemessen angesehen werden, jedenfalls dann, wenn die Sitzung nicht von ganz unerheblicher Dauer ist. Sollte die Beiratssitzung beispielsweise in einem Restaurant stattfinden, wäre es nicht angemessen, zu Lasten der Eigentümergemeinschaft ein umfangreiches, mehrgängiges Menü abzurechnen.

Ansonsten ist hier ebenfalls der Einzelfall maßgeblich. Müssen Beiratsmitglieder zum Beispiel zur Abhaltung von Beiratssitzungen anreisen und erfordern Anreise und Durchführung der Sitzung einen mehrstündigen Zeitaufwand, kann es insbesondere bei Großgemeinschaften angemessen sein, den Verwaltungsbeiräten auch die Kosten für ein Mittag- oder Abendessen zu erstatten.

274. Müssen Anreisekosten zur Sitzung des Verwaltungsbeirats erstattet werden?

Beiratsmitglieder haben Anspruch auf Erstattung aller notwendigen Fahrtkosten, dazu gehören auch die Anfahrtskosten zur Beiratssitzung. Dies bezieht sich sowohl auf Fahrten mit dem eigenen Auto als auch mit öffentlichen Verkehrsmitteln. Wird der eigene Wagen benutzt, sind zudem die Kosten fürs Parken (Parkuhr und Parkhaus) zu erstatten.

Eine Verpflichtung, die billigste Anreisemöglichkeit zu wählen, besteht nicht. Auch wenn zum Beispiel die Benutzung öffentlicher Verkehrsmittel im Einzelfall günstiger sein kann, steht es einem Beiratsmitglied frei, dennoch mit dem eigenen Pkw anzureisen. Dessen ungeachtet ist in jedem Einzelfall Augenmaß zu bewahren. So wäre es nicht gerechtfertigt, die Erstattung deutlich höherer Kosten für die Inanspruchnahme eines Mietwagens zu verlangen, weil sich der eigene Pkw in der Werkstatt befindet, an einem anderen Tag jedoch zur Verfügung stehen würde. Unter solchen Umständen sollte möglichst der Sitzungstermin verschoben werden.

275. In welcher Höhe dürfen Reisekosten verursacht werden?

Auch dies hängt vom Einzelfall ab. Ein Beiratsmitglied ist nicht verpflichtet, eine längere oder beschwerlichere Anreise zu wählen, nur weil diese weniger kosten würde. Wohnt ein Miteigentümer zum Beispiel in Hamburg und findet die Beiratssitzung in Frankfurt oder München statt, ist es angemessen, wenn das Beiratsmitglied das Flugzeug zur Anreise nutzt.

Bei der Anreise per Bahn kann die Verbindung mit der kürzesten Reisedauer gewählt werden, auch wenn diese höhere Kosten verursachen sollte. Bei Bahnfahrten ist die Erstattung einer Reise erster Klasse angemessen, außerdem die Kosten für die Reservierung.

Bei Nutzung eines Pkw sind in entsprechender Anwendung des Vergütungsverzeichnisses zum Rechtsanwaltsvergütungsgesetz (Nr. 7003 VV RVG) 0,30 EUR für jeden gefahrenen Kilometer zu erstatten.

276. Besteht im Zusammenhang mit Beiratssitzungen ein Anspruch auf Erstattung von Übernachtungskosten?

Auch hier gilt: Soweit sie im Einzelfall und je nach Sachlage als angemessen und erforderlich erscheinen dürfen, sind auch Übernachtungskosten erstattungsfähig.

Wenn eine Eigentümergemeinschaft einen weit von der Anlage entfernt lebenden Wohnungseigentümer zum Beirat wählt, dem es nicht zuzumuten ist, nach einer Beiratssitzung etwa noch in der Nacht nach Hause zurückzufahren, muss sie damit rechnen, dass notwendigerweise auch Übernachtungskosten durch die Wahrnehmung von Beiratssitzungen anfallen werden.

Selbstverständlich muss das betreffende Beiratsmitglied dabei Augenmaß bewahren. Die mehrere hundert Euro teure Übernachtung in einem Grand-Hotel stellt keinen angemessenen Aufwand dar, genauso wenig kann ein Beiratsmitglied auf die Übernachtung in einer Jugendherberge verwiesen werden.

277. Hat der Verwaltungsbeirat Anspruch auf Erstattung von Übernachtungskosten, die anlässlich der Teilnahme an einer Eigentümerversammlung entstehen?

Nein, da die Teilnahme an Eigentümerversammlungen keine Folge der Beiratstätigkeit darstellt, sondern sich unmittelbar aus der Eigentümerstellung selbst ergibt. Übernachtungskosten im Zusammenhang mit Eigentümerversammlungen stellen also keine Aufwendungen dar, die anlässlich der Beiratstätigkeit anfallen, insoweit kann kein Aufwendungsersatzanspruch entstehen.

278. Hat der Verwaltungsbeirat Anspruch auf Erstattung von Portoauslagen, Fotokopier- und Telefonkosten?

Ja, hierbei handelt es sich um die typischen Auslagen, die im Rahmen eines Auftragsverhältnisses als Aufwendungsersatz gemäß §670 BGB verlangt werden können.

279. In welcher Höhe sind Kopier-, Porto- und Telefonkosten zu erstatten?

Grundsätzlich in der Höhe, in der sie anfallen. Daher sind die Auslagen, deren Erstattung verlangt wird, im Einzelnen nachzuweisen. Auch nachweisbare Auslagen sind jedoch nur insoweit von der Eigentümergemeinschaft zu erstatten, als das Beiratsmitglied den verursachten Aufwand im Sinne ordnungsgemäßer Verwaltung je nach Sachlage für erforderlich halten durfte.

280. Können diese Aufwendungen auch pauschaliert erstattet werden?

Ja, die Eigentümergemeinschaft kann durch Mehrheitsbeschluss eine angemessene Auslagenpauschale festlegen (BayObLG, Beschluss vom 30.4.1999, 2 Z Br 153/98, NZM 1999, 862, 865; OLG Schleswig, Beschluss vom 13.12.2004, 2 W 124/03, NZM 2005, 588, 589).

281. Wie hoch darf der pauschalierte Aufwendungsersatz sein?

Ein pauschaler Aufwendungsersatz muss entsprechend den Verhältnissen der Eigentümergemeinschaft in einem vertretbaren Rahmen liegen und damit dem Gebot ordnungsgemäßer Verwaltung entsprechen (BayObLG, Beschluss vom 30.4.1999, 2 Z Br 153/98, NZM 1999, 862, 865). Je nach Größe einer Eigentümergemeinschaft und dem im Regelfall davon abhängenden Umfang der Verwaltungsbeiratstätigkeit erscheint eine Aufwandspauschale zwischen 300 und 500 EUR pro Jahr und Beiratsmitglied als angemessen. Insoweit ist eine Eigentümergemeinschaft gut beraten, dem Werbecredo der heutigen Zeit »Geiz ist geil« zu entsagen und es ihren Verwaltungsbeiratsmitgliedern angesichts einer großzügig bemessenen Aufwendungspauschale zu ersparen, sich der Mühsal eines Auslageneinzelnachweises zu unterziehen. So wäre es unzumutbar, von Verwaltungsbeiräten verlangen zu wollen, Listen zu führen, in denen Telefonate und das Gebührenaufkommen festgehalten werden, sowie Aufstellungen vorzulegen, aus denen sich die Zahl versandter Briefe und die Höhe der jeweils notwendigen Porti ergibt, ein Fahrtenbuch zum Nachweis von Kilometergeld zu führen oder unzählige Belege über Kopierkosten oder den Kauf von Kleinmaterialien zu sammeln.

Wer Verwaltungsbeiräten einen unangemessen hohen Selbstverwaltungsaufwand oder gar eine Diskussion über die Rechtfertigung von Cent-Beträgen zumutet, wird keinen Eigentümer finden, der dazu bereit ist, dieses ohnehin oft undankbare Ehrenamt zu übernehmen. Es ist daher zu begrüßen, dass in der Rechtsprechung zum Beispiel ein Gesamtbetrag von 3.579,04 EUR als Aufwandsentschädigung pro Jahr für insgesamt drei Beiratsmitglieder bei einer Großanlage mit 340 Einheiten als angemessen angesehen wurde (LG Hannover, Beschluss vom 10.1.2006, 4 T 78/05, ZMR 2006, 398) oder auch eine Pauschale von 20 EUR pro Beiratssitzung und Beiratsmitglied (OLG Schleswig, Beschluss vom 13.12.2004, 2 W 124/03, NZM 2005, 588, 589).

282. Darf der Verwaltungsbeirat Fachliteratur auf Kosten der Eigentümergemeinschaft anschaffen?

Qualifizierte Arbeit und das Erreichen guter Ergebnisse setzt auch bei der Verwaltungsbeiratstätigkeit voraus, dass gutes Handwerkszeug vorhanden ist. In welchem Umfang dem Verwaltungsbeirat Fachliteratur zur Verfügung zu stellen ist, hängt vom Einzelfall ab. Je nach Größe der Anlage, nach Ausmaß der Beiratstätigkeit und insbesondere nach deren rechtlichem und technischem Schwierigkeitsgrad kann der Verwaltungsbeirat von der Eigentümergemeinschaft die Ausstattung mit einschlägiger Fachliteratur verlangen (BayObLG, Beschluss vom 30.6.1993, 2 Z 76/82, DWE 1983, 123, 124 linke Spalte oben).

Insoweit erscheint Großzügigkeit geboten, da das Bestreben von Beiräten, sich zu informieren oder fortzubilden, unmittelbar im Interesse der Eigentümergemeinschaft liegt und dieser zugutekommt. Anspruch auf Bereitstellung von Einführungsliteratur hat jeder Verwaltungsbeirat unabhängig von der Größe einer Gemeinschaft, da grundsätzlich von keinem Miteigentümer verlangt werden kann, das Beiratsamt zu übernehmen, ohne sich wenigstens über die grundlegenden Rechte, Pflichten und Aufgabenstellungen informieren zu können, deren Kenntnis ja von ihm verlangt wird. Dass sich ein Beirat derartige Unterlagen auf eigene Kosten anschaffen müsste, um den Grundanforderungen, die das Beiratsamt an ihn stellt, gerecht werden zu können, wäre unangemessen und kann unter keinem Gesichtspunkt verlangt werden.

Erscheinen Neuauflagen einschlägiger Fachliteratur, sind diese dem Verwaltungsbeirat zur Verfügung zu stellen, da eine sachgerechte Beiratsarbeit nur mit der Kenntnis aktueller Literatur und Rechtsprechung möglich ist.

283. Hat der Verwaltungsbeirat Anspruch auf Teilnahme an Schulungen, Seminaren oder Weiterbildungsveranstaltungen auf Kosten der Eigentümergemeinschaft?

Verwaltungsbeiratsmitglieder verfügen für die Wahrnehmung der ihnen übertragenen Aufgaben im Regelfall über keine Vorbildung oder irgendwelche Vorkenntnisse. Daher entspricht es dem Gebot ordnungsgemäßer Verwaltung, dass jeder, der erstmals zum Verwaltungsbeirat gewählt wird, auf Kosten der Eigentümergemeinschaft eine Schulungs- oder Informationsveranstaltung besuchen darf, um sich die für seine Tätigkeit notwendigen Grundkenntnisse anzueignen. Da diese Grundkenntnisse für jedes Beiratsmitglied unentbehrlich sind, kann es dabei nicht auf die Größe der Gemeinschaft ankommen.

Der Anspruch auf Teilnahme an vertiefenden Weiterbildungsveranstaltungen hängt vom Einzelfall ab, ist aber in jedem Fall bei Großgemeinschaften gegeben, bei denen Verwaltungsbeiräte mit vielfältigen rechtlichen, technischen und wirtschaftlichen Problemstellungen konfrontiert werden und deshalb besondere Fachkenntnisse bei der Durchführung ihrer Aufgaben benötigen (BayObLG, Beschluss vom 30.6.1983, 2 Z 76/82, DWE 1983, 123, 124).

284. Wer trägt die Kosten für Rundschreiben oder Aushänge des Verwaltungsbeirats?

Sind Mitteilungen des Verwaltungsbeirats aus sachlichem Grund zur Information der übrigen Miteigentümer notwendig, kann der Verwaltungsbeirat von der Eigentümergemeinschaft Ersatz der dadurch entstehenden Kosten verlangen. Private Mitteilungen oder persönliche Stellungnahmen, die mit der Wahrnehmung der Verwaltungsbeiratsaufgaben nichts zu tun haben, gehören nicht dazu, sodass insoweit kein Kostenersatz verlangt werden kann (KG, Beschluss vom 19.7.2004, 24 W 349/02, WuM 2004, 623).

285. Ist für die Erstattung der Verwaltungsbeiratsauslagen ein Eigentümerbeschluss erforderlich?

Nein, da es sich um einen in §670 BGB gesetzlich geregelten Aufwendungsersatzanspruch handelt, ist kein gesonderter Eigentümerbeschluss dafür notwendig, dass der Verwalter Beiratsauslagen, soweit sie in angemessener Höhe entstanden und nachgewiesen sind, zu Lasten des Gemeinschaftskontos der Eigentümergemeinschaft erstatten kann. Ist sich der Verwalter jedoch im Einzelfall unsicher, ob die vom Verwaltungsbeirat verursachten Auslagen angemessen sind, sollte er die Eigentümergemeinschaft über den Aufwendungsersatzanspruch entscheiden lassen. Soll einem Verwaltungsbeirat hingegen ein pauschalierter Auslagenersatz gezahlt werden, bedarf dies in allen Fällen eines Eigentümerbeschlusses, sei es für den Einzelfall, sei es im Rahmen einer Beiratsordnung.

286. Hat der Verwaltungsbeirat Anspruch auf Ersatz von Prozesskosten, die in einem Verfahren entstanden sind, an dem er als Partei beteiligt war?

Das hängt davon ab, ob das Gerichtsverfahren durch ein pflichtwidriges Verhalten des Verwaltungsbeirats ausgelöst wurde oder Folge und Begleiterscheinung der ordnungsgemäßen Wahrnehmung der Beiratsaufgaben ist. Zu den gegen Nachweis gemäß §670 BGB erstattungsfähigen Aufwendungen gehören die Kosten, die dem Verwaltungsbeirat dadurch entstanden sind, dass er auftragsgemäß einen Rechtsstreit als Prozess- oder Verfahrensstandschafter für die Gemeinschaft geführt hat. Das Gleiche gilt, wenn ein Verwaltungsbeirat von einem Miteigentümer im Zusammenhang mit der Ausübung seiner Beiratstätigkeit unberechtigterweise in Anspruch genommen wurde, zum Beispiel bei einer Klage auf Unterlassung der Namensnennung von wohngeldrückständigen Miteigentümern, auf Duldung der Teilnahme an Verwaltungsbeiratssitzungen usw.

Geht ein gegen den Beirat gerichteter Prozess verloren und werden den Mitgliedern des Verwaltungsbeirats die Prozesskosten auferlegt, so haben die Verwaltungsbeiratsmitglieder in aller Regel gegenüber der Eigentümergemeinschaft einen Freistellungsanspruch. Das gilt jedenfalls dann, wenn ihnen kein Vorwurf wegen grober Fahrlässigkeit gemacht werden kann, weil die gerichtliche Auseinandersetzung überhaupt entstanden ist. Denn der Beauftragte darf in der Regel nicht mit dem vollen Risiko der im Interesse des Geschäftsherrn ausgeübten Tätigkeit belastet werden. Hat der Verwaltungsbeirat jedoch eine prozessuale Auseinandersetzung durch grob pflichtwidriges Verhalten oder vorsätzliche Kompetenzüberschreitung verursacht, wird er das Prozesskostenrisiko selbst tragen müssen.

Eine Eigentümergemeinschaft hatte zum Beispiel beschlossen, ihrem Verwaltungsbeirat die Kosten eines Verfahrens zu erstatten, das dadurch entstanden war, dass der Beirat seine Neutralitätspflicht verletzt und Miteigentümer durch einen Aushang in der Wohnanlage angegriffen hatte. Dieser Beschluss wurde für ungültig erklärt (KG, Beschluss vom 19.7.2004, 24 W 349/02, WuM 2004, 623 = DWE 2004, 100).

287. Muss ein Verwaltungsbeirat den ihm von der Eigentümergemeinschaft auf Einzelnachweis gezahlten Aufwendungsersatz versteuern?

Nein, dieser Aufwendungsersatz unterliegt nicht der Besteuerung, denn ihm stehen in gleicher Höhe Ausgaben gegenüber, sodass kein steuerpflichtiger Gewinn verbleibt (Drasdo, Die Vergütung der Verwaltungsbeiratsmitglieder, ZMR 1998, 130, 131).

288. Ist ein als Pauschale von der Eigentümergemeinschaft gezahlter Aufwendungsersatz zu versteuern?

Nein, solange es sich um Beträge handelt, die der Höhe nach den nach allgemeinen Erfahrungsgrundsätzen üblichen Aufwand eines Verwaltungsbeirats nicht überschreiten (Drasdo, ZMR 1998, 130, 131).

289. Ist eine über den bloßen Aufwendungsersatz hinausgehende Vergütung zu versteuern?

Ja, § 8 Abs. 1 Nr. 3 Einkommensteuergesetz bestimmt, dass auch Einkünfte aus sonstigen selbstständigen Tätigkeiten der Steuerpflicht unterliegen.

H. Die Beendigung der Verwaltungs-beiratstätigkeit

290. Wann endet die Amtszeit eines Verwaltungsbeirats?

Im Regelfall endet die Verwaltungsbeiratstätigkeit automatisch dadurch, dass die Gemeinschaft einen neuen Verwaltungsbeirat wählt (LG Nürnberg-Fürth, Beschluss vom 15.1.2001, 14 T 7427/00, ZMR 2001, 746), denn in der Bestellung eines neuen Verwaltungsbeirats ist schlüssig die Abberufung des alten enthalten. Ein zusätzlicher Beschluss über die Abberufung des alten Verwaltungsbeirats, der Ausspruch einer Kündigung oder einer wie auch immer sonst gearteten auf die Beendigung der Verwaltungsbeiratstätigkeit gerichtete Willensbekundung der Eigentümergemeinschaft ist nicht erforderlich.

291. Wann und unter welchen Voraussetzungen kann ein Verwaltungsbeirat abberufen werden?

Die Frage, ob und unter welchen Voraussetzungen ein Verwaltungsbeirat abgewählt oder abberufen werden kann, ist gesetzlich nicht geregelt. Sofern ein Verwaltungsbeirat nicht für eine bestimmte Zeitdauer gewählt wurde, darf eine Eigentümergemeinschaft den Verwaltungsbeirat, soweit er unentgeltlich tätig ist, jederzeit und ohne Vorliegen besonderer Voraussetzungen abberufen. Dazu bedarf es keiner Angabe von Gründen, die Abberufung erfolgt nach freiem Ermessen durch Mehrheitsbeschluss (OLG Hamm, Beschluss vom 18.1.1999, 15 W 77/98, NZM 1999, 227).

292. Wann bedarf es für die Abberufung eines wichtigen Grundes?

Wurde der Verwaltungsbeirat für eine bestimmte Zeitdauer bestellt, muss eine vorzeitige Abberufung begründet werden. Gerechtfertigt ist eine vorzeitige Abberufung nur, wenn ein wichtiger Grund vorliegt, zum Beispiel Untätigkeit, beleidigendes Verhalten gegenüber Miteigentümern, Belastung des Vertrauensverhältnisses zwischen Eigentümergemeinschaft und Verwaltung durch unsachliche Angriffe, ungerechtfertigte Vorwürfe usw.

293. Sind die Mitglieder des Verwaltungsbeirats stimmberechtigt, wenn über ihre Abberufung abgestimmt wird?

Bei der ordentlichen Abberufung ist auch das abzuberufende Mitglied des Verwaltungsbeirats stimmberechtigt (BayObLG, Beschluss vom 20.3.1990, 2 Z 22/90, WE 1991, 226). Dies wird damit begründet, dass bei einer ordentlichen

Abberufung keine Interessenkollision zwischen dem Gemeinschaftsinteresse einerseits und dem Interesse des einzelnen Verwaltungsbeiratsmitglieds andererseits besteht, weil damit keine negative Bewertung der Arbeit des Verwaltungsbeirats oder seiner Person verbunden ist.

Anders verhält es sich bei einer Abberufung aus wichtigem Grund, hier sind die Mitglieder des Verwaltungsbeirats vom Stimmrecht ausgeschlossen. Da für die außerordentliche Abberufung grundsätzlich ein wichtiger Grund erforderlich und dieser in aller Regel mit einer negativen Bewertung des Verhaltens eines Verwaltungsbeiratsmitglieds verbunden ist, wird unter Hinweis auf den Rechtsgedanken aus dem Gesellschaftsrecht (§§ 117, 127, 140 Handelsgesetzbuch) die Auffassung vertreten, dass derjenige, dem aus wichtigem Grunde eine Rechtsposition entzogen werden soll, bei der Beschlussfassung vom Stimmrecht ausgeschlossen ist.

Entgegen der überwiegenden Meinung überzeugt die Gegenauffassung, die auch bei der Abberufung aus wichtigem Grund von einer Stimmberechtigung des Verwaltungsbeirats ausgeht. Ein Fall des § 25 Abs. 5 WEG liege nicht vor, wonach ein Wohnungseigentümer dann nicht stimmberechtigt sei, wenn sich die Beschlussfassung auf ein Rechtsgeschäft bezieht, das mit der Verwaltung des gemeinschaftlichen Eigentums zusammenhängt, oder auf die Einleitung oder Erledigung eines Rechtsstreits der anderen Wohnungseigentümer gegen ihn. Das Argument einer bestehenden Interessenkollision könne hier auch nicht greifen, da bei der Interessenschau kein Unterschied zwischen der normalen Abberufung und der Abwahl aus wichtigem Grund gemacht werden könne. In beiden Fällen liege die Aufgabe des Beiratsamtes möglicherweise nicht im Interesse des Betroffenen, sodass eine Abwahl mit der eigenen Sicht kollidiere. Auch das üblicherweise mit einer Abwahl aus wichtigem Grund verbundene Unwerturteil über die Person oder Tätigkeit des Verwaltungsbeiratsmitglieds reiche nicht aus, um die gravierende Rechtsfolge zu rechtfertigen, ihn von einem elementaren Recht, nämlich dem Stimmrecht, auszuschließen (BayObLG, Beschluss vom 20.3.1990, 2 Z 22/90, WE 1991, 226, 227).

294. Wann endet die Amtszeit eines Verwaltungsbeiratsmitglieds, wenn der Beschluss über die Abberufung gerichtlich angefochten wird?

Ein Verwaltungsbeiratsmitglied, das durch Beschluss der Eigentümer von seinem Amt abberufen wurde, scheidet unmittelbar mit Zugang der im Abberufungsbeschluss liegenden Erklärung aus dem Verwaltungsbeirat aus. Diese Rechtswirkung wird durch Erhebung einer Anfechtungsklage nicht hinausgeschoben, denn ein Beschluss der Wohnungseigentümer ist nach § 23 Abs. 4

WEG wirksam, solange er nicht durch rechtskräftiges Urteil für ungültig erklärt wurde (OLG Hamm, Beschluss vom 20.2.1997, 15 W 295/96, WE 1997, 385, 386). Eine gerichtliche Anfechtung hat keine aufschiebende Wirkung.

295. Welche Rechtsfolgen hat es, wenn der Beschluss über die Abberufung eines Verwaltungsbeiratsmitglieds durch ein Gericht rechtskräftig für unwirksam erklärt wird?

Mit rechtskräftiger Ungültigkeitserklärung durch das Gericht ist der angefochtene Beschluss von Anfang an als ungültig anzusehen. Das abberufene Mitglied des Verwaltungsbeirats ist also so zu stellen, als hätte die Abberufung nicht stattgefunden. Die Verwaltungsbeiratstätigkeit kann also weiter ausgeübt werden, ohne dass es einer Neuwahl bedürfte.

Hat zwischenzeitlich eine Neu- oder Nachwahl für das abberufene Beiratsmitglied stattgefunden, wird der amtierende Verwaltungsbeirat um das ehemalige Mitglied vergrößert.

296. Muss die Abberufung dem Verwaltungsbeirat gegenüber erklärt werden?

Ja, die Abberufung muss dem Abzuberufenden erklärt werden, das heißt, die entsprechende Willensbekundung muss dem Betroffenen zugehen. Ist er selbst bei der Eigentümerversammlung dabei, in der entsprechende Beschlüsse gefasst werden, gilt die Abberufung mit Verkündung des Beschlussergebnisses durch den Versammlungsleiter als zugegangen. Falls ein abberufenes Verwaltungsbeiratsmitglied nicht persönlich anwesend ist, so hat der Verwalter die Aufgabe, ihm den Beschluss mitzuteilen. Mit dem Zugang der entsprechenden Mitteilung des Verwalters beim Beiratsmitglied wird dann die Abberufung wirksam.

297. Müssen vor der Wahl anderer Miteigentümer zum Verwaltungsbeirat die Mitglieder des bisherigen Beirats abberufen werden?

Nein, in der Bestellung eines neuen Verwaltungsbeirats liegt regelmäßig konkludent die Abberufung der bisherigen Mitglieder des Verwaltungsbeirats (OLG München, Beschluss vom 31.7.2007, 34Wx 069/07, ZMR 2007, 996, 998; LG Nürnberg-Fürth, Beschluss vom 15.1.2001, 14 T 7427/00, ZMR 2001). Mit der Verkündung des Beschlusses über die Wahl neuer Verwaltungsbeiratsmitglieder und der Annahme der Wahl durch diese endet mithin die Amtsstellung der bisherigen Mitglieder des Verwaltungsbeirats automatisch.

298. Kann ein Verwaltungsbeirat sein Amt niederlegen?

Ja, jedes Mitglied des Verwaltungsbeirats kann sein Amt jederzeit mit sofortiger Wirkung niederlegen (KG, Beschluss vom 8.1.1997, 24 W 7947/95, ZMR 1997, 544, 545). Einer Begründung bedarf es dazu nicht. Eine Ausnahme soll nur dann gelten, wenn die Amtsniederlegung zur Unzeit erfolgen würde.

299. Was bedeutet »Niederlegung des Verwaltungsbeiratsamtes zur Unzeit«?

Die Niederlegung des Verwaltungsbeiratsamtes erfolgt dann zur Unzeit, wenn unmittelbar wichtige Verwaltungsbeiratsaufgaben anstehen, die angesichts fester Termine von einem Nachfolger nicht erledigt werden könnten. Als Beispiel für die Beendigung der Verwaltungsbeiratstätigkeit zur Unzeit wird die Niederlegung unmittelbar vor einer Wohnungseigentümerversammlung oder in der Urlaubszeit genannt.

Dem kann nicht gefolgt werden, da sich der Begriff »zur Unzeit« nicht allein im Verhältnis zur Eigentümergemeinschaft und deren Bedürfnissen definiert, sondern es insbesondere auch auf die Person des Beiratsmitglieds und seine besondere Lebenssituation ankommt. Wird ein Beiratsmitglied von einem persönlichen Schicksalsschlag getroffen, zum Beispiel durch den Tod eines Familienangehörigen, ist dieser Miteigentümer selbstverständlich zu keinem Zeitpunkt gehindert, sich sofort aus seinem Amt zu verabschieden – selbst wenn am nächsten Tag eine Eigentümerversammlung ansteht. Dasselbe gilt für jede andere schwere persönliche Betroffenheit. Angesichts einer solchen Situation würde es ohnehin fraglich erscheinen, ob das betroffene Beiratsmitglied aufgrund der von ihm zu bewältigenden anderweitigen Belastungen überhaupt in der Lage wäre, beispielsweise verantwortungsbewusst Belege und Rechnungen zu prüfen.

Denkbar wäre auch eine vollständige Zerrüttung des Verhältnisses zwischen den Beiratsmitgliedern bis hin zu groben Beleidigungen oder tätlichen Angriffen, sodass eine Beiratstätigkeit ohnehin praktisch gar nicht mehr stattfindet. Damit kann es eine Amtsniederlegung zur Unzeit mangels Ausübung des Amtes nicht mehr geben.

Wann immer ein Beiratsmitglied aus wichtigem Grund sein Mandat niederlegt und dessen Fortführung aus persönlichen Gründen unzumutbar wäre, kann die Frage nach dem Zeitpunkt der Niederlegung keine Rolle mehr spielen. Anders kann es sich verhalten, wenn sich ein Beiratsmitglied einer ihm nach dem Gesetz obliegenden Aufgabe durch eine Amtsniederlegung entziehen will und dadurch für die Eigentümergemeinschaft Nachteile oder Schäden entstehen würden.

Das wäre zum Beispiel der Fall, wenn sich ein Verwaltungsbeiratsvorsitzender, sein Stellvertreter oder gar der Beirat insgesamt weigert, eine Eigentümerversammlung einzuberufen, bei der ein neuer Verwalter bestellt werden soll, weil dieses Amt nicht besetzt ist. Eine Amtsniederlegung unter solchen Umständen käme zur Unzeit, denn der Beweggrund bestünde allein darin, sich dieser Aufgabe zu entziehen. Dadurch könnte ggf. ein Gerichtsverfahren notwendig werden, bei dem sich ein Eigentümer ermächtigen lassen muss, eine Eigentümerversammlung einberufen zu dürfen, um eine Verwalterneuwahl zu ermöglichen. Dies könnte im Einzelfall sogar zu Schadensersatzansprüchen der Gemeinschaft führen.

300. Bedarf die Niederlegung des Amtes einer Begründung?

Nein, das Amt kann ohne Angabe von Gründen niedergelegt werden (KG, Beschluss vom 8.1.1997, 24 W 7947/95, ZMR 1997, 544, 545). Eine ehrenamtliche Tätigkeit kann niemandem aufgezwungen werden und es muss auch niemand gegen seinen Willen an einer teilweise mit erheblichem Aufwand und zudem einem Haftungsrisiko verbundenen Aufgabe festhalten. Daher muss ein jeder Miteigentümer frei entscheiden dürfen, ob und wie lange er sich für das Amt eines Verwaltungsbeirats zur Verfügung stellt und warum er dies schließlich nicht mehr tun will.

Eine Begründung ist allerdings anzuraten, wenn ein Beiratsmitglied den Vorwurf befürchten muss, es habe sein Amt zur Unzeit niedergelegt. In diesem Fall sollte schon zur eigenen Absicherung die Amtsniederlegung begründet werden. Darüber hinaus dürfte es das Gebot eines in der Sache angemessenen Umgangs der Mitglieder einer Eigentümergemeinschaft untereinander erfordern, dass ein Beiratsmitglied seiner Eigentümergemeinschaft darlegt, warum es das Amt zukünftig nicht mehr ausüben möchte. Denn wenn irgendwelche Missstände hierfür verantwortlich sein sollten, muss die Eigentümergemeinschaft das wissen, damit sie etwas verändern kann.

301. Wem gegenüber ist die Erklärung über die Amtsniederlegung abzugeben?

Die Erklärung kann entweder direkt gegenüber den einzelnen Miteigentümern oder gegenüber dem Verwalter abgegeben werden, in jedem Fall muss sie dem Adressaten zugehen. Bei einer Erklärung gegenüber den Eigentümern muss sie jedem einzelnen Miteigentümer zugestellt werden. Wird die Erklärung im

Rahmen einer Eigentümerversammlung abgegeben, bei der nicht alle Wohnungseigentümer anwesend sind, wird sie erst wirksam, wenn sie auch den Wohnungseigentümern zugegangen ist, die nicht an der Versammlung teilgenommen haben (OLG München, Beschluss vom 6.9.2005, 32 Wx 060/05, ZMR 2005, 980). Dies geschieht regelmäßig durch Versenden des Protokolls der Eigentümerversammlung, in der die Erklärung enthalten ist.

Wird die Erklärung außerhalb einer Eigentümerversammlung dem Verwalter gegenüber abgegeben, so reicht der Zugang beim Verwalter aus. Denn er ist gemäß §27 Abs. 2 Nr. 1 WEG berechtigt, im Namen aller Wohnungseigentümer und mit Wirkung für sie und gegen sie Willenserklärungen entgegenzunehmen, soweit sie an alle Wohnungseigentümer in dieser Eigenschaft gerichtet sind.

302. Welche Auswirkung hat der Verkauf des Wohnungseigentums auf die Stellung als Mitglied des Verwaltungsbeirats?

Veräußert ein Mitglied des Verwaltungsbeirats sein Wohnungseigentum, so endet seine Rechtsstellung als Mitglied des Verwaltungsbeirats in dem Augenblick, in dem er aus der Wohnungseigentümergemeinschaft ausscheidet (BayObLG, Beschluss vom 5.11.1992, 2 Z BR 77/92, ZMR 1993, 127, 128), da gemäß §29 Abs. 1 Satz 2 WEG nur Wohnungseigentümer Mitglied des Verwaltungsbeirats sein können.

Die Unterzeichnung des schuldrechtlichen Kaufvertrags vor dem Notar hat daher genauso wenig Auswirkung auf die Stellung als Verwaltungsbeirat wie die Besitzübergabe einer Wohnung auf den Erwerber. Erst mit dem Tag der Eigentumsumschreibung im Grundbuch auf den Erwerber verliert das Beiratsmitglied seine Eigentümerstellung. An diesem Tag scheidet das Beiratsmitglied aus der Eigentümergemeinschaft aus, die Mitgliedschaft im Verwaltungsbeirat endet damit automatisch.

303. Welche Folgen ergeben sich, wenn ein Verwaltungsbeirat Eigentümer mehrerer Einheiten ist und davon eine Einheit oder mehrere Einheiten verkauft?

Der Verkauf einer oder mehrerer Einheiten ist für die Stellung als Verwaltungsbeiratsmitglied unschädlich, solange das Beiratsmitglied noch für mindestens ein einziges Sondereigentum als Eigentümer im Grundbuch steht. Solange die Mitgliedschaft in der Eigentümergemeinschaft besteht, kann das Amt eines Verwaltungsbeirats ausgeübt werden.

304. Wird ein Wohnungseigentümer, der durch Verkauf seines Sondereigentums aus dem Verwaltungsbeirat ausgeschieden ist, automatisch wieder Verwaltungsbeiratsmitglied, wenn er später erneut Mitglied der Wohnungseigentümergemeinschaft wird?

Nein, wer durch Ausscheiden aus der Wohnungseigentümergemeinschaft sein Amt als Verwaltungsbeirat verloren hat, tritt bei einem späteren erneuten Eigentumserwerb nicht ohne neue Bestellung wieder in den Verwaltungsbeirat ein (BayObLG, Beschluss vom 5.11.1992, 2 Z BR 77/92, ZMR 1993, 127, 128).

Erwirbt ein ehemaliges Verwaltungsbeiratsmitglied zu einem späteren Zeitpunkt Wohnungseigentum und wird damit erneut Mitglied der Wohnungseigentümergemeinschaft, so kann es wieder in den Verwaltungsbeirat gewählt werden. Ohne gesonderte neue Bestellung kann das Amt allerdings nicht mehr ausgeübt werden (BayObLG, Beschluss vom 5.11.1992, 2 Z BR 77/92, ZMR 1993, 127, 129).

305. Welche Rechtsfolgen für die Stellung als Mitglied des Verwaltungsbeirats sind mit dem Versterben eines Verwaltungsbeirats verbunden?

Auch das Versterben ist eine Form des Ausscheidens aus dem Verwaltungsbeirat. Mit dem Tod des Miteigentümers endet das Verwaltungsbeiratsamt (BayObLG, Beschluss vom 16.6.1988, Breg. 2 Z 46/88, BayObLGZ 1988, 212, 214). Die Position des verstorbenen Beiratsmitglieds bleibt vakant, sofern die Eigentümergemeinschaft nicht für den Fall des Ausscheidens einzelner Beiräte Ersatzmitglieder bestimmt hat.

306. Tritt ein Erbe des verstorbenen Beiratsmitglieds an dessen Stelle?

Nein, da das Amt des Verwaltungsbeirats eine höchstpersönliche Tätigkeit darstellt, ist die Position des Verwaltungsbeirats nicht vererblich (BayObLG Beschluss vom 16.6.1988, 2 Z 46/88, BayObLGZ 1988, 212, 214; Bub, ZWE 2002, 7, 13; Armbrüster, ZWE 2001, 412). Beim Tod eines Beiratsmitglieds entfällt dessen Beiratsmandat ersatzlos.

307. Hat das Ausscheiden eines oder mehrerer Beiratsmitglieder Auswirkungen auf den Bestand des Verwaltungsbeirats insgesamt?

Scheidet ein Mitglied aus dem Verwaltungsbeirat – aus welchem Grund auch immer – aus, zum Beispiel durch Amtsniederlegung, Tod oder Verkauf des Sondereigentums, so besteht der Verwaltungsbeirat als sogenannter Rumpfbeirat bis zur Bestellung eines Ersatzmitglieds oder bis zur kompletten Neuwahl des Beirats aus den restlichen noch verbliebenen Beiratsmitgliedern fort (BayObLG, Beschluss vom 16.6.1988, BReg. 2 Z 46/88, BayObLGZ 1988, 212, 214; Dippel/Wolicki, NZM 1999, 603).

308. Können ergänzend zum Verwaltungsbeirat Ersatzmitglieder gewählt werden, die bei Ausscheiden eines oder mehrerer Beiratsmitglieder automatisch nachrücken?

Ja, durch eine Wahl von Ersatzmitgliedern wird die in § 29 Abs. 1 WEG vorgesehene Zusammensetzung eines Verwaltungsbeirats nicht verändert – ein Wohnungseigentümer als Vorsitzender und zwei weitere Wohnungseigentümer als Beisitzer –, da Ersatzmitglieder nicht gleichzeitig mit den hauptamtlich gewählten Beiräten tätig werden.

Es empfiehlt sich, bei der Wahl mehrerer Ersatzmitglieder die Reihenfolge des Vorrückens genau zu bestimmen. Dies kann entweder personenbezogen geschehen: Bei Ausscheiden des Beirats A rückt für diesen Ersatzmitglied Z nach. Oder es kann allgemein und unabhängig davon, welches Beiratsmitglied ausscheidet, die Reihenfolge festgelegt werden, in der nachgerückt wird. Die personenbezogene Ersatzmitgliedschaft empfiehlt sich dann, wenn ein Ersatzmitglied und das zu ersetzende Mitglied des Verwaltungsbeirats vergleichbare fachspezifische Befähigungen haben und im Hinblick darauf gewählt wurden, zum Beispiel Miteigentümer mit besonderen juristischen, kaufmännischen oder technischen Kenntnissen.

309. Können Ersatzmitglieder nur gewählt werden, wenn dies in der Gemeinschaftsordnung vorgesehen ist?

Nein, nach hier vertretener Auffassung kann eine Eigentümergemeinschaft jederzeit durch Mehrheitsbeschluss für den Fall des Ausscheidens eines regulär gewählten Verwaltungsbeiratsmitglieds vorsorgen und als Nachrücker ein Ersatzmitglied wählen. Da das Gesetz zur Wahl von Ersatzmitgliedern keine Bestimmungen enthält, obliegt die Entscheidung hierüber in gleicher Weise der Beschlusskompetenz einer Eigentümergemeinschaft, wie sie Kassenprüfer (jedoch nicht bei bestehendem Beirat) oder sonstige Gremien und Ausschüsse wählen kann, deren Existenz das Wohnungseigentumsgesetz ebenfalls nicht ausdrücklich vorsieht.

Es ist allerdings darauf hinzuweisen, dass in der Literatur auch die Auffassung vertreten wird, dass ein Mehrheitsbeschluss über die Wahl eines Ersatzmitglieds anfechtbar sei, wenn die Gemeinschaftsordnung die Wahl von Ersatzmitgliedern nicht vorsieht.

310. Kann ein Ersatzmitglied bereits bei vorübergehender Verhinderung eines Verwaltungsbeirats tätig werden?

Nein, denn dann gäbe es vier Beiratsmitglieder. Das würde einen Verstoß gegen §29 Abs. 1 Satz 2 WEG bedeuten, wonach der Beirat nur aus drei Personen besteht. Ersatzmitglieder sind keine Stellvertreter, die bereits bei einer vorübergehenden Verhinderung eines Beiratsmitglieds zum Einsatz kommen könnten. Vielmehr rücken sie für ein endgültig aus dem Verwaltungsbeirat ausgeschiedenes Mitglied nach und nehmen dessen Stelle ein. Sollen jedoch Stellvertreter gewählt werden, die bereits bei nur vorübergehender Verhinderung eines Verwaltungsbeiratsmitglieds tätig werden sollen und dürfen, so muss diese Möglichkeit in der Teilungserklärung ausdrücklich vorgesehen oder anderweitig vereinbart sein. Durch Mehrheitsbeschluss kann eine solche Stellvertretung für Verwaltungsbeiräte nicht eingeführt werden.

311. Kann der Verwaltungsbeirat eines seiner Mitglieder aus dem Beirat ausschließen?

Nein, da die Mitglieder des Verwaltungsbeirats von der Eigentümergemeinschaft gewählt werden, unterliegt es nicht der Beschlusskompetenz des Beirats, diese Entscheidung der Eigentümer zu korrigieren oder abzuändern. Falls zum Beispiel aufgrund nachhaltiger Zerstrittenheit der Verwaltungsbeiratsmitglieder untereinander eine Beiratsarbeit nicht mehr möglich ist, bleibt nur die Amtsniederlegung bzw. der Antrag, auf der nächsten Eigentümerversammlung über die Zusammensetzung des Verwaltungsbeirats neu zu entscheiden.

312. Welche Rechtsfolgen hat es, wenn ein als Verwaltungsbeirat tätiger Miteigentümer zum Verwalter bestellt wird?

Die in der Literatur vertretene Auffassung, dass das Verwaltungsbeiratsamt wegen der Unvereinbarkeit beider Ämter automatisch endet, sobald ein Mitglied des Verwaltungsbeirats zum Verwalter bestellt wurde, da der Prioritätsgrundsatz nicht anwendbar sei, überzeugt nicht. Wenn wegen der Unvereinbarkeit des Geschäftsführungsamtes eines Verwalters mit der Aufgabe des Verwaltungsbeirats, die Verwaltertätigkeit prüfend zu unterstützen, die Wahl eines Verwalters zum Verwaltungsbeirat nichtig ist, kann umgekehrt bei der Wahl eines Verwaltungsbeirats zum Verwalter und angesichts der daraus entstehenden identischen Interessenkollision nichts anderes gelten.

Da die Wahl eines Beiratsmitglieds zum Verwalter genauso wenig die schlüssige Abberufung vom Verwaltungsbeiratsamt oder die konkludente Kündigung des zwischen Beirat und Gemeinschaft bestehenden Auftragsverhältnisses bedeutet wie die Wahl des Verwalters zum Verwaltungsbeirat automatisch die Abberufung vom Verwalteramt oder die konkludente Kündigung des Verwalterdienstvertrags, würde es zu einem Nebeneinander der beiden Ämter und wegen ihrer Unvereinbarkeit in der Aufgabenstellung zur gleichzeitigen Interessenkollision kommen. Dies kann nur zur Nichtigkeit desjenigen Rechtsgeschäfts führen, durch das die Unvereinbarkeit der Interessen herbeigeführt wird, die Nichtigkeitsfolge betrifft daher die zeitlich später erfolgte Wahl.

Da mit einer Wahl zum Verwalter respektive zum Verwaltungsbeirat unter keinem Gesichtspunkt gleichzeitig die rechtsgeschäftliche Erklärung verbunden ist, dass dadurch die Abberufung von einem bisherigen Amt verbunden ist bzw. dass das diesem Amt zugrunde liegende Schuldrechtsverhältnis (Verwalterdienstvertrag bei Verwalter bzw. Auftragsverhältnis bei Verwaltungsbeirat) gekündigt wird, bleibt das bereits bestehende Rechtsverhältnis von einer Neuwahl unberührt. So kann nur die Neuwahl nichtig sein, weil sie mit dem bereits bestehenden und verbleibenden Rechtsverhältnis unvereinbar ist. Hingegen kann ein wirksam zustande gekommenes Amt nicht beseitigt und das zugrunde liegende Schuldverhältnis schon dadurch beendet werden, dass zur bisherigen Rechtssituation eine unzulässige Wahl hinzutritt.

I. Die Haftung des Verwaltungsbeirats

313. Kann der Verwaltungsbeirat für Fehler bei Ausübung seiner Tätigkeit in Regress genommen werden?

Ja, grundsätzlich haftet der Verwaltungsbeirat für eine fehlerhafte Amtsführung, wobei die Maßstäbe der Haftung im Rahmen von Auftragsverhältnissen maßgeblich sind. Für einen gegen den Verwaltungsbeirat begründeten Schadensersatzanspruch müssen allerdings drei Voraussetzungen vorliegen (Drasdo, NZM 1998, 15):

- Bei der Wohnungseigentümergemeinschaft muss ein Schaden eingetreten sein.
- Das Handeln oder Unterlassen der Mitglieder des Verwaltungsbeirats muss für den Schadenseintritt ursächlich gewesen sein.
- Es muss ein Verschulden des Verwaltungsbeirats vorliegen.

314. Wann liegt eine schuldhafte Pflichtverletzung eines Verwaltungsbeirats vor?

Ein Verwaltungsbeirat verletzt dann schuldhaft eine ihm obliegende Pflicht, wenn das fehlerhafte Handeln entweder leicht oder grob fahrlässig oder gar vorsätzlich geschehen ist (§ 276 BGB).

Vorsatz bedeutet die gewollte und bewusste Herbeiführung eines rechtswidrigen Erfolgs. Grob fahrlässig handelt, wer die verkehrsübliche Sorgfalt in besonders grobem Maß verletzt, indem er zum Beispiel selbst einfachste, jedem einleuchtende Überlegungen nicht angestellt hat, mithin der Schadenseintritt bei auch nur geringster Sorgfalt hätte vermieden werden können. Nur einfach fahrlässig handelt schließlich derjenige, der die im Verkehr erforderliche und übliche Sorgfalt außer Acht lässt und dadurch übersieht, dass sein Verhalten nachteilige Folgen haben kann (Creifelds, Stichwort »Verschulden«).

315. Muss sich eine Eigentümergemeinschaft Sonderwissen oder Unkenntnis ihres Verwaltungsbeirats zurechnen lassen?

Ja, eine Eigentümergemeinschaft kann sich nicht darauf berufen, von einem Umstand keine Kenntnis gehabt zu haben, der dem Verwaltungsbeirat bekannt war. Dasselbe gilt für Unkenntnis von Umständen, die dem Verwaltungsbeirat bei ordnungsgemäßer Aufgabenausführung hätten bekannt werden müssen.

> **! Beispiel**
>
> Ein Verwaltungsbeirat hat seine Belegprüfungspflicht überhaupt nicht oder nur oberflächlich und unzureichend ausgeübt, sodass Abrechnungsfehler unentdeckt blieben. Die entsprechende Jahresabrechnung blieb deswegen unbeanstandet, sie wurde von der Eigentümergemeinschaft beschlossen und bestandskräftig.

In diesem Fall muss sich die Eigentümergemeinschaft so behandeln lassen, als wenn sie vor ihrer Beschlussfassung Kenntnis von den Unregelmäßigkeiten gehabt und die Jahresabrechnung mit diesem Kenntnisstand gebilligt hätte (vgl. OLG Düsseldorf, Beschluss vom 9.11.2001, 3 Wo 13/01, ZMR 2002, 294 = NZM 2002, 264). Erleidet eine Eigentümergemeinschaft aus solchen Gründen einen Schaden, kann sie den Verwaltungsbeirat dafür in Regress nehmen.

316. Wie hoch sind die Anforderungen an die Sorgfaltspflicht eines ehrenamtlich tätigen Verwaltungsbeiratsmitglieds?

Die dazu vertretenen Meinungen sind weit gefächert. Hier wird die Auffassung vertreten, dass von einem ehrenamtlich tätigen Beiratsmitglied zu erwarten ist, dass es bei Ausübung seines Amtes mindestens die Sorgfalt an den Tag legt, die es auch aufwenden würde, wenn es sich um eine eigene Angelegenheiten handelt (OLG Düsseldorf, Beschluss vom 24.9.1997, 3 Wx 221/97, NZM 1998, 36 ff.).

Zum Teil wird bei der Aufgabenerfüllung die Sorgfalt eines ordentlichen ehrenamtlichen Beiratsmitglieds gefordert, ohne dass erkennbar wäre, wie dies inhaltlich zu definieren ist. Teilweise wird auch die Auffassung vertreten, dass ein Verwaltungsbeirat die Grundsätze eines ordentlichen Kaufmanns anzuwenden habe (OLG Zweibrücken, Beschluss vom 10.6.1987, 3 W 53/87, DWE 1987, 137, 138). Letzterem kann in dieser Allgemeinheit nicht zugestimmt werden. Es ist nicht ersichtlich, wieso von einer zur Verwaltungsbeirätin gewählten Hausfrau verlangt werden könnte, sie habe bei der Beiratstätigkeit die Grundsätze eines ordentlichen Kaufmanns zu beachten, wenn ihr diese Grundsätze womöglich noch nicht einmal bekannt sind und auch nicht bekannt sein müssen.

Noch weitergehend wird gefordert, dass die Beurteilung der Sorgfaltspflichten eines Verwaltungsbeirats bei seiner Tätigkeit auf den Horizont eines kaufmännisch und insbesondere buchhalterisch vorgebildeten Eigentümers abzustellen sei (LG Köln, Urteil vom 18.12.2014, 29 S 75/14, ZWE 2015, 418). Diese Einschätzung wird für nicht halt- und begründbar gehalten, weil es für derart hohe Anforderungen keine Rechtsgrundlage gibt. Solange es nur der Eintragung als Eigentümer im Grundbuch bedarf, um zum Verwaltungsbeirat gewählt werden zu können, ohne dass ein Mindeststandard an Kenntnissen oder sonstigen persönlichen Fähigkeiten erforderlich wäre, und solange es keinerlei Verpflichtung gibt, sich nach der Wahl zum Verwaltungsbeirat die im Regelfall fehlenden buchhalterischen und kaufmännischen Kenntnisse anzueignen und sich dann auch noch ständig fortzubilden, solange wäre die übergroße Mehrheit aller Wohnungseigentümer für ein Beiratsamt nicht geeignet. Solche Fähigkeiten können grundsätzlich nicht vorausgesetzt werden.

Schließlich besteht die Auffassung, dass von beruflich vorbelasteten Verwaltungsbeiräten, zum Beispiel Buchprüfern, Steuerberatern, Wirtschaftsprüfern und Rechtsanwälten, die Beachtung der berufsüblichen Sorgfalt erwartet werden kann. Auch dies wird hier für unzutreffend gehalten. Wie sollte es gerechtfertigt werden können, zum Beispiel von einem beruflich als Rechtsanwalt tätigen Miteigentümer zu verlangen, bei seiner ehrenamtlichen Tätigkeit als Verwaltungsbeirat seinen berufsspezifischen Sorgfaltsmaßstäben zu genügen, wenn er in dem maßgeblichen Rechtsgebiet gar nicht tätig ist? Wieso sollte zum Beispiel ein auf das Wettbewerbsrecht spezialisierter Rechtsanwalt besondere Kenntnisse im Wohnungseigentumsrecht einbringen können oder müssen? Von keinem Miteigentümer kann verlangt werden, auch wenn es sich um einen Rechtsanwalt handelt, sich mit entsprechendem Aufwand in ein für ihn fremdes Rechtsgebiet einzuarbeiten, um den berufsspezifischen Sorgfaltsmaßstäben bei der Beiratsarbeit genügen zu können.

Anders mag es sich verhalten, wenn ein Wohnungseigentümer gerade wegen seiner einschlägigen beruflichen oder sonstigen Qualifikationen gewählt wird, zum Beispiel weil er Buchprüfer oder Fachanwalt für Miet- und Wohnungseigentumsrecht ist. Das gewählte Verwaltungsbeiratsmitglied muss selbstverständlich diejenigen Fähigkeiten, über die es ohnehin verfügt, uneingeschränkt bei seiner ehrenamtlichen Tätigkeit einsetzen. Grundsätzlich gilt: Jedes Verwaltungsbeiratsmitglied muss die Sorgfalt an den Tag legen, die es bei der Erledigung seiner eigenen Angelegenheiten walten lassen würde, und dabei die personenspezifischen Möglichkeiten einsetzen, die es ohnehin und ohne weitergehenden Aufwand hat und entsprechend abrufen kann. Eine Verpflichtung zur Aneignung besonderer Fachkenntnisse oder sonstiger Fähigkeiten zur Verminderung des Haftungsrisikos besteht in keinem Fall, das gilt unabhängig von der persönlichen vorab vorhandenen oder nicht vorhandenen Qualifikation und Eignung eines Miteigentümers für das Beiratsamt.

317. Hängt der Haftungsmaßstab davon ab, ob die Verwaltungs- beiratstätigkeit entgeltlich oder unentgeltlich erfolgt?

Ja, an den unentgeltlich und damit ehrenamtlich tätigen Verwaltungsbeirat werden weniger hohe Anforderungen bei der Beachtung der im Verkehr erforderlichen Sorgfalt gestellt als bei einem Verwaltungsbeiratsmitglied, das für seine Tätigkeit bezahlt wird. Bei ehrenamtlicher, das heißt unentgeltlicher Tätigkeit richtet sich die Haftung nach den Bestimmungen des Auftragsrechts (§ 662 BGB ff.). Liegt eine bezahlte Tätigkeit vor, ergibt sich die Haftung aus den für Dienst- und Werkvertragsverhältnissen geltenden gesetzlichen Regelungen (§§ 611, 675 BGB).

318. Können Verwaltungsbeiratsmitglieder im Voraus von einer Haftung für vorsätzliches Verhalten freigestellt werden?

Nein, da gemäß § 276 Abs. 3 BGB einem Schuldner die Haftung wegen Vorsatzes nicht im Voraus erlassen werden kann, wäre sogar eine entsprechende Regelung in der Teilungserklärung nichtig. Erst recht würde dies für eine entsprechende Haftungsbeschränkung per Mehrheitsbeschluss gelten, da mit einem solchen Mehrheitsbeschluss eine gesetzliche Regelung mit Dauerwirkung abgeändert würde. Hierzu fehlt der Eigentümergemeinschaft die Beschlusskompetenz, ein solcher Mehrheitsbeschluss wäre nichtig.

319. Kann die Haftung für Fahrlässigkeit im Voraus ausgeschlossen werden?

Nein, ein allgemein für die Zukunft wirkender Haftungsausschluss für fahrlässiges Verhalten jeder Art ist durch Mehrheitsbeschluss nicht möglich. Ein solcher Haftungsausschluss bedarf einer Vereinbarung, da damit die gesetzlich grundsätzlich auch für fahrlässiges Verhalten vorgesehene Haftung abbedungen wird. Seit der Entscheidung des BGH vom 20.9.2000 (V ZB 58/99, NJW 2000, 3500 = WuM 2000, 620) ist davon auszugehen, dass einer Wohnungseigentümergemeinschaft grundsätzlich die Kompetenz fehlt, gesetzliche Vorschriften per Mehrheitsbeschluss zu ändern. Eigentümergemeinschaften, die gesetzliche Bestimmungen für die Zukunft auf Dauer abändern wollen, können dies nur im Rahmen von Vereinbarungen tun, soweit dies gesetzlich zulässig ist.

320. Kann eine Eigentümergemeinschaft nach Eintritt eines Schadensfalls auf die Geltendmachung von Regressansprüchen gegenüber dem Verwaltungsbeirat verzichten?

Es ist umstritten, ob ein Verzicht darauf, den durch ein konkretes fehlerhaftes Beiratshandeln entstandenen Schaden geltend zu machen, nur durch allstimmige Vereinbarung oder auch durch Mehrheitsbeschluss erfolgen kann. Gemäß §21 Abs. 4 WEG ist eine Eigentümergemeinschaft dem Gebot ordnungsgemäßer Verwaltung verpflichtet. Auf die Geltendmachung eines Schadensersatzanspruchs zu verzichten, dürfte auf erste Sicht einen Verstoß gegen dieses Gebot bedeuten (BayObLG, Urteil vom 11.4.1990, BReg. 2 Z 35/90, WuM 1990, 322; BayObLG, Urteil vom 11.4.1991, BReg. 2 Z 28/91, WuM 1991, 443; LG Bremen, Urteil vom 16.8.1994, 3 W 25/94, ZMR 2003, 142). Dessen ungeachtet kommt es auf den konkreten Fall und die Begleitumstände an, wegen denen es zu dem Schadenseintritt gekommen ist. Je weniger vorwerfbar diese Begleitumstände sind, umso eher kann es im Einzelfall gerechtfertigt erscheinen – mit Hinweis auf die sich aus dem mit dem Beirat bestehenden Auftragsverhältnis ergebenden Schutz- und Treuepflicht einer Eigentümergemeinschaft –, von der Geltendmachung eines Schadensersatzanspruchs auch durch Mehrheitsbeschluss Abstand nehmen zu können, ohne dabei gegen die Grundsätze ordnungsgemäßer Verwaltung zu verstoßen.

Ein solcher Mehrheitsbeschluss wäre nur anfechtbar und nicht nichtig, da der beschlossene Regressverzicht nur den Einzelfall betrifft und dementsprechend als Verwaltungsmaßnahme der Beschlusskompetenz einer Eigentümergemeinschaft unterfällt. Unterbleibt eine Anfechtung, erwächst der Beschluss in Bestandskraft, der Haftungsverzicht ist wirksam.

321. Kann ein Mehrheitsbeschluss, mit dem auf die Schadensersatzansprüche gegenüber einem Verwaltungsbeiratsmitglied verzichtet wird, erfolgreich angefochten werden?

Das kommt darauf an, ob ein solcher Verzicht im Einzelfall gegen das Gebot ordnungsgemäßer Verwaltung verstößt. Handelt es sich um eine Bagatellangelegenheit, so wird zwischen dem Verzicht auf Ersatz des bei der Gemeinschaft eingetretenen Vermögensschadens einerseits gegenüber der Belastung des Gemeinschaftsverhältnisses durch ein Regressverfahren andererseits abzuwägen sein. Auch zu bedenken ist die Gefahr, dass sich zukünftig keine Miteigentümer mehr für das Beiratsamt zur Verfügung stellen könnten.

Bei einer massiven Schädigung der Gemeinschaft dürfte ein Haftungsverzicht in der Regel jedoch dem Gebot ordnungsgemäßer Verwaltung widersprechen. Denn jeder Eigentümer kann unter Hinweis auf § 21 Abs. 4 WEG und die sich daraus ergebende Verpflichtung zur ordnungsgemäßen Verwaltung verlangen, dass Forderungen der Gemeinschaft, wenn sie berechtigt sind, auch geltend gemacht werden. Ein Beschluss, der einen Verzicht bestätigt, widerspricht also ordnungsgemäßer Verwaltung und kann erfolgreich angefochten werden.

Für einen nachträglichen Haftungsverzicht durch Mehrheitsbeschluss, der auch nicht anfechtbar sein könnte, spricht allerdings folgende Überlegung: Da eine Eigentümergemeinschaft mehrheitlich darüber entscheiden kann, ob sie gegen den Verwaltungsbeirat oder eines seiner Mitglieder Schadensersatzansprüche geltend machen will oder nicht (BayObLG, Beschluss vom 12.6.1991, BReg. 2 Z 49/91, WuM 1991, 434, 444), muss einer Eigentümergemeinschaft auch die Entscheidungs- und Beschlusskompetenz für eine nachträgliche Haftungsfreistellung zustehen.

322. Haftet ein Beiratsmitglied für das Verschulden der anderen Verwaltungsbeiräte?

Grundsätzlich gilt: Der Verwaltungsbeirat hat keine eigene Rechtspersönlichkeit, sodass es keine Haftung des Gremiums geben kann. Jedes Beiratsmitglied haftet gemäß § 425 BGB also nur für eigenes Verschulden.

Die persönliche Haftung eines einzelnen Verwaltungsbeiratsmitglieds kann sich zum Beispiel dann ergeben, wenn einem allein ein schuldhaftes und vertragswidriges Verhalten vorzuwerfen ist. Führt zum Beispiel das wiederholte, ungerechtfertigte beleidigende Verhalten eines Beiratsmitglieds dem Verwalter gegenüber dazu, dass dieser seinen Verwaltervertrag kündigt, kann sich ein daraus ergebender Schadensersatzanspruch des Verwalters allein gegen das betreffende Verwaltungsbeiratsmitglied richten. Insofern haftet jedes Mitglied des Verwaltungsbeirats für eigenes Verschulden (BayObLG, Beschluss vom 29.9.1999, 2Z BR 29/99, NZM 2000, 48, 51).

Wurde eine Pflicht oder Aufgabe verletzt, die dem Verwaltungsbeirat als Gremium obliegt oder übertragen wurde, haften alle Verwaltungsbeiratsmitglieder gesamtschuldnerisch für schuldhaft verursachte Fehler, selbst wenn diese nur einem Beiratsmitglied anzulasten sind. Hat der Verwaltungsbeirat zum Beispiel eines seiner Mitglieder mit der Belegprüfung beauftragt und übernimmt der Gesamtbeirat das Ergebnis einer fehlerhaften Prüfung durch das beauftragte Mitglied, dann haftet der Verwaltungsbeirat insgesamt für die sich daraus ergebenden Folgen.

323. Haftet der Verwaltungsbeirat auch für Untätigkeit?

Ja, wenn mit der Untätigkeit gleichzeitig ein Verstoß gegen eine dem Verwaltungsbeirat durch das Gesetz übertragene Tätigkeitsverpflichtung einhergeht. Ein solcher Fall läge zum Beispiel vor, wenn der Verwaltungsbeirat auf die Kontrolle der Abrechnungsbelege verzichtet. Die Pflicht zur Belegkontrolle ist als Kernbereich der dem Verwaltungsbeirat gemäß § 29 Abs. 3 WEG obliegenden Aufgaben anzusehen (OLG Düsseldorf, Beschluss vom 24.9.1997, 3 Wx 221/97, NZM 1998, 36). Bliebe in einem solchen Fall zum Beispiel eine die Eigentümergemeinschaft schädigende Kontoverfügung unentdeckt, kann der Verwaltungsbeirat hierfür in Regress genommen werden.

324. Ist schon einmal ein Verwaltungsbeirat wegen einer Pflichtverletzung zur Zahlung von Schadensersatz an die Eigentümergemeinschaft verurteilt worden?

Ja, das OLG Düsseldorf hat einen Verwaltungsbeiratsvorsitzenden zur Zahlung eines Schadensersatzbetrags von 100.000 DM verurteilt, weil der mit dem Aushandeln des Verwaltervertrags beauftragte Beirat dabei nicht die Gemeinschaftsvorgabe beachtet hatte, bei der Bank sicherzustellen, dass der Verwalter nur mit einer zweiten Unterschrift eines Beiratsmitglieds über ein Sparkonto der Gemeinschaft verfügen konnte. Überdies war wegen unterlassener Überprüfung der Kontobelege eine veruntreuende Verfügung des Verwalters über Gemeinschaftsgelder in einer Größenordnung von weit über 100.000 DM unentdeckt geblieben und die Wohnungseigentümergemeinschaft nach Insolvenz des Verwalters mit entsprechenden Schadensersatzansprüchen endgültig ausgefallen (OLG Düsseldorf, Beschluss vom 24.9.1997, 3 Wx 221/97, NZM 1998, 36).

325. Wurde ein Verwaltungsbeirat schon einmal zum Ausgleich eines Drittschadens verurteilt?

Ja, ein Mitglied eines Verwaltungsbeirats wurde dazu verurteilt, einem Verwalter den Verdienstausfall wegen vorzeitiger Beendigung der Verwaltertätigkeit durch Niederlegung des Verwalteramtes aus wichtigem Grund zu ersetzen. Grund für die Amtsniederlegung des Verwalters waren wiederholte schriftliche beleidigende und herabsetzende Äußerungen eines Verwaltungsbeiratsmitglieds gegenüber dem Geschäftsführer der Verwalterin. Diese waren derart unangemessen, dass sie weit über das zulässige Maß dessen hinausgingen, was auch bei bestehenden Meinungsverschiedenheiten und dem Recht, sich mit gebotener Klarheit und Härte auseinanderzusetzen, noch vertretbar erschien. Nachdem es die Gemeinschaft auf Antrag des Verwalters abgelehnt hatte, den Verwaltungsbeirat abzuberufen, legte der Verwalter sein Amt nieder und forderte den bis zum Ablauf der regulären Amtszeit entgangenen Verdienstausfall als Schadensersatz von der Eigentümergemeinschaft.

Dieser Anspruch hatte nur gegen den Verwaltungsbeirat Erfolg, der durch sein schuldhaftes Verhalten die Amtsniederlegung provoziert hatte. Er wurde dazu verurteilt, dem Verwalter einen Verdienstausfall von seinerzeit 6.320,18 DM zu erstatten (BayObLG, Beschluss vom 29.9.1999, 2Z BR 29/99, NZM 2000, 48).

326. Kann ein einzelner Eigentümer gegen die Mitglieder des Verwaltungsbeirats Schadensersatzansprüche der Gemeinschaft ohne vorhergehenden ermächtigenden Beschluss der Eigentümergemeinschaft geltend machen?

Nein, Gemeinschaftsangelegenheiten stehen nicht zur Disposition einzelner Miteigentümer. Der einzelne Wohnungseigentümer kann daher einen der Eigentümergemeinschaft insgesamt zustehenden Schadensersatzanspruch nicht ohne einen vorherigen Eigentümerbeschluss, diesen Anspruch gegen den Schädiger verfolgen zu dürfen, geltend machen (BayObLG, Beschluss vom 12.6.1991, BReg 2 Z 49/91, WuM 1991, 443, 444; für einen gegen den Verwalter gerichteten Schadensersatzanspruch: BGH, Beschluss vom 15.12.1988, V ZB 9/88, WuM 1989, 465).

327. Wann verjähren gegen den Verwaltungsbeirat gerichtete Haftungsansprüche?

Es gilt die Regelverjährung des § 195 BGB. Danach beträgt die Verjährungsfrist für Schadensersatzansprüche aller Art drei Jahre. Die Verjährungsfrist beginnt mit dem Schluss des Jahres zu laufen, in dem der Schadensersatzanspruch entstanden ist und der Gläubiger von den dafür maßgeblichen Umständen und der Person des Schädigers Kenntnis erlangt hat (§ 199 Abs. 1 BGB) oder bei zumutbarer Anstrengung Kenntnis hätte erlangen können oder müssen. So kann zum Beispiel ein Miteigentümer keine fehlende Kenntnis reklamieren, wenn er sich von dem den Schaden auslösenden Sachverhalt schon durch das Durchlesen der Versammlungsprotokolle der Gemeinschaft ein Bild von den Umständen des Haftungsfalls hätte machen können. Ohne diese Kenntnis oder eine nicht verschuldete Unkenntnis verjähren diese Schadensersatzansprüche zehn Jahren, nachdem sie entstanden sind (§ 199 Abs. 3 Ziff. 1 BGB), und unabhängig von Kenntnis und Entstehung jedenfalls 30 Jahre nach der stattgefundenen Pflichtverletzung (§ 199 Abs. 3 Ziff. 2 BGB).

328. Welche rechtlichen Auswirkungen hat ein Beschluss über die Entlastung des Verwaltungsbeirats?

Wird der Verwaltungsbeirat durch Mehrheitsbeschluss der Eigentümergemeinschaft entlastet, so bedeutet dies, dass die Tätigkeit des Verwaltungsbeirats als dem Gebot ordnungsgemäßer Verwaltung entsprechend anerkannt und gebilligt wird. Mit einem Entlastungsbeschluss wird allgemein die Wirkung eines negativen Schuldanerkenntnisses verbunden. Demnach kann die Eigentümergemeinschaft gegenüber dem Verwaltungsbeirat keine Schadensersatzansprüche mehr geltend machen, wenn diese auf einer Tätigkeit des Verwaltungsbeirats beruhen, die bis zum Zeitpunkt der Beschlussfassung entstanden sind, und für die Eigentümergemeinschaft erkennbar waren oder bei Anwendung zumutbarer Sorgfalt hätten erkennbar sein müssen (Gottschalg, NZM 2004, 81, 83 zu Ziff. IV).

329. Auf welchen Zeitraum bezieht sich ein Entlastungsbeschluss?

Da sich hierzu aus dem Gesetz nichts ergibt, sollte im Entlastungsbeschluss der Zeitraum ausdrücklich benannt werden, für den Entlastung erteilt werden soll (Gottschalg, NZM 2004, 81, 83 zu Ziff. IV). Fehlt eine solche Angabe und gibt es auch sonst keine Anhaltspunkte für eine zeitliche Begrenzung (zum Beispiel auf das abgelaufene Kalenderjahr) oder für eine thematische Beschränkung, (zum Beispiel der Hinweis auf das vergangene Wirtschaftsjahr), so umfasst der Entlastungsbeschluss die gesamte bisherige Tätigkeit des Verwaltungsbeirats rückwirkend, und zwar entweder bis zu dem Zeitpunkt seiner Bestellung oder bis zum Zeitpunkt der letzten Entlastung.

Den Entlastungszeitraum mangels anderweitiger Anhaltspunkte nach den für die Gemeinschaft günstigsten Rechtsfolgen bestimmen zu wollen, erscheint nicht sachdienlich (so Gottschalg, a. a. O.), da eine solche Einschränkung den Sinn und Zweck und damit den Wert einer Entlastung, nämlich berechenbare Sicherheit über die Billigung des Verwaltungsbeiratshandelns zu schaffen (aus Sicht der Gemeinschaft) und zu erhalten (aus Sicht des Beirats), weitgehend aushöhlen würde.

330. Kann ein Verwaltungsbeirat, dem Entlastung erteilt wurde, für schadensträchtige Folgen seiner Tätigkeit in Regress genommen werden?

Eine Entlastung des Verwaltungsbeirats schließt die Haftung nur für die Tätigkeit oder Ereignisse aus, die bei der Beschlussfassung den Eigentümern bekannt gewesen sind oder zumindest erkennbar waren (BayObLG, Beschluss vom 12.6.1991, BReg 2 Z 49/91, WuM 1991, 443, 444) bzw. hätten erkannt werden müssen. Die Entlastungswirkung bezieht sich des Weiteren regelmäßig nicht auf vorsätzliches strafbares Verhalten.

331. Kann ein Verwaltungsbeiratsmitglied bei der Abstimmung über seine eigene Entlastung mitstimmen?

Nein, ein Mitglied des Verwaltungsbeirats ist bei der Abstimmung über seine eigene Entlastung gemäß §25 Abs. 5 WEG vom Stimmrecht ausgeschlossen (OLG Zweibrücken, Beschluss vom 11.3.2002, 3 W 184/01, NZM 2002, 345). Sieht man mit der herrschenden Meinung in der Entlastung ein negatives Schuldanerkenntnis, liegt ein den Verwaltungsbeirat betreffendes Rechtsgeschäft vor, für das sich ein Stimmrechtsausschluss bereits unmittelbar aus §25 Abs. 1 Satz 1 WEG ergibt.

Sieht man in der Entlastung nur die Abgabe einer Vertrauenserklärung (Drasdo, ZMR 1987, 367), so scheidet ein Stimmrecht bereits deswegen aus, weil sich niemand selbst das Vertrauen aussprechen kann.

332. Kann ein Verwaltungsbeiratsmitglied mitstimmen, wenn getrennt über die Entlastung der anderen Beiratsmitglieder abgestimmt wird?

Nein, denn die Verantwortlichkeit für eine ordnungsgemäße Erfüllung der dem Verwaltungsbeirat übertragenen Aufgaben obliegt dem Beirat als Gremium. Ein Verwaltungsbeiratsmitglied kann bei der Entlastung seiner Beiratskollegen nicht mitstimmen, weil die damit für das Beiratsgremium verbundene Entlastung unmittelbare Auswirkung für jedes einzelne Beiratsmitglied hat.

333. Kann ein Verwaltungsbeiratsmitglied bei der Abstimmung über die Entlastung des Verwaltungsbeirats von ihm erteilten Vollmachten Gebrauch machen?

In der Rechtsprechung wird die Auffassung vertreten, dass ein Stimmrechtsverbot auch die Ausübung von Stimmrechtsvollmachten anderer Wohnungseigentümer erfasst (OLG Zweibrücken, Beschluss vom 11.3.2002, 3 W 184/01, NZM 2002, 345). Hier wird jedoch die differenzierte Auffassung vertreten, dass nur solche Vollmachten einem Stimmrechtsausschluss unterfallen, die bezüglich der Abstimmung über die Entlastung des Verwaltungsbeirats vom Vollmachtgeber keine Weisungen erhalten. Denn nur in diesem Fall wird der Vollmachtnehmer ermächtigt, aufgrund eines eigenen Willensbildungsprozesses abzustimmen. Hat der Vollmachtgeber dem Verwaltungsbeiratsmitglied jedoch im Rahmen der erteilten Vollmacht vorgegeben, wie es abstimmen soll, ist die Verwendung einer Vollmacht auch bei bestehendem Stimmrechtsverbot unbedenklich.

Werden Weisungen erteilt, muss dies wegen der Nachvollziehbarkeit entweder auf dem Vollmachtformular oder in anderer Weise schriftlich erfolgen. In diesem Fall nämlich ist das Abstimmungsverhalten des vom Stimmrecht ausgeschlossenen Verwaltungsbeiratsmitglieds nicht Ergebnis seiner eigenen Willensbildung, insoweit ist er nur »Erklärungsbote« des Vollmachtgebers.

334. Wann entspricht ein Beschluss der Eigentümergemeinschaft über die Entlastung des Verwaltungsbeirats ordnungsgemäßer Verwaltung?

Solange die Eigentümergemeinschaft davon ausgehen darf, dass der Verwaltungsbeirat seine Pflichten erfüllt hat, mithin keine Umstände erkennbar sind, die die Annahme rechtfertigen, dass der Eigentümergemeinschaft wegen einer Pflichtverletzung des Beirats Ersatzansprüche zustehen könnten, entspricht ein Beschluss über die Entlastung des Verwaltungsbeirats ordnungsgemäßer Verwaltung (BayObLG, Beschluss vom 17.3.2005, 2 Z BR 182/04, ZMR 2006, 137, 138 rechte Spalte c); BayObLG, Beschluss vom 17.9.2003, 2 ZBR 150/03, ZMR 2004, 50 = WuM 2004, 739 unter Bezugnahme auf einen Beschluss des BGH zur Verwalterentlastung vom 17.7.2003 (V ZB 11/03, ZMR 2003, 750). Erscheinen jedoch Ersatzansprüche gegen einen Verwaltungsbeirat möglich, wäre ein Entlastungsbeschluss anfechtbar (OLG München, Beschluss vom 11.7.2008, 32 Wx 087/08, ZMR 2008, 905).

Nicht überzeugend ist in diesem Zusammenhang die Entscheidung des BGH, der einen Beschluss über die Entlastung des Verwaltungsbeirats für unwirksam erklärt hat, weil der Verwaltungsbeirat nicht erkannt hat, dass die vom Verwalter gewählte Darstellung der Instandhaltungsrücklage in der Jahresabrechnung fehlerhaft ist (BGH, Urteil vom 4.12.2009, V ZR 44/09, ZMR 2010, 300, 302 rechte Spalte zu Ziff. 3).

Nach hier vertretener Auffassung kann ein Pflichtverstoß des Verwaltungsbeirats nur dann angenommen werden, wenn es dem Verwaltungsbeirat überhaupt möglich ist, ein fehlerhaftes Verwalterhandeln zu erkennen. Wenn, wie
im entschiedenen Fall, die Anfechtung einer Jahresabrechnung erfolgreich
ist, weil der Verwalter über die Instandhaltungsrücklage so abgerechnet hat,
wie dies seit Bestehen des Wohnungseigentumsgesetzes üblich war und auch
bisher von der Rechtsprechung nicht beanstandet wurde, kann es sich noch
nicht einmal um einen fahrlässig begangenen Pflichtverstoß handeln, wenn
der Verwaltungsbeirat eine Änderung der Rechtsprechung nicht vorausgese-
hen hat.

Unter solchen Umständen dürfte ein Schadensersatzanspruch gegen den
Verwaltungsbeirat unter keinem Gesichtspunkt in Betracht kommen können,
weil damit trotz objektiv fehlerhafter Jahresabrechnung mangels Erkennbar-
keit keine Pflichtverletzung des Verwaltungsbeirats verbunden sein kann.

Genauso wenig überzeugt eine Entscheidung des LG Frankfurt am Main,
das einen Beschluss über die Entlastung des Verwaltungsbeirats für ungültig erklärt hatte, nachdem eine Jahreswirtschaftsabrechnung nach Anfechtung für ungültig erklärt worden war, weil deren Schlüssigkeitsprüfung nur
eingeschränkt möglich gewesen war (LG Frankfurt am Main, Beschluss vom
8.12.2017, 2-09 S 97/16, n.v.). Da der durchschnittliche Eigentümer ohne die
Aneignung von Sonderwissen gar nicht wissen kann, was eine Schlüssigkeitsprüfung beinhaltet und wie eine solche vorzunehmen ist, und über ein solches Sonderwissen auch nicht verfügen muss, kann der Auffassung des LG
Frankfurt am Main nicht gefolgt werden.

> **! Hinweis**
>
> Es entspricht derzeit herrschender Meinung in Literatur und Rechtsprechung, dass
> Verwaltungsbeiräte bei der Ausübung ihrer Tätigkeit mehr können und wissen
> müssen, als üblicherweise von einem Durchschnittsbürger und Durchschnittseigen-
> tümer verlangt werden kann. Daher mag sich jeder Eigentümer rechtzeitig vor einer
> Wahl zum Verwaltungsbeirat überlegen, ob er sich diesen Ansprüchen aussetzen
> will, um dann ggf. haften zu müssen, wenn er zu spät feststellt, dass ihm die
> Voraussetzungen fehlen, um diesen Ansprüchen zu genügen.

335. Hat der Verwaltungsbeirat Anspruch auf Entlastung?

Nein, einen gesetzlichen Anspruch auf Entlastung gibt es nicht (Gottschalg,
NZM 2004, 81, 83), da der Verwaltungsbeirat, je nach Verständnis der Rechts-
natur einer Entlastung, weder einen Haftungsverzicht noch einen Vertrauens-

beweis erzwingen kann. Ist ein Anspruch auf Entlastung jedoch vertraglich vereinbart, zum Beispiel in der Teilungserklärung, dann besteht auch ein Anspruch auf entsprechende Beschlussfassung. Da jedoch insbesondere ehrenamtlich tätigen Verwaltungsbeiratsmitgliedern das Bedürfnis zuzugestehen ist, von der Eigentümergemeinschaft bestätigt zu bekommen, dass die von ihnen erbrachte Tätigkeit als ordnungsgemäß gebilligt wird und, soweit dies für die Eigentümer erkennbar war, keinen Anlass zur Geltendmachung von Haftungsansprüchen geboten hat, sollte ein vertraglicher Entlastungsanspruch geschaffen werden.

Da es für Miteigentümer unzumutbar erscheint, jahrelang und ggf. sogar noch nach ihrem Ausscheiden aus dem Verwaltungsbeirat bis zum Ablauf der Verjährungsfrist mit einem Haftungsrisiko leben zu müssen, sollten Eigentümer, die sich zur Übernahme einer Beiratstätigkeit bereit erklären, dies davon abhängig machen, dass ein vertraglicher Anspruch auf Entlastung begründet wird. Dies kann zum Beispiel durch Aufnahme eines entsprechenden Anspruchs bereits im Beschluss über die Beiratsbestellung geschehen (Gottschalg, NZM 2004, 81, 83) oder in einer von der Eigentümergemeinschaft beschlossenen Beiratsordnung (vgl. Muster einer Beiratsordnung im Anhang A).

336. In welcher Wechselwirkung zueinander stehen Entlastung und Verjährung bei der Verfolgung von Schadensersatzansprüchen gegen den Verwaltungsbeirat?

Durch eine Entlastung steht die damit verbundene Billigung der Beiratstätigkeit einer nachträglichen Inanspruchnahme auf Schadensersatz entgegen. Soweit die Tätigkeit des Verwaltungsbeirats von der Entlastungswirkung erfasst wird (erkennbares Beiratshandeln, keine vorsätzlich begangene Straftat), kommt es deshalb auf die Verjährung nicht mehr an.

Wurde keine Entlastung gegeben, so steht der Verfolgung eines jeglichen Schadensersatzanspruchs nach Ablauf der Verjährungsfristen der bloße Einwand des Zeitablaufs entgegen. Das gilt unabhängig davon, ob die zum Schadensersatz verpflichtende Handlung vorsätzlich begangen wurde oder überhaupt erkennbar war.

337. Ist dem Verwaltungsbeirat die Entlastung zu versagen, wenn auch dem Verwalter wegen einer möglichen Pflichtverletzung die Entlastung verweigert wurde?

Nein, eine solche automatische Wechselwirkung besteht nicht (so aber LG Düsseldorf, Urteil vom 2.10.2013, 25 S 53/13, ZWE 2014, 407). Eine Entlastung des

Beirats kann auch bei Fehlern der Verwalterabrechnung ordnungsgemäßer Verwaltung entsprechen, weil für einen Beirat nicht dieselben Maßstäbe gelten wie für den Verwalter (AG Hamburg St. Georg, Urteil vom 27.11.2012, 980a C 28/12, ZMR 2013, 389, 390). Es kommt nämlich darauf an, unter welchen Umständen dem Verwalter die Entlastung verweigert wurde. Ist die verweigerte Verwalterentlastung das Ergebnis der Prüfungstätigkeit des Verwaltungsbeirats, der in seinem Bericht in der Eigentümerversammlung auf Versäumnisse oder Fehler des Verwalters hingewiesen hat, so kann die dadurch zum Ausdruck kommende gründliche Prüfungstätigkeit des Beirats erst recht Anlass sein, ihm Entlastung zu erteilen.

Wird dem Verwalter aber zum Beispiel im Zusammenhang mit der Aufstellung der Jahresabrechnung die Entlastung verweigert, ohne dass der Verwaltungsbeirat die dafür verantwortlichen Unzulänglichkeiten im Rahmen der ihm obliegenden Prüfung erkannt hätte, dann liegt ein Pflichtverstoß nahe, der dazu führt, dass auch dem Verwaltungsbeirat keine Entlastung erteilt werden kann (HansOLG Hamburg, Beschluss vom 25.6.2003, 2 Wx 138/99 , ZMR 2003, 772, 773). Denn gemäß § 29 Abs. 3 WEG stellt es ja gerade eine der wesentlichen Pflichten des Verwaltungsbeirats dar, die Jahresabrechnung zu überprüfen, bevor die Wohnungseigentümerversammlung über sie beschließt. Grundsätzlich dürfte es jedoch für eine Entlastung des Verwaltungsbeirats darauf ankommen, ob ein in der Abrechnung enthaltener Fehler in den Prüfungsbereich eines Verwaltungsbeirats fällt, der ihm vom Gesetz zugewiesen wurde. Wird eine Abrechnung für unwirksam erklärt, weil der Verwalter zum Beispiel eine besondere Abrechnungssystematik verkannt hat oder die neueste Rechtsprechung zu bestimmten Abrechnungsfragen übersehen hat, fällt dies nicht in den Verantwortungsbereich eines Verwaltungsbeirats, der nicht über die Fähigkeiten eines professionellen Verwalters verfügen muss.

338. Kann der Verwaltungsbeirat gegen das mit seiner Tätigkeit verbundene mögliche Haftungsrisiko abgesichert werden?

Ja, das mit einer Beiratstätigkeit verbundene erhebliche Haftungsrisiko kann weitgehend dadurch aufgefangen werden, dass für die Verwaltungsbeiratsmitglieder eine Vermögensschadenhaftpflichtversicherung abgeschlossen wird. Mit Ausnahme von Schadensersatzansprüchen, die aus einer vorsätzlichen und widerrechtlichen Herbeiführung des Versicherungsfalls entstehen (§ 152 Versicherungsvertragsgesetz) und deshalb gar nicht versicherbar sind, deckt eine solche Vermögensschadenhaftpflichtversicherung in aller Regel das mit der Beiratstätigkeit verbundene Haftungsrisiko ab (Gottschalg, NZM 2004, 81, 83 zu Ziff. V).

339. **Entspricht es ordnungsgemäßer Verwaltung, für
den Verwaltungsbeirat auf Kosten der Gemeinschaft
den Abschluss einer Vermögensschadenhaftpflichtversicherung zu beschließen?**

Ja, denn beim Abschluss einer Vermögensschadenhaftpflichtversicherung
handelt es sich um eine Risikovorsorge, die nicht nur der Gemeinschaft für
den Schadensfall einen solventen Schuldner (Versicherer) verschafft, sondern
auch dazu beiträgt, dass sich leichter Miteigentümer finden lassen, die bereit sind, ein Verwaltungsbeiratsmandat zu übernehmen (KG, Beschluss vom
19.7.2004, 24 W 203/02, NZM 2004, 743 = ZMR 2004, 780 = WuM 2004, 564). Da
eine fahrlässige Fehlbeurteilung mit einer sich daraus ergebenden möglichen
Schadensersatzpflicht eines Beirats nie ausgeschlossen werden kann, fördert
ein solcher Versicherungsschutz nicht nur die Bereitschaft von Miteigentümern, Verantwortung als Beirat zu übernehmen. Sie unterstützt zusätzlich
eine effektive und zügige Beiratstätigkeit, da erforderliche Entscheidungen
des Verwaltungsbeirats nicht wegen eines möglichen Haftungsrisikos hinausgeschoben oder gar unterlassen werden (Gottschalg, NZM 2004, 81, 84
zu Ziff. V.2).

340. **Wer schließt eine Vermögensschadenhaftpflichtversicherung
für den Verwaltungsbeirat ab?**

Versicherungsnehmer ist in der Regel die Eigentümergemeinschaft, vertreten
durch den Verwalter, die den Versicherungsvertrag zugunsten des Verwaltungsbeirats als Versichertem abschließt und dementsprechend als Vertragspartner der Versicherungsgesellschaft auch zur Prämienzahlung verpflichtet
ist. Ebenso können die Mitglieder des Verwaltungsbeirats selbst als Versicherungsnehmer auftreten. Zu bevorzugen ist jedoch ein Vertragsabschluss
durch die Gemeinschaft, damit der Versicherungsvertrag bei einem Wechsel
in der Zusammensetzung des Verwaltungsbeirats hinsichtlich der Person des
Versicherungsnehmers nicht geändert werden muss.

Deckungsschutz für Beiratsmitglieder wird auch im Rahmen der Vermögensschadenhaftpflichtversicherung für Wohnungseigentumsverwalter angeboten (Gottschalg, NZM 2004, 81, 83 zu Ziff. V). Daher ist es ratsam, sich vor
einem entsprechenden Beschluss über den Abschluss eines gesonderten
Versicherungsvertrags erst beim Versicherer des Verwalters zu informieren,
denn oft sind die Tarife bei Versicherungskombinationen und einem Versicherer günstiger als bei getrennten Vertragsabschlüssen und unterschiedlichen
Versicherungsgesellschaften. Bei einem Einschluss des Verwaltungsbeirats in
die Vermögensschadenhaftpflichtversicherung des Verwalters muss jedoch

unbedingt darauf geachtet werden, dass die Verträge nicht dergestalt miteinander gekoppelt werden, dass der Versicherungsschutz des Beirats erlischt, wenn der Verwalter wechselt.

341. Wie teuer ist eine solche Vermögensschadenhaftpflichtversicherung für Verwaltungsbeiräte?

Die Berechnung der Versicherungsprämien wird je nach Versicherer höchst unterschiedlich gehandhabt. Bei einer großen deutschen Versicherungsgesellschaft kostet eine Vermögensschadenhaftpflichtversicherung zum Beispiel für einen Verwaltungsbeirat mit einer Deckungssumme von 100.000 EUR je Versicherungsfall bei maximal zwei Versicherungsfällen pro Jahr und einem Ausschluss von Eigenschäden der Verwaltungsbeiräte ca. 100 EUR pro Jahr (Stand: September 2017). Aufgrund einer ständigen Veränderung und Weiterentwicklung des Versicherungsmarktes ist jedoch unbedingt zu empfehlen, bei mehreren Versicherern aktuelle Angebote einzuholen.

342. Was kostet es, auch Eigenschäden der Verwaltungsbeiräte in der Vermögensschadenhaftpflichtversicherung auszuschließen?

Ein großer deutscher Versicherer bietet den Ausschluss von Eigenschäden für Verwaltungsbeiräte im Rahmen der Vermögensschadenhaftpflichtversicherung für eine Bruttoprämie von 60 EUR pro Jahr und Verwaltungsbeirat an, und das unabhängig von der Zahl der Beiratsmitglieder.

343. Wird die Vermögensschadenhaftpflichtversicherung billiger oder teurer, wenn dem Verwaltungsbeirat mehr oder weniger als drei Mitglieder angehören?

Die genannte Versicherungsprämie von ca. 100 EUR ist unabhängig von der Zahl der Beiratsmitglieder.

344. Darf die Versicherungsprämie aus der Instandhaltungsrücklage gezahlt werden?

Nein, die Instandhaltungsrücklage wird zweckbestimmt für Reparaturen und Instandsetzungen angesammelt und dient nicht dazu, allgemeine Verwaltungskosten zu decken. Es würde daher dem Gebot ordnungsgemäßer Verwaltung widersprechen, wenn die Kosten der laufenden Verwaltung aus der Instandhaltungsrücklage entnommen würde (Häublein, Mietrechtsberater 2004, 359).

345. Besteht bei Vermögensschadenhaftpflichtversicherungen, die für Verwaltungsbeiräte abgeschlossen werden, ein Selbstbehalt?

Nein, die heutigen Vermögensschadenhaftpflichtversicherungen für Verwaltungsbeiräte sehen keinen Selbstbehalt mehr vor.

346. Welches fehlerhafte Handeln des Verwaltungsbeirats wird beispielsweise von der Vermögensschadenhaftpflichtversicherung abgedeckt?

Die Versicherung greift zum Beispiel, wenn der Verwaltungsbeirat fahrlässig einer Maßnahme des Verwalters zugestimmt hat, die sich später als fehlerhaft erweist, oder bei der Überprüfung einer Jahresabrechnung fahrlässig die Kontrolle von Unterlagen nicht gründlich genug durchgeführt hat und im jeweiligen Einzelfall der Eigentümergemeinschaft dadurch ein finanzieller Schaden entsteht.

347. Entspricht ein Beschluss über die Entlastung des Verwaltungsbeirats ordnungsgemäßer Verwaltung, wenn eine Vermögensschadenhaftpflichtversicherung besteht?

Nein, ein Entlastungsbeschluss würde der Wohnungseigentümergemeinschaft mögliche Schadensersatzansprüche gegen den Verwaltungsbeirat abschneiden. Da nach der Entlastung des Verwaltungsbeirats keine Schadensersatzansprüche mehr geltend gemacht werden können und dementsprechend eine Vermögensschadenhaftpflichtversicherung nicht mehr in Anspruch genommen werden könnte, würde eine Eigentümergemeinschaft die Versicherung durch ihren Entlastungsbeschluss ohne Not entlasten und sich damit selbst schaden.

J. Der Verwaltungsbeirat und Gerichtsverfahren

348. Kann die Wahl eines Verwaltungsbeirats gerichtlich erzwungen werden?

Ja, solange die Wahl eines Verwaltungsbeirats nicht in der Teilungserklärung ausgeschlossen wurde. Für die gerichtliche Bestellung eines Verwaltungsbeirats besteht allerdings nur dann ein Rechtsschutzbedürfnis, wenn vorher der Versuch gescheitert ist, den Verwaltungsbeirat per Mehrheitsbeschluss wählen zu lassen.

Soweit die Meinung vertreten wird, die Beiratswahl sei nicht gerichtlich erzwingbar (Bub, ZWE 2002, 7, 11), überzeugt diese Gegenansicht nicht. Nach hier vertretener Auffassung besteht für jeden Miteigentümer ein gegen die Eigentümergemeinschaft durchsetzbarer Anspruch auf Bestellung eines Verwaltungsbeirats, denn insbesondere dessen Möglichkeit, die Abrechnungstätigkeit eines Verwalters kontrollierend zu begleiten, wird als elementarer Bestandteil ordnungsgemäßer Verwaltung im Sinne von §21 Abs. 3 WEG angesehen. So muss die Wahl eines Beirats jedenfalls dann erzwingbar sein, wenn hierzu ein besonderer sachlicher Grund besteht, zum Beispiel in Großgemeinschaften bei vermuteten Abrechnungsfehlern des Verwalters. Da jeder Miteigentümer Anspruch auf ordnungsgemäße Verwaltung hat, muss die Wahl eines Verwaltungsbeirats wie jede andere Maßnahme ordnungsgemäßer Verwaltung, gerichtlich eingefordert werden können.

349. Setzt die Klage auf Wahl eines Verwaltungsbeirats voraus, dass drei Miteigentümer bereit sind, sich wählen zu lassen?

Ja, denn ein Gericht kann weder einen Eigentümer verpflichten, als Beirat tätig zu sein, noch kann durch Urteil ein Verwaltungsbeirat installiert werden, der nicht aus den vom Gesetz vorgeschriebenen drei Mitgliedern besteht.

350. Kann eine Eigentümergemeinschaft gerichtlich nur zur Durchführung einer Beiratswahl verpflichtet werden oder können durch Gerichtsurteil die Mitglieder des Verwaltungsbeirats bereits unmittelbar bestimmt werden?

Gestützt auf §21 Abs. 4 WEG können im Klageantrag bereits die Personen benannt werden, die für eine Wahl zum Verwaltungsbeirat zur Verfügung stehen.

Dies setzt natürlich die Bereitschaft der betroffenen Personen voraus, sich auch als Beiratsmitglied wählen zu lassen. Das sollte am besten durch eine schriftliche Erklärung der Miteigentümer bestätigt und der Klagebegründung beigefügt werden.

351. Kann die Wahl eines Verwaltungsbeirats gerichtlich angefochten werden?

Ja, ein Eigentümerbeschluss, mit dem ein Verwaltungsbeirat en bloc oder durch Einzelwahl seiner Mitglieder bestellt wurde, kann nicht nur hinsichtlich des Gremiums insgesamt, sondern auch bezüglich seiner einzelnen Mitglieder angefochten werden.

Eine Anfechtung wird allerdings nur dann erfolgreich sein, wenn die Wahl den Grundsätzen ordnungsgemäßer Verwaltung im Sinne von § 21 Abs. 4 WEG widerspricht. Dies ist dann der Fall, wenn ein wichtiger Grund vorliegt, der gegen die Bestellung eines bestimmten Miteigentümers zum Verwaltungsbeirat spricht.

Ein solcher wichtiger Grund kann darin liegen, dass der Miteigentümer für das Verwaltungsbeiratsamt ungeeignet ist, etwa wenn einschlägige Vorstrafen wie Betrug oder Untreue vorliegen, oder bei von Anfang an bestehender grundsätzlicher Zerrüttung des Vertrauensverhältnisses zur Eigentümergemeinschaft. Denn unter Berücksichtigung aller Umstände wäre eine Zusammenarbeit mit dem gewählten Mitglied unzumutbar und das erforderliche Vertrauensverhältnis von vornherein nicht zu erwarten (BayObLG, Beschluss vom 30.3.1990, 2 Z 22/90, WE 1991, 226, 227).

Wird die Wahl nur eines Beiratsmitglieds für ungültig erklärt, scheidet dieses aus dem Beirat aus, ohne dass dies für den Bestand des Gremiums im Übrigen Konsequenzen hätte. Der Verwaltungsbeirat besteht dann als sogenannter Rumpfbeirat mit den zwei übrigen Mitgliedern fort. Dies ist vergleichbar mit der Situation, dass ein Mitglied zu einem späteren Zeitpunkt aus anderen Gründen sein Amt verliert.

352. Stellt die Wahl eines Nichteigentümers zum Verwaltungsbeirat einen Anfechtungsgrund dar?

Ja, da der Verwaltungsbeirat gemäß § 29 Abs. 1 Satz 2 WEG aus drei Wohnungseigentümern zu bestehen hat, ist die Wahl eines Nichteigentümers fehlerhaft und daher auf Anfechtung für unwirksam zu erklären (LG Karlsruhe, Beschluss vom 13.3.2009, 11 S 22/09, ZWE 2009, 168).

353. Können Beschlüsse erfolgreich angefochten werden, mit denen ein Verwaltungsbeirat mit mehr oder weniger als drei Mitgliedern gewählt wurde?

Ja, weicht die Besetzung eines Verwaltungsbeirats von der in § 29 Abs. 1 Satz 2 WEG vorgesehenen ab (drei Wohnungseigentümer), ist die Wahl anfechtbar. Das gilt unabhängig davon, ob mehr oder weniger Beiräte gewählt werden (BGH, Urteil vom 5.2.2010, V ZR 126/09, ZWE 2010, 215, 216). Dies gilt nur dann nicht, wenn in der Teilungserklärung ausnahmsweise vorgesehen ist, dass auch eine vom Gesetz abweichende Personenzahl gewählt werden darf (LG Dortmund, Urteil vom 19.11.2013, 1 S 296/12, ZWE 2014, 127, 128; AG Erfurt, Urteil vom 16.7.2014, 5 C (WEG) 1/13, ZWE 2015, 277).

Für die Verwaltungspraxis bedeuten diese Entscheidungen jedoch mehr Steine als Brot. Das Ergebnis erscheint nämlich nicht sachgerecht. Wenn schon die Grundsatzentscheidung, ob überhaupt ein Verwaltungsbeirat gewählt werden soll oder nicht, zur freien Disposition einer jeden Eigentümergemeinschaft steht, ist kein sachlicher Grund erkennbar, warum überhaupt ein formales Korsett bestehen sollte, durch das vorgegeben ist, dass eine bestimmte Personenzahl gewählt werden muss. Es wäre kaum zu erklären, warum eine Eigentümergemeinschaft gezwungen werden sollte, auf einen Verwaltungsbeirat vollständig zu verzichten, wenn sich nur weniger als drei Miteigentümer zur Wahl zur Verfügung stellen, oder dass man es insbesondere einer sehr großen Eigentümergemeinschaft verbieten dürfte, sich zur Bewältigung einer besonderen Aufgabenfülle insgesamt die Mithilfe und das Fachwissen von mehr als drei Miteigentümern zu sichern. Hier hat der Gesetzgeber versagt und der Verwaltungspraxis einen Bärendienst erwiesen, denn ein mit mehr oder weniger Mitgliedern besetzter Verwaltungsbeirat ist jedenfalls besser als gar keiner (Briesemeister, Anfechtbarkeit der Wahl eines Beirats mit nur zwei Mitgliedern, ZWE 2010, 213 II.2).

354. Welche Folgen hat es, wenn eine Blockwahl des Verwaltungsbeirats angefochten wird, weil nur eines der drei Mitglieder nicht zum Beirat gewählt werden durfte?

Da es sich um einen einheitlichen Beschluss handelt, mit dem der Verwaltungsbeirat insgesamt bestellt werden sollte, kann auch nur dieser Beschluss insgesamt angefochten und ggf. für ungültig erklärt werden, sodass auch die Wahl der übrigen beiden Miteigentümer, gegen die keine Bedenken bestanden, ungültig ist.

355. Welche Folgen hat es, wenn drei Beiratsmitglieder einzeln gewählt wurden, die Wahl aber nur eines Miteigentümers nach Anfechtung für ungültig erklärt wird?

Wird ein Beschluss für ungültig erklärt, so soll dies zur Ungültigkeit weiterer Beschlüsse führen, die mit dem ungültigen Beschluss in engem thematischem Zusammenhang stehen. Danach sollen alle Beschlüsse über die Wahl von Beiratsmitgliedern unwirksam sein, wenn nur die gegen einen Miteigentümer gerichtete Anfechtung erfolgreich ist (AG München, Urteil vom 18.1.2017, 481 C 11177/16 WEG); denn im Zweifel sei anzunehmen, dass die Ungültigkeit eines Beschlusses, der mit einem anderen inhaltlich in engem Zusammenhang steht, beide Rechtsakte erfasse (LG Köln, Urteil vom 31.1.2013, 29 S 135,12, ZMR 2013, 379, 380).

Dies überzeugt nicht. Selbstständige Beschlüsse über die Wahl von drei Beiräten können auch nur selbstständig für unwirksam erklärt werden, und zwar dann, wenn alle drei Einzelwahlvorgänge angefochten wurden und die Anfechtung der Beschlüsse über die Wahl der beiden personell nicht zu beanstandenden Eigentümer damit begründet wird, dass beim Ausscheiden eines Mitgliedes die vom Gesetzgeber vorgegebene dreiköpfige Beiratsbesetzung nicht mehr erreicht wird.

Wird jedoch nur die Wahl eines Beiratsmitgliedes angefochten, so reicht es nach hiesiger Auffassung nicht aus, sich auf den Rechtsgedanken des §139 BGB zu berufen, um damit die Unwirksamkeit von Beschlüssen herbeizuführen, die gar nicht angefochten wurden. Sind Beschlüsse über eine Verwaltungsbeiratswahl, aus welchem Grund auch immer, fehlerhaft, dann sind sie nur anfechtbar, aber nicht nichtig. §139 BGB geht aber davon aus, dass bei Teilnichtigkeit das ganze Rechtsgeschäft nur dann insgesamt nichtig ist, wenn nicht angenommen werden kann, dass das Rechtsgeschäft auch ohne den nichtigen Teil vorgenommen worden wäre. Davon kann aber bei der Wahl eines Verwaltungsbeirats in aller Regel gerade nicht ausgegangen werden. Denn kaum eine Eigentümergemeinschaft wird für den Fall, dass die Wahl eines Eigentümers zum Verwaltungsbeirat für ungültig erklärt wird, dann lieber auf den gesamten Beirat verzichten wollen, statt wenigsten noch über zwei Beiräte zu verfügen, die als Rumpfbeirat alle Aufgaben erfüllen können, die auch ein dreiköpfiger Beirat hätte ausführen sollen. Für eine analoge Anwendung von §139 BGB bei der Feststellung, ob ein Beschluss ungültig ist oder nicht, bleibt daher auch aus diesem Grund kein Raum.

356. Wie wird ein Eigentümerbeschluss angefochten?

Indem man eine Anfechtungsklage beim örtlich zuständigen Amtsgericht einreicht. Dies ist das Amtsgericht, in dessen Bezirk die Wohnungseigentumsanlage gelegen ist.

Seit der Reform des Wohnungseigentumsgesetzes ist das allgemeine Zivilgericht für Streitigkeiten zwischen Wohnungseigentümern zuständig. Unabhängig vom Streitwert wird das Amtsgericht immer als erste Instanz angerufen. Die Klageschrift muss Angaben zur Person des anfechtenden Miteigentümers sowie die Namen und Anschriften der auf Beklagtenseite beteiligten Eigentümer enthalten. Sodann muss der Antrag gestellt werden, welche Beschlüsse zu welchen Tagesordnungspunkten von welcher Eigentümerversammlung durch das Gericht für ungültig erklärt werden sollen. Weiterhin ist eine Begründung erforderlich, in der alle Argumente vorgetragen werden müssen, warum der angefochtene Beschluss angeblich ordnungsgemäßer Verwaltung widerspricht.

357. Müssen bei der Erhebung einer Anfechtungsklage Fristen beachtet werden?

Ja, eine Anfechtungsklage kann nur innerhalb einer Frist von einem Monat nach Beschlussfassung über die Wahl der Beiratsmitglieder erhoben und muss innerhalb eines weiteren Monats begründet werden (§ 26 Abs. 1 Satz 2 WEG).

358. Kommt es für die Berechnung der Anfechtungsfrist auf den Zugang des Protokolls der Eigentümerversammlung an?

Nein, die Anfechtungsfrist des § 46 Abs. 1 Satz 2 WEG richtet sich ausschließlich nach dem Zeitpunkt der Eigentümerversammlung und läuft unabhängig davon, ob und wann das Protokoll einer Eigentümerversammlung verschickt wird und ob ein Eigentümer an der Eigentümerversammlung teilgenommen hat oder nicht. Wird das Versammlungsprotokoll vom Verwalter innerhalb der Anfechtungsfrist nicht rechtzeitig verschickt und hat ein Eigentümer an der Eigentümerversammlung nicht teilgenommen, so muss er sich über die stattgefundene Beschlussfassung informieren und ggf. den Verwalter um Zusendung eines Auszugs aus der unmittelbar nach der Eigentümerversammlung zu ergänzenden Beschlusssammlung bitten.

359. Kann eine Anfechtung auch gegenüber dem Verwalter erklärt werden?

Nein, die gegen eine Beiratswahl gerichtete Anfechtungsklage muss zwingend an das zuständige Amtsgericht gerichtet werden. Erklärungen jedweder Art, die gegenüber dem Verwalter abgegeben werden, haben keinerlei rechtliche Wirkung.

360. Wer ist bei Anfechtung einer Verwaltungsbeiratswahl Beklagter?

Beklagte sind nicht die einzelnen Beiratsmitglieder, deren Wahl angefochten wird, oder die Miteigentümer, die dem Beschluss zugestimmt haben. Eine Beschlussanfechtung richtet sich immer gegen alle übrigen im Grundbuch eingetragenen Eigentümer mit Ausnahme des oder der Kläger, denn jede Beschlussanfechtung wendet sich gegen einen Willensbildungsprozess der Eigentümergemeinschaft insgesamt. Das gilt unabhängig davon, mit wie vielen Stimmen ein Beschluss mehrheitlich gefasst wurde oder ob bei der Beschlussfassung in einer Eigentümerversammlung alle Eigentümer anwesend waren. Es ist auch unerheblich, ob ein Eigentümer dem Beschlussantrag zugestimmt, ihn abgelehnt oder sich enthalten hat.

361. Können Verwaltungsbeiratsmitglieder auf Wahrnehmung ihrer Beiratsaufgaben verklagt werden?

Nein, da kein Miteigentümer gezwungen werden kann, gegen seinen Willen Mitglied des Verwaltungsbeirats zu bleiben, steht es jedem Beiratsmitglied frei, sein Amt niederzulegen mit der Folge, dass jedwede Verpflichtung zum Tätigwerden endet. Daher hat die Eigentümergemeinschaft gegen die einzelnen Mitglieder des Verwaltungsbeirats auch keinen gerichtlich durchsetzbaren Anspruch auf Durchführung der Verwaltungsbeiratsaufgaben. Denn wenn sich ein Beiratsmitglied jederzeit durch Amtsniederlegung seiner Tätigkeitsverpflichtung entziehen kann, dann kann es einen gerichtlich durchsetzbaren Anspruch auf Ausübung der dem Amt obliegenden Aufgaben nicht geben. In Fällen der Untätigkeit eines Verwaltungsbeirats kommen außer Schadensersatzansprüchen nur die Abberufung des alten und die Bestellung eines neuen Verwaltungsbeirats in Betracht (KG, Beschluss vom 8.1.1997, 24 W 7947/95, ZMR 1997, 544).

Die Gegenansicht, dass ein Verwaltungsbeirat trotz Niederlegung seines Amtes zur Erfüllung bereits vorher fällig gewordener Verpflichtungen gerichtlich in Anspruch genommen werden kann, übersieht, dass Rechte und Befugnisse an das Amt geknüpft sind und nicht an die Person. Ansonsten käme es zu einem nicht lösbaren Interessenkonflikt, wenn bereits ein neuer Beirat gewählt wurde, dem dann die gleichen Aufgaben und Pflichten obliegen würden, der sie aber nicht ausüben dürfte, weil noch ein ehemaliges Beiratsmitglied zur Tätigkeit verpflichtet ist. Ein Nebeneinander von ehemaligen und neu gewählten Beiratsmitgliedern würde auch einen Verstoß gegen § 29 Abs. 1 Satz 2 WEG darstellen, wonach der Beirat aus drei Wohnungseigentümern besteht und nicht aus drei aktuellen Amtsinhabern und einem oder mehreren ehemaligen Beiräten.

Ausnahme   **!**

Als Ausnahme ist die Verpflichtung anzusehen, bei Fehlen eines Verwalters durch Einberufung einer Eigentümerversammlung dafür zu sorgen, dass die Eigentümergemeinschaft durch Bestellung eines neuen Verwalters wieder handlungsfähig wird.

362. Können Beschlüsse des Verwaltungsbeirats angefochten werden?

Nein, auch wenn ein Beiratsbeschluss gegen das Gesetz, eine Vereinbarung oder einen Mehrheitsbeschluss der Wohnungseigentümer verstoßen sollte, ist dieser nicht anfechtbar. Da einer Beschlussfassung als Ergebnis des internen Willensbildungsprozesses im Regelfall keine Außenwirkung zukommt, wäre ein solcher Beschluss schlicht nichtig und daher unbeachtlich.

363. Können Beiratsbeschlüsse angefochten werden, die aufgrund einer Ermächtigung der Eigentümergemeinschaft Gemeinschaftsangelegenheiten regeln?

Nach herrschender Meinung in Literatur und Rechtsprechung sollen auch solche Beschlüsse nicht angefochten werden können, die von einem Verwaltungsbeirat nur gefasst werden können, weil ihm im Einzelfall durch Vereinbarung die Befugnis übertragen wurde, durch Beiratsbeschluss eine bestimmte Angelegenheit der ordnungsgemäßen Verwaltung zu regeln, über die normalerweise die Eigentümergemeinschaft zu beschließen hat, wie etwa die Genehmigung der Jahreswirtschaftsabrechnung (OLG Hamm, Beschluss vom 19.3.2007, 15 W 340/06, ZMR 2008, 63). Fehlerhafte Verwaltungsbeiratsbeschlüsse sollen angeblich nicht in Bestandskraft erwachsen können, ihre Nichtigkeit soll jederzeit unabhängig von irgendwelchen Anfechtungsfristen eingewendet werden können. Diese Auffassung überzeugt nicht!

Hier wird folgende Mindermeinung vertreten: Solche Beschlüsse, die mit unmittelbarer Auswirkung auf die Rechtssphäre aller Miteigentümer verbunden sind, können angefochten werden und unterliegen damit der gerichtlichen Überprüfung. Dies beruht auf folgenden Überlegungen: Ermächtigt die Gemeinschaftsordnung einen Verwaltungsbeirat, zum Beispiel die Jahreswirtschaftsabrechnungen des Verwalters zu genehmigen, so wird dieses jedem einzelnen Miteigentümer zustehende Recht durch vertragliche Vereinbarung auf die jeweiligen Mitglieder eines Verwaltungsbeirats übertragen. Rechtlich gesehen passiert hier also nichts anderes, als wenn jeder Eigentümer bei einer anstehenden Genehmigung der Jahreswirtschaftsabrechnung die Ausübung seines Stimmrechts auf die Mitglieder des Verwaltungsbeirats übertragen würde.

Eine entsprechende Stimmrechtsübertragung in der Teilungserklärung regelt nicht nur den Einzelfall, sondern delegiert die Befugnis zur Ausübung des Stimmrechts der übrigen Miteigentümer mit Dauerwirkung auf den Verwaltungsbeirat. Dadurch erhält der Verwaltungsbeirat aber keine eigenständige sich aus dem Gesetz ergebende originäre Rechtsposition, sondern er übt insoweit nur das Stimmrecht für die übrigen Miteigentümer aus. Für einen solchen Fall der Genehmigung einer Jahreswirtschaftsabrechnung könnte man den Verwaltungsbeirat als Vertretergremium der übrigen Eigentümer bezeichnen, wobei die Beiratsmitglieder bei der Genehmigung einer Jahresabrechnung nicht nur ihre eigenen Stimmen abgeben, sondern gleichzeitig die ihnen durch die Gemeinschaftsordnung und damit durch Vertrag übertragenen Stimmrechte ausüben. Man könnte hier von einer sogenannten gewillkürten Beschlussstandschaft sprechen, da solche Beschlüsse ihrer Rechtsqualität nach Eigentümerbeschlüsse bleiben. Denn die Übertragung der Befugnis, ein fremdes Stimmrecht ausüben zu dürfen, ändert nichts an dem Umstand, dass es das Stimmrecht des Vollmachtgebers bleibt. Derartige in Vertretung der Eigentümergemeinschaft gefassten Beschlüsse gelten für und wider die dabei vertretenen einzelnen Miteigentümer, damit bleiben diese berechtigt, solche Beschlüsse anzufechten. Dass die Stimmrechtsausübung durch die Verwaltungsbeiräte nicht anlässlich einer Eigentümerversammlung erfolgt, ist dabei ohne Bedeutung, da Eigentümerbeschlüsse auch schriftlich als sogenannte Umlaufbeschlüsse gefasst werden können. Das von allen drei Beiratsmitgliedern unterzeichnete Protokoll einer Verwaltungsbeiratssitzung mit dem Beschluss des Verwaltungsbeirats, dass die vom Verwalter vorgelegte Jahreswirtschaftsabrechnung genehmigt wird, würde beispielsweise die Voraussetzungen an einen Umlaufbeschluss erfüllen: Alle Stimmberechtigten haben unterschrieben und damit schriftlich zugestimmt. Genauso gut könnte jedes Beiratsmitglied außerhalb einer offiziellen Verwaltungsbeiratssitzung einzeln seine schriftliche Zustimmung erklären.

Für die Berechnung der Anfechtungsfrist ist der Zeitpunkt maßgeblich, zu dem der Verwalter das Votum des Verwaltungsbeirats erhält, denn erst damit erhält der Beiratsbeschluss Außenwirkung. Da der Verwalter regelmäßig verpflichtet ist, die Eigentümergemeinschaft über die durch den Verwaltungsbeirat erfolgte Genehmigung zu unterrichten, erhalten die Miteigentümer auch von den für eine Anfechtung und die Berechnung der Anfechtungsfrist bedeutsamen Umständen Kenntnis. Damit ist gewährleistet, dass sie von ihrem Anfechtungsrecht rechtzeitig Gebrauch machen können.

Wird der Verwaltungsbeirat für die Eigentümergemeinschaft zur Vornahme rechtsgeschäftlicher Handlungen mit Außenwirkung bevollmächtigt und beschließt er zum Beispiel, einen Reparaturauftrag an einen Handwerker zu vergeben, so können solche Beschlüsse mit unmittelbarer verpflichtender Außenwirkung von den Eigentümern ebenfalls angefochten werden. Jedoch bliebe die Wirkung einer Ungültigkeitserklärung auf das Innenverhältnis zwischen Verwaltungsbeirat und Eigentümergemeinschaft beschränkt, die Wirksamkeit des im Außenverhältnis zustande gekommenen Rechtsgeschäfts würde davon nicht berührt. Damit tritt genau dieselbe Konstellation ein wie bei der Anfechtung von Mehrheitsbeschlüssen, die von einer Eigentümerversammlung gefasst wurden.

Da ein Beschluss wirksam ist, solange er nicht von einem Gericht rechtskräftig für unwirksam erklärt wurde, mithin ein Verwalter auch auf der Basis eines angefochtenen Beschlusses Fremdaufträge vergeben kann, beschränkt sich auch hier die Wirkung einer erfolgreichen Anfechtung auf das Innenverhältnis zwischen den Miteigentümern. Sie lässt jedoch das mit einem Dritten eingegangene Rechtsgeschäft unberührt.

Die Auffassung, dass fehlerhafte Beiratsbeschlüsse gar nicht angefochten werden müssten, weil sie ohnehin nichtig seien, scheint nicht nachvollziehbar zu sein. Nichtig sind Beschlüsse, die gegen ein gesetzliches Verbot oder gegen die guten Sitten verstoßen oder für die die Beschlusskompetenz fehlt. Unter welchem rechtlichen Gesichtspunkt sollte dann aber ein Beiratsbeschluss nichtig sein können, der zum Beispiel schlicht nur einen handwerklichen Fehler aufweist?

Ist ein Verwaltungsbeirat zum Beispiel ermächtigt, die Jahreswirtschaftsabrechnung zu verabschieden, und wird dabei eine Buchung vergessen, ein Rechenfehler übersehen oder tritt ein sonstiger beliebiger Fehler in der Abrechnungsdarstellung auf, dann gibt es keinen Ansatzpunkt für die Annahme, dass ein solcher Beschluss nichtig sein könnte. Inhaltliche oder handwerkliche

Unzulänglichkeiten führen ausschließlich zu fehlerhaften Beschlüssen, die angefochten werden können, begründen aber niemals deren Nichtigkeit.

364. Kann ein Eigentümerbeschluss angefochten werden, mit dem der Verwaltungsbeirat für seine Tätigkeit entlastet wird?

Wird der Verwaltungsbeirat durch Mehrheitsbeschluss der Eigentümergemeinschaft entlastet, obwohl erkennbar ist, dass Haftungsansprüche der Gemeinschaft gegen den Verwaltungsbeirat bestehen könnten, dann verstößt der Entlastungsbeschluss gegen das Gebot ordnungsgemäßer Verwaltung und kann angefochten werden.

365. Kann eine Jahresabrechnung, die der Verwaltungsbeirat nicht geprüft hat, deswegen auf Anfechtung für ungültig erklärt werden?

Nein, eine Jahresabrechnung kann nur dann auf Anfechtung für unwirksam erklärt werden, wenn sie fehlerhaft ist. Prüft der Verwaltungsbeirat die Jahresabrechnung nicht, wird sie dadurch nicht fehlerhaft. Würde die unterlassene Beiratsprüfung einen selbstständigen Anfechtungsgrund darstellen, müsste eine ansonsten fehlerfreie Abrechnung für unwirksam erklärt werden. Sie müsste auch bei einer neuen Beschlussfassung in derselben Form wieder beschlossen werden. Hinzu kommt, dass eine Prüfung durch den Verwaltungsbeirat nicht erzwungen werden kann.

Die fehlende Überprüfung durch den Verwaltungsbeirat stellt mithin keinen Anfechtungsgrund dar (KG, Beschluss vom 25.8.2003, 24 W 110/02, NZM 2003, 901, 902 = ZMR 2004, 144, 145). Dasselbe gilt, wenn die Jahresabrechnung durch einen Verwaltungsbeirat geprüft wurde, dessen Bestellung fehlerhaft oder gar nichtig war (BayObLG, Beschluss vom 23.12.2003, 2 Z BR 189/03, ZMR 2004, 358).

366. Kann der Beschluss über die Abberufung des Verwaltungsbeirats oder eines seiner Mitglieder angefochten werden?

Ja, wie jeder andere von einer Eigentümergemeinschaft gefasste Mehrheitsbeschluss kann auch ein Abberufungsbeschluss nach den allgemeinen Grundsätzen unter Einhaltung der gemäß §23 Abs. 4 Satz 2 WEG zu beachtenden einmonatigen Frist angefochten werden.

Erfolgt die Anfechtung einer ordentlichen Abberufung, das heißt einer Abberufung, die jederzeit und ohne Begründung möglich ist, wird eine Anfechtung mit der Begründung, der Abberufungsbeschluss sei zu Unrecht ergangen oder grundlos erfolgt, regelmäßig erfolglos sein, da eine ordentliche Abberufung ja gerade keiner Begründung bedarf. Die Anfechtung einer ordentlichen Abberufung kann allenfalls mit formellen Abstimmungs- oder Einberufungsmängeln begründet werden.

Anders verhält es sich bei einer außerordentlichen Abberufung aus wichtigem Grund. Hier kann die Anfechtung darauf gestützt werden, dass die Abberufungsgründe tatsächlich nicht zutreffen.

367. Kann ein Verwaltungsbeiratsmitglied den Beschluss der Eigentümerversammlung über seine eigene Abberufung anfechten?

Ja, auch dem abberufenen Verwaltungsbeiratsmitglied steht ein Anfechtungsrecht zu, wobei auch hier eine Anfechtung nur im Fall einer Abberufung aus wichtigem Grund Sinn macht. Die ordentliche Abberufung eines Verwaltungsbeiratsmitglieds von seinem Amt ist jederzeit möglich und die Eigentümergemeinschaft benötigt hierfür keine Begründung.

Erfolgt die Abberufung allerdings aus wichtigem Grund, so ist im Regelfall der Hintergrund ein tatsächliches oder vermeintliches Fehlverhalten des Verwaltungsbeiratsmitglieds. Hier besteht für den abberufenen Miteigentümer im Rahmen eines Anfechtungsverfahrens die Möglichkeit, etwa fehlerhafte Informationen der Wohnungseigentümer, die für die Abberufung maßgeblich waren, richtigzustellen und damit geltend zu machen, dass die Abberufungsgründe tatsächlich nicht zutreffen.

368. Kann ein Verwaltungsbeiratsmitglied im Fall einer Anfechtung des Abberufungsbeschlusses sein Amt vorläufig bis zu einer Entscheidung des Gerichts weiter ausüben?

Nein, gemäß § 23 Abs. 4 Satz 1 WEG gilt der Grundsatz, dass Wohnungseigentümerbeschlüsse solange wirksam sind, bis sie durch gerichtliche Entscheidung bestandskräftig für unwirksam erklärt wurden.

Wird also zum Beispiel ein Abberufungsbeschluss mehrheitlich gefasst, beendet das Zustandekommen dieses Beschlusses die Rechtsstellung des Miteigentümers als Mitglied des Verwaltungsbeirats mit sofortiger Wirkung. Wie bei der Abberufung eines Verwalters wird die Wirksamkeit des Beschlusses auch nicht durch eine fristgerecht erhobene Anfechtungsklage hinausgeschoben (OLG Hamm, Beschluss vom 20.2.1997, 15 W 295/96, WE 1997, 385, 386 rechte Spalte unten).

369. Welche Folgen hat die gerichtliche Ungültigkeitserklärung eines Abberufungsbeschlusses auf die ehemalige Amtsinhaberschaft des Beiratsmitglieds?

Wird der Beschluss über die Abberufung eines Beiratsmitglieds rechtskräftig von einem Gericht für unwirksam erklärt, erhält das ehemalige Beiratsmitglied automatisch seine Stellung zurück, ohne dass dazu ein neuer Beschluss der Eigentümergemeinschaft oder ein sonstiger Willensbildungsprozess nötig ist. Wurde zwischenzeitlich ein neuer Verwaltungsbeirat gewählt, dann tritt das ehemalige Mitglied dem neuen Verwaltungsbeirat als zusätzliches Mitglied bei. Auch wenn §29 Abs. 1 Satz 2 WEG vorsieht, dass der Verwaltungsbeirat nur aus drei Wohnungseigentümern bestehen soll, bedeutet das nicht, dass ein davon abweichender Beschluss nichtig wäre. Wählt eine Eigentümergemeinschaft mehr oder weniger als drei Mitglieder in den Verwaltungsbeirat und wird dieser Beschluss bestandskräftig, dann wurden diese Miteigentümer wirksam zum Verwaltungsbeirat gewählt, unabhängig davon, dass von der gesetzlichen Vorgabe abgewichen wurde.

Nicht anders verhält es sich bei der nachträglichen Beseitigung eines Abberufungsbeschlusses durch gerichtliche Entscheidung. Soweit sich dadurch die Zahl der im Amt befindlichen Verwaltungsbeiratsmitglieder gegenüber der in §29 Abs. 1 Satz 2 WEG vorgegebenen Zahl vergrößert, ist dies genauso unschädlich, als wenn von Anfang an mehr als drei Verwaltungsbeiratsmitglieder bestandskräftig gewählt worden wären. Insoweit ist die Rechtslage nicht vergleichbar mit der Anfechtung eines Beschlusses über die Abberufung des Verwalters. Wird ein neuer Verwalter gewählt und danach der Beschluss über die Abberufung des alten Verwalters für unwirksam erklärt, dann ist mit dem Eintritt der formellen Rechtskraft die Abberufung rückwirkend beseitigt (PfälzOLG Zweibrücken, Beschluss vom 16.12.2002, 3 W 202/02, ZMR 2004, 63, 64). Wird damit die Stellung des alten Verwalters wieder bestätigt, hat dies zur Folge, dass der Beschluss über die Bestellung des neuen Verwalters nichtig wird, da es für eine Eigentümergemeinschaft immer nur einen Verwalter geben kann (OLG Hamm, Beschluss vom 4.6.2002, 15 W 66/02, NZM 2003, 486).

370. Kann ein gewählter Verwaltungsbeirat durch das Gericht abberufen werden?

Nein, denn grundsätzlich entscheidet über die Abberufung eines oder aller Mitglieder des Verwaltungsbeirats die Eigentümergemeinschaft durch Mehrheitsbeschluss (OLG München, Beschluss vom 31.7.2007, 34 Wx 069/07, ZMR 2007, 996, 998). Da es mithin einen Individualanspruch des einzelnen Miteigentümers auf Abberufung eines Verwaltungsbeirats nicht gibt, kann nur auf einer Eigentümerversammlung der Beschlussantrag auf dessen Abberufung gestellt werden. Wird dieser Antrag mehrheitlich abgelehnt, so kann ein solcher ablehnender Beschluss angefochten werden, nachdem der BGH erstmals im Jahr 2002 entschied, dass auch die Anfechtung von Negativbeschlüssen zulässig ist (BGH, Beschluss vom 19.9.2002, V ZB 30/02, NZM 2002, 995). Diese Anfechtung sollte mit einem gegen die Eigentümergemeinschaft gerichteten Verpflichtungsantrag verbunden sein, die Abberufung des Verwaltungsbeirats zu beschließen. Ein solcher Verpflichtungsantrag wird allerdings nur dann erfolgreich sein können, wenn es zur Abberufung des Verwaltungsbeirats keine rechtmäßige Alternative gibt. Nur in solchen Fällen, in denen die Abberufung des Verwaltungsbeirats als einzige denkbare Maßnahme ordnungsgemäßer Verwaltung infrage kommt – zum Beispiel bei Straftaten gegen Leib und Leben von Miteigentümern –, kann der Willensbildungsprozess einer Eigentümergemeinschaft durch gerichtliche Entscheidung ersetzt werden.

371. Kann der Verwaltungsbeirat von der Eigentümergemeinschaft auf die Kosten eines verlorenen Klageverfahrens in Regress genommen werden?

Diese Frage kann sich grundsätzlich nur dann stellen, wenn eine Klage den Verwaltungsbeirat bzw. seine Tätigkeit entweder mittelbar oder unmittelbar betrifft. Anfechtungsklagen kommen nur in Ausnahmefällen in Betracht, da interne Beschlüsse des Verwaltungsbeirats nicht anfechtbar sind. Es kann also nur eine Anfechtung von Eigentümerbeschlüssen infrage kommen, bei denen der Verwaltungsbeirat eine vorherige Überprüfungs- oder Mitwirkungspflicht hatte. Da sich eine Anfechtungsklage dann jedoch ausschließlich gegen den Willensbildungsprozess der Eigentümergemeinschaft richten kann, sind ausnahmslos alle im Grundbuch eingetragenen Eigentümer und nicht der Verwaltungsbeirat Beklagte des Anfechtungsprozesses.

Wenn die beklagten Eigentümer nach verlorenem Prozess die Verfahrenskosten zu übernehmen haben, beruht dies auf einer entsprechenden gerichtlichen Kostenentscheidung. Diese gerichtliche Kostenentscheidung kann nicht dadurch umgangen werden, dass die Eigentümergemeinschaft gegenüber einzelnen Miteigentümern, hier den Mitgliedern des Verwaltungsbeirats, einen entsprechenden Schadensersatzanspruch geltend macht und dadurch im Ergebnis die gerichtliche Kostengrundentscheidung verändern würde. Hierzu würde einer Eigentümergemeinschaft die Beschlusskompetenz fehlen, sodass ein solcher Beschluss sogar nichtig wäre.

Unabhängig davon würde es in allen Fällen der Anfechtung von Beschlüssen zu Beiratsentlastungen oder Beiratsbestellungen bereits an einem schadensbegründenden Verhalten des Verwaltungsbeirats fehlen. Denn bei dem angefochtenen Beschluss handelt es sich um das Ergebnis eines mehrheitlich stattgefundenen Willensbildungsprozesses der Eigentümergemeinschaft insgesamt und nicht etwa um das Ergebnis eines pflichtwidrigen Verhaltens einzelner Beiratsmitglieder oder des Verwaltungsbeirats als Gremium.

372. Ist eine für sein Sondereigentum von einem Miteigentümer abgeschlossene Rechtsschutzversicherung für Beiratsstreitigkeiten eintrittspflichtig?

Nein, Rechtsschutzversicherungen bieten die Absicherung eines mit der Beiratstätigkeit verbundenen Prozesskostenrisikos überhaupt nicht an. Private, für das Sondereigentum abgeschlossene Rechtsschutzversicherungen beziehen sich ausschließlich auf die Stellung des Sondereigentümers als Mitglied in der Eigentümergemeinschaft und die sich daraus möglicherweise ergebenden Streitigkeiten mit dem teilrechtsfähigen Verband, einzelnen Miteigentümern oder der Verwaltung. Streitigkeiten im Zusammenhang mit einer Tätigkeit als Verwaltungsbeirat resultieren nicht aus der versicherten Eigentümerstellung, sondern aus einem nach Wahl durch die Eigentümergemeinschaft übernommenen Amt.

373. Gibt es Rechtsschutzversicherungen für die Beiratstätigkeit?

Nein, soweit bekannt bietet keine Rechtsschutzversicherung Deckungsschutz für Verwaltungsbeiräte an, die das Kostenrisiko für Streitigkeiten zwischen den Mitgliedern des Verwaltungsbeirats und dem Verwalter, einzelnen Wohnungseigentümern oder dem Verband abdecken würde. Da das Angebot auf dem Versicherungsmarkt in ständigem Wandel begriffen ist, empfiehlt sich im Bedarfsfall eine Anfrage bei Versicherungsunternehmen.

K. Verwaltungsbeirat und Ersatzzustellungsbevollmächtigung

374. Ist der Verwaltungsbeirat berechtigt, bei Verhinderung des Verwalters wegen Interessenkollision gerichtliche Zustellungen entgegenzunehmen, die an die einzelnen Miteigentümer gerichtet sind?

Nein, das Gesetz sieht eine derartige Befugnis oder Ermächtigung des Verwaltungsbeirats nicht vor. Zustellungsvertreter der Miteigentümer ist gemäß § 27 Abs. 2 Nr. 3 WEG ausschließlich der Verwalter. Soll eine Zustellung an die Eigentümer vorgenommen werden, reicht es daher regelmäßig aus, eine Abschrift oder Ausfertigung des zuzustellenden Schriftstücks an den Verwalter zu übergeben.

Diese gesetzliche Vertretungsmacht des Verwalters für die Entgegennahme von Zustellungen für die Mitglieder der Eigentümergemeinschaft besteht jedoch dann nicht, wenn eine Interessenkollision vorliegt, das heißt, wenn die Gefahr besteht, dass ein Verwalter die Eigentümer über einen Rechtsstreit nicht sachgerecht informieren könnte. Von einem derartigen Interessenkonflikt kann zum Beispiel ausgegangen werden, wenn es um die Anfechtung der Verwalterbestellung geht (AG Hamburg-Blankenese, Urteil vom 30.4.2008, 539 C 2/08, ZMR 2008, 575) oder der Verwalter mit den Eigentümern über seine Rechte und Pflichten streitet (OLG München, Beschluss vom 31.10.2007, 34 Wx 060/07, ZMR 2008, 657, 658).

375. Wer kann anstelle des Verwalters für die einzelnen Miteigentümer Zustellungen entgegennehmen?

Von Gesetzes wegen ist dazu niemand ermächtigt. Für den Fall, dass gemäß § 45 Abs. 1 WEG die Gefahr besteht, dass der Verwalter anlässlich eines Klageverfahrens die Wohnungseigentümer nicht sachgerecht unterrichten könnte, wurde mit der WEG-Novelle 2007 mit § 45 Abs. 2 WEG die Verpflichtung von Eigentümergemeinschaften eingeführt, durch Mehrheitsbeschluss einen Ersatzzustellungsvertreter sowie dessen Stellvertreter zu bestellen. Diese Verpflichtung besteht grundsätzlich, und zwar auch bereits dann, wenn ein Rechtsstreit noch nicht anhängig ist (§ 45 Abs. 2 Satz 1 WEG).

Ein Ersatzzustellungsbevollmächtigter tritt in die dem Verwalter als Zustellungsvertreter der Wohnungseigentümer zustehenden Aufgaben und Befugnisse ein, sofern das Gericht die Zustellung an ihn anordnet (§ 45 Abs. 2 Satz 2

WEG). Zwar gehört es nicht zu den gesetzlich vorgesehenen Aufgaben des Verwaltungsbeirats, in solchen Fällen die Funktion eines Ersatzbevollmächtigten zu übernehmen. In der Praxis hat sich jedoch herausgestellt, dass es bei Bestehen eines Verwaltungsbeirats vornehmlich dessen Vorsitzender ist, dem angetragen wird, die Aufgabe des Ersatzzustellungsvertreters zu übernehmen. Kläger schlagen daher dem Gericht regelmäßig erst einmal vor, den Verwaltungsbeiratsvorsitzenden oder seinen Stellvertreter zum Ersatzzustellungsbevollmächtigten zu bestellen.

Wie für jeden anderen, der als Ersatzzustellungsvertreter tätig werden soll, gilt auch für den Verwaltungsbeiratsvorsitzenden oder ein sonstiges Beiratsmitglied, das dem Gericht als Ersatzzustellungsbevollmächtigter benannt werden soll, dass die betreffende Person nicht verpflichtet ist, diese Aufgabe zu übernehmen. In der Praxis hat sich jedoch herausgestellt, dass derjenige, der sich bereiterklärt hat, im Interesse der Eigentümergemeinschaft insgesamt besondere Aufgaben als Verwaltungsbeirat zu übernehmen, sich in aller Regel auch einer Bestellung zum Ersatzzustellungsbevollmächtigten nicht verschließt.

376. Kann ein Ersatzzustellungsvertreter sein Amt ohne Weiteres ausüben oder bedarf es dazu einer gerichtlichen Beauftragung?

Hat eine Eigentümergemeinschaft einen Ersatzzustellungsvertreter bzw. dessen Stellvertreter gewählt, dann führt dies nicht dazu, dass automatisch alle Zustellungen an eine dieser Personen gehen können. Ein Ersatzzustellungsvertreter tritt insoweit in die eigentlich dem Verwalter zustehende Aufgabe, Zustellungen für die Wohnungseigentümer anzunehmen, erst dann ein, wenn das Gericht die Zustellung an ihn anordnet (§ 45 Abs. 2 Satz 2 WEG). Vorher muss das Gericht prüfen, ob die Zustellung an den Vertreter überhaupt angeordnet werden darf.

377. Kann nur ein Miteigentümer zum Ersatzzustellungsbevollmächtigten gewählt werden?

Nein, aus der Gesetzesbegründung ergibt sich, dass jede natürliche Person gewählt werden kann (vgl. Bundestags-Drucksache 16/887, S. 37). Damit ist klargestellt, dass auch Dritte, die nicht Wohnungseigentümer sind, als Ersatzzustellungsvertreter in Betracht kommen. Auch juristische Personen können zum Ersatzzustellungsvertreter bestellt werden (Drabek, 2008, 22, 24). Es ist ausschließlich darauf zu achten, dass der Gewählte die ihm zufallende

Aufgabe organisatorisch bewältigen kann (AG Dortmund, Beschluss vom 26.10.2008, 512 C 39/08, NZM 2008, 938, 939).

378. Wie ist zu verfahren, wenn eine Eigentümergemeinschaft keinen Ersatzzustellungsbevollmächtigten gewählt hat?

Existiert kein Ersatzzustellungsvertreter, weil zum Beispiel

- ein solcher nicht gewählt wurde,
- sich kein Miteigentümer dazu bereiterklärt hat,
- eine etwaige Bestellungszeit abgelaufen ist,
- eine Abberufung erfolgte,
- das Amt niedergelegt wurde,
- das Amt durch Versterben geendet hat,
- ein mehrheitlicher Bestellungsbeschluss rechtskräftig für ungültig erklärt wurde oder
- ein amtierender Ersatzzustellungsvertreter aus rechtlichen oder tatsächlichen Gründen, zum Beispiel längere Ortsabwesenheit oder schwere Krankheit, seine Aufgabe nicht wahrnehmen kann,

so kann das Gericht gemäß §45 Abs. 3 WEG entweder auf Anregung des Klägers oder von Amts wegen einen Ersatzzustellungsvertreter bestellen.

Voraussetzung ist allerdings die Bereitschaft der betreffenden Person, das Amt zu übernehmen, da niemand gegen seinen Willen zum Ersatzzustellungsvertreter bestellt werden kann (LG Nürnberg-Fürth, Beschluss vom 6.4.2009, 14 T 2512/09, NZM 2009, 365, 366).

Die Bestellung eines Ersatzzustellungsvertreters ist nicht zwingend. Gerade bei kleineren Eigentümergemeinschaften kann sich das Gericht auch dafür entscheiden, jedem einzelnen Wohnungseigentümer direkt zuzustellen. Selbst wenn ein Ersatzzustellungsvertreter existiert, muss das Gericht nicht die Zustellungen an diesen anordnen, sondern kann an jeden einzelnen Eigentümer selbst zustellen (Drabek, ZWE 2008, 22, 24 zu Ziff. III.5).

379. Kann die Eigentümergemeinschaft einen anderen Ersatzzustellungsvertreter wählen, obwohl schon einer vom Gericht bestellt wurde?

Ja, Eigentümer können jederzeit einen Ersatzzustellungsbevollmächtigten ihrer Wahl bestimmen. Dafür bedarf es keiner Begründung. Mit der Bestellung eines neuen Ersatzzustellungsvertreters erlischt automatisch die Amtsstellung des gerichtlich bestellten Ersatzvertreters. Wird der Eigentümerbeschluss über die Wahl des neuen Zustellungsvertreters erfolgreich angefochten, so lebt die Rechtsstellung des ehemals gerichtlich bestellten Ersatzvertreters nicht wieder auf. Vielmehr wäre eine neue gerichtliche Bestellung oder ein neuer Eigentümerbeschluss notwendig.

380. Welche Aufgaben hat ein Ersatzzustellungsvertreter auszuführen?

Die Aufgaben orientieren sich an denen eines Verwalters, falls dieser für die Wohnungseigentümer bestimmte Zustellungen erhält. Dazu gehört es, über den Anlass des eingeleiteten Rechtsstreits und den Inhalt der zugestellten Schriftstücke zu unterrichten, wobei der Ersatzzustellungsvertreter entscheiden kann, in welcher Weise und in welchem Umfang er dies tut. In jedem Fall müssen die beklagten Eigentümer in die Lage versetzt werden, sich ein Bild über die gegen sie gerichtete Klage zu verschaffen und zu beurteilen, ob und ggf. welche Veranlassungen sie zu ihrer Verteidigung treffen wollen.

381. Wen hat der Ersatzzustellungsbevollmächtigte zu informieren?

Zu unterrichten sind alle zum Zeitpunkt der Zustellung der Klageschrift an den Ersatzzustellungsvertreter im Grundbuch eingetragenen Miteigentümer. Ausgenommen sind der oder die Anfechtungskläger, die ja weder ihre eigene Klage zugestellt noch über das von ihnen eingeleitete Verfahren und dessen Inhalt unterrichtet werden müssten. Maßgeblich ist eine aktuelle Eigentümerliste. Sollte diese dem Ersatzzustellungsvertreter nicht bereits ohnehin vorliegen – was bei der Bestellung eines Mitglieds des Verwaltungsbeirats zum Ersatzzustellungsvertreter überwiegend der Fall sein dürfte –, muss er eine solche Liste beim Verwalter anfordern. Der Ersatzzustellungsvertreter darf sich darauf verlassen, dass eine vom Verwalter ausgehändigte Eigentümerliste aktuell und vollständig ist.

382. Welche Informationen sind in welcher Form an die Eigentümer weiterzugeben?

Die Eigentümer sind darüber zu unterrichten, wer aus welchem Grund mit welchem Prozessziel eine Klage angestrengt hat. Mitgeteilt werden muss, vor welchem Gericht die Klage anhängig ist, welches Aktenzeichen das Verfahren trägt, welche Klageanträge gestellt wurden und welche prozessleitenden Verfügungen das Gericht veranlasst hat.

Dies geschieht am einfachsten durch Übersendung von Kopien der Schriftstücke, die der Ersatzzustellungsbevollmächtigte vom Gericht erhalten hat, verbunden mit einem kurzen Begleitschreiben an alle auf der Beklagtenseite beteiligten Eigentümer. Dem Ersatzzustellungsvertreter steht es aber frei, alle prozessrelevanten Informationen in einem selbst formulierten Anschreiben mitzuteilen und den beklagten Eigentümern anheim zu stellen, bei weitergehendem Interesse Kopien der zugestellten Schriftstücke bei ihm anzufordern. Die Klägerpartei muss der Ersatzzustellungsvertreter selbstverständlich über ihre eigene Klage nicht informieren.

Die Eigentümer können per Briefpost, Telefax, E-Mail oder auch auf einer Eigentümerversammlung unterrichtet werden (BGH, Beschluss vom 11.5.2017, V ZB 52/15, ZWE 2017, 311, 312; BGH, Beschluss vom 14.5.2009, V ZB 172/08, NJW 2009, 2135, 2136).

Die Informationspflicht besteht während des gesamten Verfahrensverlaufs. So ist zum Beispiel über spätere Terminladungen zur mündlichen Verhandlung, über Gerichtsbeschlüsse aller Art und insbesondere über eine die Instanz beendende gerichtliche Entscheidung zu informieren.

383. Welche finanziellen Ansprüche kann ein Ersatzzustellungsvertreter für seine Tätigkeit geltend machen?

Zu unterscheiden ist zwischen Auslagenersatz und Vergütungsansprüchen. Ersatzzustellungsvertreter haben Anspruch auf den Ersatz aller Auslagen, die sie für erforderlich halten dürfen, um die beklagten Eigentümer über den anhängigen Rechtsstreit und seinen Verlauf zu informieren. Dazu gehören zum Beispiel die Kosten für Fotokopien der Klageschrift und aller Anlagen, wobei ein Kostenansatz von 0,30 EUR je Kopie als angemessen angesehen werden kann (LG München, Beschluss vom 30.11.2009, 36 S 17253/09, INFO M 2010, 193). Auch das Briefporto gehört zu den erstattungsfähigen Auslagen. Nicht erforderlich ist allerdings, die Informationen an die Eigentümer als kostenintensive Einschreiben zu versenden.

Verfasst der Ersatzzustellungsvertreter eigenständige Schreiben, so sind die Auslagen für Papier, Briefkuverts sowie Porto zu erstatten. Telefon- oder Fahrtkosten dürften nur in Ausnahmefällen anfallen. Wird ein Wohnungseigentümer, insbesondere ein Mitglied des Verwaltungsbeirats, als Ersatzzustellungsvertreter tätig, ist grundsätzlich davon auszugehen, dass dies unentgeltlich geschieht und lediglich ein Ersatzanspruch für Auslagen geltend gemacht werden kann. Nur wenn zwischen Eigentümergemeinschaft und Ersatzzustellungsvertreter ausdrücklich eine Vergütungsvereinbarung geschlossen wurde, kann eine Vergütung geltend gemacht werden.

Anders verhält es sich bei der Bestellung von Personen zum Ersatzzustellungsvertreter, die diese Aufgabe im Rahmen ihrer beruflichen Tätigkeit übernehmen. Wurde zum Beispiel ein Rechtsanwalt als Ersatzzustellungsvertreter bestellt, erwächst ihm ein Vergütungsanspruch gemäß Nr. 3403 VV RVG.

Die Gegenmeinung ist abzulehnen, wonach eine bloße Tätigkeit als Zustellungsvertreter nicht im Zusammenhang mit der Gewährung eines rechtlichen Beistands stünde, sodass dem Anwalt keine Honoraransprüche nach dem RVG zustehen würden. Es wäre nicht erkennbar, dass ein Rechtsanwalt im Rahmen seiner typischerweise gewinnorientierten beruflichen Tätigkeit die Funktion eines Ersatzzustellungsvertreters für eine Wohnungseigentümergemeinschaft kostenlos einsetzen müsste.

384. Muss der Anfechtungskläger bei Prozessverlust die Kosten des Ersatzzustellungsvertreters ersetzen?

Nein, bei den Kosten eines Ersatzzustellungsvertreters handelt es sich um interne Verwaltungskosten, die nicht zu den Kosten des Rechtsstreits im Sinne von §91 Abs. 1 Satz 1 ZPO gehören. Unter Aufgabe seiner bisherigen Rechtsprechung (BGH, Beschluss vom 14.5.2009, V ZZB 172/08, NJW 2009, 2135 Rn. 12) hat der BGH die Kosten der Unterrichtung der einzelnen Eigentümer bei Beschlussanfechtungsklagen nunmehr als Kosten der internen Kommunikation und damit als Kosten der allgemeinen Verwaltung bezeichnet. Diese sind als solche im Verhältnis zum Prozessgegner grundsätzlich nicht erstattungsfähig und nehmen daher auch nicht am gerichtlichen Kostenfestsetzungsverfahren teil (BGH, Beschluss vom 11.5.2017, V ZB 52/15, ZWE 2017, 311, 312).

Dabei kommt es weder darauf an, ob der Verwalter oder ein Ersatzzustellungsvertreter die Unterrichtung vornimmt oder ob ein Ersatzzustellungsvertreter durch Eigentümerbeschluss oder durch ein Gericht bestellt wurde. Die dadurch entstehenden Kosten sind regelmäßig den Ausgaben der internen Organisation der Wohnungseigentümer zuzuordnen und aus dem Verbandsvermögen zu erstatten. Das heißt, sie sind aus dem Gemeinschaftskonto zu entnehmen und damit als Kosten der allgemeinen Verwaltung auf alle Mitglieder der Gemeinschaft, also auch auf einen Anfechtungskläger im Rahmen der Jahresgesamt- und Einzelabrechnungen umzulegen. Soweit nichts anderes vereinbart oder beschlossen wurde, werden diese Kosten der laufenden Verwaltung gemäß §16 Abs. 2 WEG nach Miteigentumsanteilen verteilt (BGH, Beschluss vom 14.5.2009, V ZB 172/08, NJW 2009, 2135, Rn. 12).

Anhang: Muster einer Verwaltungs-beiratsordnung

Vorbemerkung

Das im Folgenden vorgeschlagene Muster einer Verwaltungsbeiratsordnung orientiert sich inhaltlich an den Regelungen, die von einer Eigentümergemeinschaft mehrheitlich beschlossen werden können.

Im Gegensatz zu einer »Geschäftsordnung für Verwaltungsbeiräte«, die ein jeder Verwaltungsbeirat für sich selbst per Mehrheitsbeschluss verabschieden kann (Armbrüster, Willensbildung und Beschlussfassung im Verwaltungsbeirat, ZWE 2001, 463, 465), die jedoch als »organinternes« Regelwerk den Nachteil hat, dass die beschlussfassenden Beiräte in ihrer Regelungsbefugnis beschränkt sind, weil ihre Beschlüsse keine Außenwirkung haben, kann eine von der Eigentümergemeinschaft beschlossene Beiratsordnung viel weitergehende Regelungen enthalten.

So können interne Beiratsbeschlüsse insbesondere keine die Eigentümergemeinschaft verpflichtende Bestimmungen enthalten, was zum Beispiel für eine Regelung über die Zahlung von Aufwendungsersatz unverzichtbar wäre. Da sich Verwaltungsbeiräte also zum Beispiel selbst keinen Aufwendungsersatz zu Lasten der Eigentümergemeinschaft zubilligen können, zum anderen eine sogenannte organexterne Geschäftsordnung den Vorteil hat, dass sie auch für künftige Beiräte wirkt (Armbrüster a.a.O.), mithin für potenzielle zukünftige Beiratskandidaten eine verlässliche Grundlage zur Ausgestaltung ihre Tätigkeit bietet, ist immer zu empfehlen, eine Beiratsordnung per Eigentümerbeschluss zu verabschieden.

Eine von der Eigentümergemeinschaft beschlossene Geschäftsordnung kann auch nur durch eine neue Beschlussfassung der Eigentümergemeinschaft ergänzt oder geändert werden, sodass die für eine Eigentümergemeinschaft geltenden Regeln für die Beiratstätigkeit nicht der Beliebigkeit unterschiedlicher Beiratsinteressen und wechselnder Beiratszusammensetzung unterworfen sind, sondern für jeden zur Wahl anstehenden Kandidaten eine verlässliche Beurteilungsgrundlage dafür bieten, ob er seine Tätigkeit im Rahmen der von der Eigentümergemeinschaft vorgegebenen Rahmenbedingungen durchführen will oder, wenn nicht, er bereits deshalb schon darauf verzichtet, sich überhaupt zur Wahl aufstellen zu lassen.

Bei der Ausarbeitung des nachstehenden Vorschlags einer Beiratsordnung wurde inhaltlich nur berücksichtigt, was von einer Eigentümergemeinschaft per Mehrheitsbeschluss auch beschlossen werden kann. So ist stets darauf zu achten, dass die Beschlusskompetenz von Eigentümergemeinschaften dort endet, wo Eigentümerbeschlüsse Regelungen der Teilungserklärung oder gesetzliche Bestimmungen mit Dauerwirkung abändern würden (BGH, Beschluss vom 20.9.2000, V ZB 58/99, WuM 2000, 620).

So würde einer Eigentümergemeinschaft zum Beispiel die Beschlusskompetenz fehlen, abweichend von § 29 Abs. 1 Satz 2 WEG, wonach ein Verwaltungsbeirat aus drei Wohnungseigentümern besteht, eine geringere oder größere Mitgliederzahl festzusetzen. Eine solche für zukünftige Beiratswahlen vorgesehene gesetzeswidrige Vorgabe ist einem Mehrheitsbeschluss nicht zugänglich, der Beschluss wäre nichtig.

Dass im Einzelfall eine Beiratswahl, die von der gesetzlichen Vorgabe abweicht, mangels Anfechtung bestandskräftig würde, steht dem nicht entgegen, weil sich die Wirkungen eines solchen fehlerhaften Beschlusses auf die konkrete Beiratswahl beschränken und keine Zukunfts- bzw. Dauerwirkung entfalten.

Anzumerken ist abschließend noch, dass es Eigentümergemeinschaften möglich ist, in der Teilungserklärung oder durch sonstige allstimmige Vereinbarungen für den Verwaltungsbeirat Befugnisse und Regelungen einzuführen, die weit über die in dieser Beiratsordnung vorgeschlagenen Regelungsinhalte hinausgehen, da durch Vereinbarung auch gesetzliche Bestimmungen, soweit sie dispositiv sind, abgeändert werden können.

Verwaltungsbeiratsordnung

§ 1 Tätigkeit des Verwaltungsbeirats
Der Verwaltungsbeirat ist ehrenamtlich tätig.

§ 2 Zusammensetzung des Verwaltungsbeirats
(1) Mitglieder des Verwaltungsbeirates können alle Wohnungs- und Teileigentümer sein.
(2) Der Verwalter kann nicht Mitglied des Verwaltungsbeirates sein, auch wenn er Mitglied der Wohnungseigentümergemeinschaft ist.

§ 3 Die Wahl des Verwaltungsbeirates
(1) Die Beiratsmitglieder werden von der Eigentümerversammlung mit einfacher Mehrheit der erschienenen stimmberechtigten Wohnungseigentümer gewählt.
(2) Auf Verlangen eines Wohnungseigentümers hat die Abstimmung geheim und/ oder für jeden Kandidaten einzeln zu erfolgen.

(3) Die erneute und auch wiederholte Bestellung von Beiratsmitgliedern ist zulässig.

§4 Amtszeit, Beendigung und Abberufung

(1) Wird im Einzelfall nichts anderes durch Mehrheitsbeschluss der Eigentümerversammlung bestimmt, werden Beiratsmitglieder auf unbestimmte Dauer gewählt.

(2) Der Verwaltungsbeirat kann jederzeit, ohne dass es einer gesonderten Begründung bedürfte, durch Beschluss der Eigentümerversammlung abberufen werden.

(3) Wird in einer Eigentümerversammlung ein neuer Verwaltungsbeirat gewählt, liegt darin automatisch die schlüssige Abberufung des alten Beirates.

(4) Soll nur ein einzelnes Verwaltungsbeiratsmitglied abberufen werden, so setzt dies das Vorliegen eines wichtigen Grundes voraus. Ein wichtiger Grund liegt unter anderem vor, wenn der Eigentümergemeinschaft die Zusammenarbeit mit dem betreffenden Beiratsmitglied unter Berücksichtigung aller Umstände nicht mehr zuzumuten ist.

(5) Jedes Beiratsmitglied kann sein Amt jederzeit ohne Angabe von Gründen niederlegen.

(6) Scheidet ein Beiratsmitglied aus, so führt der Verwaltungsbeirat seine Tätigkeit in seiner verbleibenden Zusammensetzung bis zur Neuwahl fort. In diesem Falle ist die Eigentümergemeinschaft verpflichtet, auf der nächsten anstehenden ordentlichen bzw. außerordentlichen Eigentümerversammlung über die Zusammensetzung des Verwaltungsbeirates neu zu beschließen.

§5 Verwaltungsbeiratsvorsitz und stellvertretender Vorsitz

(1) Die zu Verwaltungsbeiratsmitgliedern gewählten Miteigentümer wählen in ihrer ersten, der konstituierenden Sitzung aus ihrer Mitte den Vorsitzenden des Verwaltungsbeirates und dessen Stellvertreter.

(2) Den Mitgliedern des Verwaltungsbeirates steht es frei, jederzeit über die Person des Vorsitzenden und seines Stellvertreters neu zu beschließen.

(3) Der Vorsitzende des Verwaltungsbeirates gibt die Stellungnahmen des Verwaltungsbeirates gegenüber dem Verwalter und der Eigentümergemeinschaft ab. Ist der Vorsitzende verhindert, so übernimmt sein Stellvertreter dessen Aufgaben.

§6 Beiratssitzungen und Beschlussfassungen

(1) Beiratssitzungen finden nach Bedarf statt, mindestens jedoch einmal in jedem Wirtschaftsjahr.

(2) Die Beiratssitzungen werden vom Vorsitzenden einberufen.

(3) Die Beiratsmitglieder sind in ihrer Entscheidung frei, an welchem Ort, zu welcher Zeit und mit welcher Einladungsfrist Beiratssitzungen einberufen werden. Bei Uneinigkeit ist der Vorsitzende gehalten, eine Einladungsfrist von einer Woche einzuhalten, sofern nicht ein Fall besonderer Dringlichkeit vorliegt. Soweit sich die Beiratsmitglieder nicht einvernehmlich auf einen Versammlungszeitpunkt verständigen können, sollen Beiratssitzungen nur an Werktagen (außer Samstagen) und nicht vor 18.00 Uhr einberufen werden.

(4) Die Beiratsversammlung ist beschlussfähig, wenn mehr als die Hälfte der Beiratsmitglieder persönlich anwesend sind. Eine Vertretung ist unzulässig.

(5) Verwaltungsbeiratssitzungen sind nicht öffentlich. Die Verwaltungsbeiräte können jedoch die Teilnahme von Gästen an diesen Sitzungen zulassen (z.B. Verwalter, Hausmeister, Sonderfachleute usw.). Über die Zulassung von Gästen entscheidet der Beirat per Mehrheitsbeschluss.

(6) Die Teilnahme Dritter an Verwaltungsbeiratssitzungen kann auf einzelne Punkte beschränkt werden.

(7) Der Verwaltungsbeirat entscheidet über die von ihm zu regelnden Angelegenheiten durch Beschlussfassung. Die Beschlüsse werden mit einfacher Mehrheit gefasst, wobei jedes Beiratsmitglied eine Stimme hat. Der Stimme des Verwaltungsbeiratsvorsitzenden kommt kein Stichentscheid zu.

(8) Enthaltungen werden nicht gewertet, bei Stimmengleichheit gilt ein Beschluss als nicht gefasst.

§7 Protokolle des Verwaltungsbeirates

(1) Über jede Verwaltungsbeiratssitzung ist ein schriftliches Protokoll anzufertigen, wobei die Verwaltungsbeiratsmitglieder das Amt des Protokollführers durch Mehrheitsbeschluss einem Beiratsmitglied übertragen können, wobei auch eine regelmäßig wechselnde Protokollführung zulässig ist.

(2) Können sich die Verwaltungsbeiratsmitglieder nicht auf einen Protokollführer einigen, ist das Protokoll vom Vorsitzenden zu führen.

(3) Das über eine Beiratssitzung angefertigte Protokoll ist vom Vorsitzenden zu unterzeichnen und vor der nächsten Beiratssitzung allen Beiratsmitglieder in Kopie zu übermitteln. Das Original verbleibt beim Vorsitzenden und ist von diesem aufzubewahren.

(4) Zur Bestätigung der inhaltlichen Richtigkeit des Sitzungsprotokolls ist das Original entweder von allen Beiratsmitgliedern zu unterzeichnen oder aber es ist auf der nachfolgenden Beiratsversammlung die Genehmigung des Protokolls mehrheitlich zu beschließen.

(5) Ist ein Verwaltungsbeiratsmitglied mit dem Inhalt des vom Vorsitzenden erstellten Protokolls nicht einverstanden und findet keine einvernehmliche Protokolländerung statt, so ist das Beiratsmitglied berechtigt, dem Sitzungsprotokoll ein Minderheitenvotum beizufügen.

(6) Nach Unterzeichnung bzw. Genehmigung eines Sitzungsprotokolls ist dem Verwalter eine Abschrift zur Kenntnisnahme zur Verfügung zu stellen.

(7) Scheidet der Verwaltungsbeiratsvorsitzende aus seinem Amt aus, sind die Originalprotokolle seinem Nachfolger, beim Fehlen eines Nachfolgers seinem Stellvertreter auszuhändigen, der diese bis zur Wahl eines neuen Vorsitzenden verwahrt und diesem sodann übergibt.

(8) Endet die Tätigkeit des gesamten Verwaltungsbeirates ohne Wahl eines neuen Beirates, so sind die gesammelten Sitzungsprotokolle dem Verwalter im Original zu übergeben, der diese bis zur Wahl eines neuen Beirates verwahrt und diese sodann dem neuen Vorsitzenden aushändigt.

§8 Aufwendungsersatz

(1) Die Mitglieder des Verwaltungsbeirates erhalten zur pauschalen Abgeltung ihrer Aufwendungen für Porto, Telefon, Fahrtkosten usw. für jedes Wirtschaftsjahr eine Aufwandsentschädigung in Höhe von EUR …

(2) Die Aufwandsentschädigung wird jährlich im Voraus gezahlt. Endet die Beiratstätigkeit vor Ablauf eines Wirtschaftsjahres, ist die Aufwandsentschädigung anteilig pro rata tempore zurückzuzahlen. Die Rückzahlung beträgt 1/12 der Aufwandsentschädigung für jeden vollen Kalendermonat, den die Beiratstätigkeit vor Ablauf eines Wirtschaftsjahres endet.

(3) Ein Vergütungsanspruch der Beiratsmitglieder für Ihre Tätigkeit oder ein Anspruch auf Ersatz eines etwaigen Verdienstausfalls besteht nicht.

(4) Jedes Beiratsmitglied erhält ein Sitzungsgeld von EUR … je Sitzung.
Alternativ: Jedes Beiratsmitglied erhält für seine ehrenamtliche Tätigkeit eine finanzielle Anerkennung in Höhe von kalenderjährlich EUR …, die jeweils rückwirkend für das abgelaufene Kalenderjahr gezahlt wird. Scheidet ein Verwaltungsbeirat unterjährig aus seinem Amt aus, erhält er für jeden Monat seiner Tätigkeit 1/12 des vorgennannten Betrages.

(5) Reise- und Übernachtungskosten für Teilnahmen an Verwaltungsbeiratssitzungen werden nicht erstattet, es sei denn, es wird ein Miteigentümer zum Verwaltungsbeirat gewählt, der seinen allgemeinen Wohnsitz in einer größeren Entfernung als … km von der Wohnungseigentumsanlage hat.

(6) Die Kosten für die Anmietung eines Raumes zur Abhaltung der Beiratssitzungen werden von der Eigentümergemeinschaft erstattet, sofern der Verwaltungsbeirat deren Verursachung den Umständen nach für angemessen halten darf.

(7) Zur Abdeckung der Kosten für Getränke und Verzehr anlässlich von Beiratssitzungen kann der Verwaltungsbeirat je Sitzung dem Verwalter gegenüber auf Nachweis bis zu EUR … zu Lasten der Eigentümergemeinschaft abrechnen.
Alternativ: …, erhält der Verwaltungsbeirat je Sitzung eine Pauschale in Höhe von EUR …

§9 Weiterbildung und Arbeitshilfen

(1) Jedes neu gewählte Beiratsmitglied hat einen Anspruch auf den Besuch einer Schulungs- bzw. Informationsveranstaltung über die Rechtsstellung, Aufgaben und Befugnisse von Verwaltungsbeiräten. Der Seminarbesuch ist mit dem Verwalter abzustimmen und von diesem namens und im Auftrage der Eigentümergemeinschaft und auf Kosten der Gemeinschaft zu buchen.

(2) Reise- und Übernachtungskosten, die anlässlich eines Seminarbesuches entstehen, werden auf Nachweis und bis zu einer Höhe von EUR ... je Einzelfall erstattet.

(3) Der Verwaltungsbeirat hat einen Anspruch auf Gestellung von Arbeitshilfen aller Art durch die Eigentümergemeinschaft (z.B. Fachliteratur, Rechtsprechungsdateien usw.). Bezugswünsche sind dem Verwalter mitzuteilen, der auf Kosten der Eigentümergemeinschaft die notwendige Fachliteratur erwirbt und dem Verwaltungsbeirat zur Verfügung stellt. Der Bezug von Fachliteratur usw. ist auf EUR ... je Wirtschaftsjahr beschränkt. Besteht ein höherer Bedarf, ist dieser vorab durch die Eigentümergemeinschaft zu genehmigen.

(4) Von der Gemeinschaft zur Verfügung gestellte Arbeitshilfen sind am Ende der Beiratstätigkeit an den Verwalter zurückzugeben.

§10 Haftung und Entlastung

(1) Verwaltungsbeiratsmitglieder haften bei leichter Fahrlässigkeit nur dann, wenn ihnen einen Verstoß gegen die eigenübliche Sorgfalt vorgeworfen werden kann.

(2) In allen Fällen, in denen eine Haftung des Verwaltungsbeirates in Frage kommt, ist die Eigentümergemeinschaft aufgrund ihrer vertraglichen Treue- und Schutzpflicht gehalten, so lange von einer Anspruchsverfolgung gegen die Beiratsmitglieder abzusehen, so lange der Schadensersatzanspruch beim Schadensverursacher direkt realisiert werden kann.

(3) Die Mitglieder des Verwaltungsbeirates haben einen Anspruch darauf, dass in jeder Eigentümerversammlung, in der eine Jahreswirtschaftsabrechnung zur Beschlussfassung oder eine Neuwahl des Verwaltungsbeirates ansteht, auch ihre Entlastung für die bisher geleistete Tätigkeit zur Abstimmung gestellt wird.

(4) Eine Entlastung kann den Verwaltungsbeiratsmitgliedern nur verweigert werden, wenn Fehler in der Verwaltungsbeiratstätigkeit erkennbar sind, die Haftungsansprüche der Gemeinschaft möglich erscheinen lassen.

§11 Vermögensschadenshaftpflichtversicherung

(1) Für die Mitglieder des Verwaltungsbeirates wird auf Kosten der Eigentümergemeinschaft eine Versicherung gegen Vermögensschäden abge-

schlossen. Über die Versicherungsbedingungen und die Auswahl des Versicherers beschließt die Eigentümergemeinschaft mehrheitlich.

(2) Dem Verwaltungsbeirat sind zu Beginn eines jeden Wirtschaftsjahres durch den Verwalter der weitere Bestand des Versicherungsverhältnisses und die erfolgte Zahlung der Versicherungsprämie nachzuweisen.

§12 Zustellungsbevollmächtigung

(1) Ist der Verwalter aus Gründen der Interessenkollision daran gehindert, mit Wirkung für und gegen die Eigentümergemeinschaft Zustellungen in Empfang nehmen zu können, so übernimmt der Verwaltungsbeiratsvorsitzende die Funktion des Zustellungsbevollmächtigten. Im Falle dessen Verhinderung übernimmt der stellvertretende Vorsitzende diese Aufgabe.

(2) Dem Zustellungsbevollmächtigten entstehende Auslagen sind dem Verwalter nachzuweisen und von diesem vom laufenden Konto der Eigentümergemeinschaft zu erstatten.

§13 Schlussbestimmung

Diese Verwaltungsbeiratsordnung kann nur durch Mehrheitsbeschluss der Eigentümergemeinschaft ergänzt oder geändert werden.

Literaturverzeichnis

Abramenko, Die schuldrechtlichen Beziehungen zwischen Verwaltungsbeirat und Wohnungseigentümergemeinschaft nach Anerkennung ihrer Teilrechtsfähigkeit, ZWE 2006, 273

Armbrüster, Beendigung der Mitgliedschaft im Verwaltungsbeirat, ZWE 2001, 412

Armbrüster, Bestellung der Mitglieder des Verwaltungsbeirats, ZWE 2001, 355

Armbrüster, Bestellung und Abberufung der Mitglieder des Verwaltungsbeirats und deren Willensbildung, Partner im Gespräch, 2001, Band 61, S. 35

Armbrüster, Willensbildung und Beschlussfassung im Verwaltungsbeirat, ZWE 2001, 463

Bielefeld, Der Verwaltungsbeirat: Seine Pflichten und seine Rechte, Haus und Grund Deutschland, 3. Auflage 2011, S. 13 zu Ziff. 6.4

Briesemeister, Anfechtbarkeit der Wahl eines Beirats mit nur zwei Mitgliedern, ZWE 2010, 213 II.2

Brych, Der Profi-Beirat, WE 1990, 43

Brych, Der Verwaltungsbeirat, WE 1990, 15

Bub, Die Beweiskraft des Protokolls der Eigentümerversammlung, WE 1997, 402

Bub, Verwalter und Verwaltungsbeirat im Überblick, ZWE 2002, 7

Bundestags-Drucksache 16/887, S. 37

Creifelds, Rechtswörterbuch

Derleder, Das Verhältnis zwischen Verwaltung und Verwaltungsbeirat. Gesetzliches Leitbild und Alltagspraxis, Partner im Gespräch, 2001, Band 61, S. 163

Dippel/Wolicki, Auflösung oder Fortbestand des Verwaltungsbeirats bei Wegfall eines seiner Mitglieder, NZM 1999, 603

Drabek, Die Bestellung zum Ersatzzustellungsvertreter der Wohnungseigentümer — § 45 Abs. 2 WEG, ZWE 2008, 22

Drasdo, Die Entlastung des Verwalters im Wohnungseigentumsrecht, ZMR 1987, 367

Drasdo, Die Vergütung der Verwaltungsbeiratsmitglieder, ZMR 1998, 130

Drasdo, Haftung der Verwaltungsbeiratsmitglieder für pflichtgemäße Aufgabenerfüllung, NZM 1998, 15

Gottschalg, Beiratstätigkeit in der Wohnungseigentümergemeinschaft, NZM 2004, 81

Häublein, Verwalter und Verwaltungsbeirat. Einige aktuelle Probleme, ZMR 2003, 233

Häublein, Verwaltungsbeirat: Abschluss einer Vermögensschadenshaftpflichtversicherung, Mietrechtsberater 2004, 359 »Konsequenzen für die Praxis«

Hogenschurz, Anmerkung zu BGH, Beschluss vom 5.2.2010, V ZR 126/09, MietRB 2010, 138, 139

Kümmel, Die Mitgliedschaft von Personenvereinigungen im Verwaltungsbeirat, NZM 2003, 303

Merle, Die Mehrhausanlage — Bauträgervertrag und Gemeinschaftsordnung, ZWE 2005, 164

Schmidt, Erweiterung der Kompetenzen des Verwaltungsbeirats, ZWE 2001, 137

Stein/Schröder, Technik der »Belegprüfung« durch den Beirat, WE 1994, 321

Wenzel, Die Entscheidung des Bundesgerichtshofes zur Beschlusskompetenz der Wohnungseigentümerversammlung und ihre Folgen, ZWE 2001, 226

Abkürzungsverzeichnis

a.A.	anderer Ansicht
a.a.O.	am angegebenen Ort
AG	Amtsgericht
Az.	Aktenzeichen
BayObLG	Bayerisches Oberstes Landesgericht
BGB	Bürgerliches Gesetzbuch
BGH	Bundesgerichtshof
BStBl.	Bundessteuerblatt, Teil I/Teil II/(Teil III)
DNotZ	Deutsche Notar-Zeitschrift (Fachzeitschrift)
DWE	Der Wohnungseigentümer (Fachzeitschrift)
ETW	Eigentumswohnung
GBO	Grundbuchordnung
HansOLG	Hanseatisches Oberlandesgericht
IMR	Immobilien- und Mietrecht (Fachzeitschrift)
KG	Kammergericht Berlin
KostO	Kostenordnung
LG	Landgericht
MDR	Monatsschrift für Deutsches Recht
NJW	Neue Juristische Wochenschrift (Fachzeitschrift)
NJW-RR	Neue Juristische Wochenschrift Rechtsprechungsreport (Fachzeitschrift)
n.v.	nicht veröffentlicht
NZM	Neue Zeitschrift für Miet- und Wohnungsrecht (Fachzeitschrift)
OLG	Oberlandesgericht
PfälzOLG	Pfälzisches Oberlandesgericht
PiG	Partner im Gespräch (Schriftenreihe)
Rpfleger	Der Deutsche Rechtspfleger (Fachzeitschrift)

RVG	Rechtsanwaltsvergütungsgesetz
Rz.	Randzeichen, Randziffer
SaarlOLG	Saarländisches Oberlandesgericht
VBR	Verwaltungsbeirat
vgl.	vergleiche
VV RVG	Vergütungsverzeichnis zum Rechtsanwaltsvergütungsgesetz
WE	Wohnungseigentum (Fachzeitschrift)
WEG	Wohnungseigentumsgesetz
WuM	Wohnungswirtschaft und Mietrecht (Fachzeitschrift)
ZMR	Zeitschrift für Miet- und Raumrecht (Fachzeitschrift)
ZPO	Zivilprozessordnung
ZWE	Zeitschrift für Wohnungseigentum (Fachzeitschrift)

Der Autor

Michael Wolicki ist seit 1980 als Rechtsanwalt in Frankwurf am Main tätig und seit 2005 Fachanwalt für Miet- und Wohnungseigentumsrecht. Dem Ausschuss für die Fachanwälte für Miet- und Wohnungseigentumsrecht bei der Rechtsanwaltskammer in Frankfurt am Main gehört er ebenfalls seit 2005 als stellvertretender Vorsitzender an. Michael Wolicki beschäftigt sich seit über 30 Jahren mit dem Wohnungseigentumsrecht und ist Mitautor verschiedener Handbücher zu diesem Rechtsgebiet.

Zwei Jahrzente lang war er stellvertretender Vorsitzender des Verwaltungsbeirates in einer Groß-Wohnanlage mit mehr als 200 Einheiten und kam dabei mit allen erdenklichen Problemen und Fragestellungen der täglichen Arbeit eines Verwaltungsbeirates in Berührung, die heute Grundlage für diese Arbeishilfe sind.

Stichwortverzeichnis